바람을 보는 투자

THE LONG GOOD BUY

Copyright © 2020 by John Wiley & Sons Ltd

All Rights Reserved.
Authorised translation from the English language edition published by John Wiley & Sons Limited. Responsibility for the accuracy of the translation rests solely with WATER BEAR PRESS and is not the responsibility of John Wiley & Sons Limited. No part of this book may be reproduced in any form without the written permission of the original copyright holder, John Wiley & Sons Limited.

Korean translation copyright © 2024 by WATER BEAR PRESS
This translation published under license with John Wiley & Sons, LTD through EYA(Eric Yang Agency).

이 책의 한국어판 저작권은 EYA(에릭양 에이전시)를 통한 John Wiley & Sons, LTD 사와의 독점계약으로 주식회사 워터베어프레스가 소유합니다.
저작권법에 의하여 한국 내에서 보호를 받는 저작물이므로 무단전재 및 복제를 금합니다.

바람을 보는 투자

파도 치는 시장에서 기회를 잡는 힘

피터 오펜하이머 지음 · 김재형 옮김

WATER BEAR PRESS

바람을 보는 투자

초판 1쇄 인쇄 2024년 12월 24일
초판 1쇄 발행 2024년 12월 31일

저자   피터 오펜하이머
역자   김진형

기획   장동원 이상옥
책임편집   오윤근
디자인   김재은
제작   제이오엘앤피

발행처   워터베어프레스
등록   2017년 3월 3일 제2017-000028호
주소   서울시 마포구 성미산로 29안길 7 3층 워터베어프레스
홈페이지   www.waterbearpress.com
이메일   book@waterbearpress.com
ISBN   979-11-91484-18-2 03320

* 책값은 뒤표지에 있습니다. 잘못 만들어진 책은 구입하신 곳에서 바꿔드립니다.

조안나, 제이크 그리고 미아에게

| 차례 |

옮긴이 서문　　　　　　　　　　　　　　　9
감사의 말　　　　　　　　　　　　　　　14
서문　　　　　　　　　　　　　　　　　17
서론　　　　　　　　　　　　　　　　　21

제1부　과거로부터의 교훈
과거 사이클은 어떠했고
주된 변동 요인은 무엇이었는가?

1장　그래도 파도는 친다　　　　　　　　31
2장　장기 수익률　　　　　　　　　　　49
3장　주식 사이클　　　　　　　　　　　72
4장　사이클에 따른 자산 수익률 변동　　89
5장　사이클과 스타일 투자　　　　　　110

제2부 현재의 이해

무엇이 강세장과 약세장을 촉발하고
어디에 주의를 기울여야 하는가?

6장	약세장의 필수 요소	133
7장	황소장의 눈	166
8장	버블의 형성	183

제3부 미래를 위한 교훈

금융 위기 이후, 무엇이 변했고
그 의미는 무엇인가?

9장	금융 위기 이후 사이클은 어떻게 다른가?	213
10장	제로 아래	247
11장	기술이 사이클에 미친 영향	268

결론	291
미주	300
참고문헌	318
더 읽어볼 만한 문헌	333

일러두기

− 한국어판의 모든 각주는 독서의 편의를 위해 옮긴이가 달았다.

− 한글 전용을 원칙으로 하되, 필요한 경우에 원어나 한자를 병기했다.

− 인명, 지명 등의 외래어 표기는 검색이 가장 용이하고 널리 사용되는 표기를 따랐다.

− 책·신문·잡지 등의 제목은 《 》, 논문·기사·사설 등의 제목은 〈 〉으로 표기했다.

− 국내 출간 도서명은 국내 출간 제목을 따랐고, 미출간 도서명은 원제에 가깝게 옮겼다.

옮긴이 서문

주식 투자자는 바쁘다. 주가나 거래 대금은 당연히 봐야 되고 매일 공시와 주요 뉴스도 챙겨야 한다. 실적 시즌이 되면 평소 관심 없던 기업도 한 번쯤은 매출이나 이익이 늘었는지 줄었는지 훑어보고, 주목하고 있는 기업이라면 분기 보고서나 IR 자료를 자세히 뜯어본다. 그런데 이 책은 우리가 매일매일 매달려 있는 일에서 한 발짝 물러나 금융시장 사이클을 깊이 이해하면 투자수익에 상당히 도움이 될 수 있다고 말한다. 안 그래도 바쁜데 도대체 뭘 더 하라는 걸까?

투자자는 경험을 통해 금융시장에 여러 유형의 사이클이 반복적으로 나타나는 경향이 있다는 것을 잘 알고 있다. 금융시장이 거시경제 환경과 동떨어진 움직임을 나타낼 때도 있지만, 경기 순환이나 통화 정책 기조 변화가 이따금 금융시장에 강력한 영향을 미친다는 것은 부인하기 어렵다. 이들 변수가 단기간에 급격히 변할 때 더 그렇다. 새로운 유망 기술이 등장할 때 기대가 급격히 높아지다가 정점에 도달한 후 환상이 깨지고 다시 점차 기대가 높아지는 일련의 과정을 '하이프 사이클hype cycle'이라 하는데, 여기서 기대를 주가로 바꿔도 전혀 무리가 없다. 작게는 1월 효과, 가을 약세장처럼 해마다 반복되는 계절성도 있다.

이 책은 이렇게 반복적으로 나타나는 금융시장 사이클을 어떻게 이해하고 투자에 이용할 수 있을지를 이야기한다. 과거 사이클은 어떤 양상이었는지, 변동을 야기한 주된 요인은 무엇이었는지, 사이클에는 어떤 국면들이 있고 각 국면별 특징은 어땠는지를 다룬다. 또 강세장·약세장을 촉발했던 요인, 버블의 특징 및 버블이 형성되고 있다는 전형적인 신호, 과거 새로운 유망 기술이 부상했을 때의 사례 등등도 살핀다.

저자가 1985년 런던 금융가에서 커리어를 시작한 이래로 40여 년간 직접 보고 듣고 느낀 경험이 이 책에 녹아 있다. 특히 금융시장 버블을 다룬 장에서는 투기적 버블이 형성되고 있다는 것을 가리키는 최고의 지표가 새 시대와 기술에 대한 믿음, 탈규제와 금융 혁신, 대출이 용이한 완화적인 금융 조건, 새로운 밸류에이션 기준의 정당화 같은 '부드러운' 지표라는 것을 보여준다. 그런 경험 위에 저자가 골드만삭스 매크로 리서치그룹 직원들과 다년간 연구한 내용을 얹어서 쓴 책이다.

이 책의 무엇보다 큰 장점은 매일매일 역동적으로 움직이는 금융시장, 탐욕과 공포의 소용돌이에서 한 발 물러서 역사적 맥락에서 현재 금융시장 상황과 나의 투자를 돌아볼 수 있게 도와준다는 점이다. 금융시장 사이클마다 지속되는 기간이 다르지만 어떤 사이클은 굉장히 길었다. 예를 들어 2008년 글로벌 금융위기 이후 시작된 사이클은 10년 이상 지속됐다. 따라서 한 투자자가 경험한 사이클 수는 몇 개 안 되기 마련이고, 통상 직전 사이클에서 두드러지게 나타났던 특징이 계속될 거라고 믿기 쉽다. 저자는 이 책에서 1970년대, 1980년대 초반, 1990년대, 2000년부터 금융위기 이전, 금융위기 이후부터 코로나 사태 발발 이전까지 사이클을 다루고 있다. 과거 사이클을 들여다보는 일은 우리가 직전 사이클에서 얻은 잘못된 고정관념에서 벗어난 사고를 하는데 도움이 된다.

그리고 저자가 제시한 금융시장 사이클 분석 프레임워크는 실제로 투자에 적용하는 데 많은 훈련이나 시간을 필요로 하지 않는다. 훈련이나 사전 지식이 필요한 트레이딩 기법이나 투자 전략이 아니라 금융시장 움직임을 바라보는 관점, 사고 체계에 가깝기 때문이다. 저자는 주식시장 사이클을 주가 상승/하락, 이익 증가/감소 여부에 따라 절망-희망-성장-낙관 4개 국면으로 나누어서 분석하는데, 시장의 전반적인 주가 등락이나 이익 증감을 파악하는 건 그리 어려운 일이 아니다. 그리고 이코노미스트나 알법한 생소한 데이터나 분석 방법은 사용하지 않고 주로 주가, 기업 이익, PMI, 장기 금리 같이 쉽게 접할 수 있고 중요도가 높은 데이터를 다뤄서 이해하기 어렵지 않다.

다만 이 책을 읽을 때 조심해야 할 점이 있다. 첫째, 금융시장 사이클마다 차이는 있지만 상당히 오래 지속되기 때문에 분석할 수 있는 사례가 몇 개 되지 않는다. 게다가 사이클마다 차이도 크다. 정치적 환경, 인플레이션 다이내믹스가 다르고 금융시장의 근간을 이루는 법이나 제도에도 차이가 있다. 사이클을 좌우하는 가장 강력한 요인이 뚜렷한 경우 유사한 과거 사이클을 참고할 수 있겠지만, 과거에 나타났던 현상이 그대로 반복해서 나타날 거라고 확신해서는 안 된다. 둘째, 저자가 제시한 프레임워크는 투자에 직접 적용할 수 있는 마켓타이밍 도구나 투자 전략은 아니다. 어디에, 얼마나 투자해야 하는지 알려주지 않는다. 이 책에 절망-희망-성장-낙관 각 국면이 평균적으로 얼마나 지속되었는지 제시하고 있긴 하지만, 이는 어디까지나 평균값이고 이를 다음 국면이 언제 시작되는지 맞추는 데 사용하라는 것은 결코 아니다.

이런 한계에도 불구하고 이 책은 투자자가 현재 금융시장 사이클이 어디쯤 와있는지 짐작하고 과거 이러한 국면에서 어떤 특징이 나타났는지 복기하면서 투자 리스크를 관리하고 드물게 나타나는 결정적인 순간에는 장기적으로 좋은 투자가 될 수 있는 기회(이 책에서는 이를 Long Good Buy라고 표현한다)를 붙잡는 데 도움이 될 거라고 확신한다. 특히 금융 사이클이 전망을 반영해 경제 사이클에 조금 앞서 움직이며, 전체 사이클 중에 희망 국면, 기업 이익이나 경기가 회복되기 전에 주가가 먼저 바닥을 치고 돌아서는 기간에 가장 높은 수익률을 기록하는 경향이 있다는 것 딱 한 가지만 기억해도 평생 써먹을 수 있지 않을까 싶다.

흔히 투자에도 '고수'가 있다고들 한다. 비유하자면, 이 책을 읽는다고 절세신공을 얻을 수는 없지만 오래된 노강호가 얻은 깨달음 일부와 평생 유용하게 써먹을 수 있는 초식 한둘 정도는 얻을 수 있다고 말하고 싶다. 책장 한 쪽에 꽂아 뒀다가 새로운 사이클이 시작되고, 시장 사이클에 지배적인 영향을 미치는 변수가 달라지고, 또 다시 시장 참가자들 간에 갑론을박이 일어날 때 다시 한번 펼쳐보기에 좋은 책 아닌가 싶다. 나는 이 책을 번역하면서 많은 배움을 얻었다. 부디 독자들에게도 이 책이 유용한 도구가 되길 바란다.

김재형
라이프 자산운용

감사의 말

이 책은 경제 및 금융시장의 사이클과 그에 영향을 미치는 요인을 다룬다.

나는 이 책에 1980년대 중반 이후 우리 팀원들과 발전시킨 연구 대부분을 담았다. 나는 믿을 수 없을 정도로 훌륭한 동료와 함께 일하고 더없이 현명한 고객과 수없이 많은 대화를 나누는 행운을 누릴 수 있었다. 그런 경험이 내가 경제와 시장 그리고 이에 영향을 미치는 요인을 이해하는 데 큰 도움이 되었다.

나는 골드만삭스 매크로 리서치 그룹에서 함께 일한 모든 사람에게 큰 빚을 졌다. 특히 지난 25년간 함께 일한 샤론 벨에게 감사의 마음을 전하고 싶다. 그녀는 이 책에서 다룬 대부분의 연구에 도움을 주었다. 그녀 없이 이 책은 나오지 못했을 것이다. 크리스티안 뮬러-

글리스만 또한 이 책과 지난 10년간 골드만삭스 전략 리서치 분석에 녹아 있는 많은 아이디어와 분석 체계를 발전시키는데 크게 기여했다. 두 사람은 끊임없이 혁신적인 아이디어를 제시했고 언제나 의지가 되어주었다.

우리 팀의 다른 많은 동료도 이 책의 여러 아이디어 연구와 발전에 도움을 줬다. 앤더스 닐센과 제시카 바인더 그레이엄은 나와 함께《저널 오브 포트폴리오 매지니먼트》에 실렸던 주식 리스크 프리미엄과 배당할인모형에 관한 논문을 집필했다.[1] 현재 팀 멤버인 릴리아 페이타빈, 기욤 자이송, 알레시오 리지에게도 끊임없는 헌신과 노고에 감사 인사를 전하고 싶다. 기욤 자이송은 이 책의 표와 그래프를 준비하고 개선해 줬다.

원고를 읽고 의견을 줬던 제시카 바인더 그레이엄, 폴 스미스, 브라이언 루니에게도 감사를 전한다. 골드만삭스 전략 팀의 또 다른 오랜 동료인 뉴욕의 데이비드 코스틴, 홍콩의 팀 모에, 도쿄의 캐시 마쓰이는 언제나 아이디어와 열정을 자극하는 동료다. 골드만삭스 글로벌 리서치 헤드 스티브 스트롱인은 이 책의 저술을 기꺼이 지지하고 격려해 주었고 내 생각에 큰 영향을 끼쳤다.

편집을 담당했으며 이 책이 만들어지는 모든 과정에 걸쳐 무한한 인내심을 발휘하면서 귀중한 조언을 해 준 골드만삭스의 로레타 서닉스에게도 감사를 전한다. 원고를 읽고 의견을 주었던 예전 동료들에게도 감사드린다. 전 골드만삭스 수석 이코노미스트이자 전 골드만삭스 자산운용 회장이면서 예전 내 상사이기도 한 짐 오닐 경과 스탠다드 라이프 최고경영자 키스 스케오크는 내게 커다란 영향을 미쳤다. 하버드 경영대학원 조교수 휴 필, 런던 경영대학원 경제학 교수 엘리아스 파파이완누, 기업시장윤리센터 회장 브라이언 그리피스 경에게도 그들이 보여준 뛰어난 통찰력에 감사드린다. 특히 귀중한 의견을 주고 상세히 설명까지 제공해준 HSBC 선임 고문 스티븐 킹에게도 감사를 드리지 않을 수 없다.

마지막으로 내게 지속적인 영감과 기쁨의 원천이 되어준 멋진 아내 조안나와 우리 아이들 제이크, 미아에게 감사를 전한다.

서문

이 책은 경제 및 금융시장의 사이클과 거기에 영향을 미치는 요인을 다룬다. 그동안 경제, 사회, 기술에 엄청난 변화가 일어났지만 투자자 행태와 시장 사이클에는 반복되는 패턴이 존재한다. 여기에 나는 오랫동안 매혹되어 있었고 그것이 이 책을 쓴 동기다.

35년 커리어 동안 기대 인플레이션은 내려앉았고, 미국 경제는 지난 150년을 통틀어 가장 긴 확장 국면에 진입했으며, 전 세계 국채 금리 4분의 1이 마이너스로 떨어졌다. 같은 기간 동안 기술은 급격하게 발전했고 정치 상황도 변했다. 거기다 대규모 경기 침체recession가 세 번, 금융 위기가 예닐곱 번 일어났다.

1980년대 중반 이후 정치, 경제, 사회에 일어난 많은 변화에도 경제와 금융시장에서는 여전히 어떤 패턴이 반복되었다. 이 패턴은 금융시장 역사를 100년 이상 거슬러 올라가 봐도 동일하게 발견되는데, 이는 금융시장 사이클이 경제 사이클을 반영하거나 전망하면서 움직이기 때문이다. 하지만 어느 정도 변동은 투자자의 심리나 센티멘트 변화에 의해서 나타나기 때문에 인간이 정보를 처리하고 위험과 기회를 다루는 방식을 이해하면 금융시장에 사이클이 존재하는 이유를 이해하는 데 도움이 된다.

우리가 현재 사이클의 어디쯤 와 있는지 실시간으로 짚어내거나 얼마 뒤에 수익률이 얼마나 될지 정확히 예측하기는 어렵지만, 투자 리스크를 평가하거나 어떤 투자 결과가 나타날 확률을 추정하는 것은 충분히 가능하다.

이 책의 목적은 미래를 예측할 수 있는 모델을 제시하는 것이 아니라 경제 사이클과 금융시장 사이클의 관계를 파악하는 데 있다. 나는 투자 사이클의 순환 과정에 따라서 위험과 잠재적 보상을 비교·평가하기 위한 실용적인 도구 혹은 분석 체계를 개발하기 위해 노력했고, 시장 방향이 위든 아래든 조만간 변곡점이 나타날 확률이 커지고 있을 때 이를 알려줄 수 있는 몇 가지 지표와 경고 신호를 찾았다.

마지막으로 나는 경제 변수와 금융 변수 간 '전형적인' 관계가 시간이 흐르면서 어떻게 변했는지 알아보고자 했는데 특히 금융 위기 이후 기간에 초점을 맞췄다.

변화하는 환경 및 그러한 변화가 투자 기회에 미치는 영향을 인식하고 이해한다면 투자 수익률을 제고하고 '바람을 보는 투자long good buy' 기회를 포착하는데 도움이 될 것이다.

이 책은 세 부분으로 나누어진다.

1. 과거로부터의 교훈: 과거 사이클은 어떠했고 주된 변동 요인은 무엇이었는가?
2. 강세장과 약세장 분석: 강세장과 약세장을 촉발하는 요인은 무엇이며 무엇에 주목해야 하는가?
3. 미래를 위한 교훈: 금융 위기 이후 무엇이 바뀌었고 그것이 투자자에게 의미하는 바는 무엇인가?

1부에서는 1980년대 이후 경제, 정치, 기술 분야에 일어난 몇 가지 커다란 변화를 설명한다. 1장에서는 이런 변화에도 불구하고 약세장과 금융 위기, 강세장과 버블이 교차되면서 유사한 패턴이 반복되는 현상을 설명한다. 또한 이런 사이클이 나타나는 이유와 투자자의 심리나 정서에 미치는 영향을 다룬다. 2장에서는 여러 자산군의 장기 수익률이 어떠했는지 보유 기간을 바꿔가면서 확인하고, 위험을 부담하는 대가로 어느 정도 추가 수익률을 얻을 수 있었는지 살펴본다. 그리고 주식 총수익률에서 배당의 영향이 얼마나 큰지, 수익률에 영향을 미치는 다른 주요 요인은 어떤 것이 있는지 설명한다. 3장에서는 주식시장의 강세장과 약세장이 절망, 희망, 성장, 낙관이라는 4개의 국면으로 전개되는 경향을 설명하고 각 단계가 어떤 요인에 의해 움직이고 수익률은 어떠했는지 살펴본다. 4장에서는 전형적인 투자 사이클에서 자산군별 수익률 패턴이 어떠했는지 살펴본다. 5장에서는 투자 사이클이 진행됨에 따라 주식 투자 스타일별 성과가 어떻게 바뀌는지에 초점을 맞추었다.

2부에서는 주식시장 강세장과 약세장의 특성, 주된 요인 및 함의에 대해서 좀 더 깊이 다루었다. 6장에서는 세 가지 유형의 약세장(경기순환적, 이벤트 드리븐, 구조적)이 나타날 리스크를 알아차리는 데 유용한 신호를 설명한다. 7장에서는 강세장 유형을 설명하는데, 특히 장기 추세적 강세장과 경기순환적 강세장의 차이가 무엇인지 살펴본다. 8장에서는 버블의 특징 및 투기적 버블이 형성되고 있다는 전형적인 신호에 초점을 맞추었다.

3부에서는 2008~2009년 금융 위기 이후 사이클의 펀더멘털 요인과 특징이 어떻게 달라졌는지 살펴본다. 9장에서는 수익성과 인플레이션, 금리의 추세적인 하락에 초점을 맞추었다. 일본의 1980년대 이후 버블 붕괴 경험에서 얻을 수 있는 몇 가지 교훈을 다루었다. 10장에서는 제로 혹은 마이너스 금리가 수익률과 사이클에 미친 영향과 그 결과에 대해서 설명하였다. 11장에서는 최근 기술의 놀라운 발전과 과거 유사한 사례 그리고 그것이 주식시장과 사이클에 미친 영향을 다루었다.

서론

나는 1985년 말 견습 애널리스트로 사회에 첫 발을 디뎠다. 그때 이후 경제와 사회는 알아볼 수도 없을 만큼 변했다. 세계는 더 밀접하게 서로 연결되었다. 냉전이 끝나고 소비에트 연방이 붕괴되면서 세계화 시대가 열렸다. 내가 커리어를 시작했을 때, 영국은 1979년에 90년만에 이제 막 처음으로 외환 거래를 자유화했다. 프랑스와 이탈리아는 그때도 외환거래 규제를 유지하다가 1990년에서야 폐지했다.[1] 경제 상황도 변했고 몇몇 주요 거시경제 지표는 큰 폭으로 움직였다. 인플레이션은 지속 하락했고 금리는 무너져 내렸다. 10년 만기 미국 국채 금리는 11%대에서 2%로, 연방기금 금리는 8%대에서 1.5%로 떨어졌고, 이제 전 세계 국채 약 4분의 1이 마이너스 금리에 거래된다. 기대 인플레이션이 안정되었고 거시경제 변동성이 줄었다.

같은 기간 기술 혁신은 우리가 일하고 소통하는 방식을 완전히 바꿔놨고, 컴퓨팅 파워가 증가하면서 데이터 처리와 분석에 혁명이 일어났다. 1985년 가장 강력한 슈퍼컴퓨터였던 크레이2Cray-2의 데이터 처리 능력은 아이폰4와 비슷한 수준이었다.[2] 당시에는 상상도 할 수 없었던 규모로 디지털 혁명이 일어났고 이용 가능한 데이터 양이 늘어났으며 지금도 그 속도는 점점 더 빨라지고 있다. 브래드 스미스Brad Smith 마이크로소프트 사장은 얼마 전 "이번 10년이 끝날 무렵에는 디지털 데이터가 당초 규모의 25배로 늘어나 있을 것"[3]이라고 말했다.

그사이 대규모 경기 침체가 세 번, 금융 위기는 예닐곱 번 일어났다. 1986년 미국 저축대부조합Savings & Loan Association 사태, 1987년 블랙먼데이, 1986년부터 1992년 사이 일어난 일본의 자산 버블 및 붕괴, 1984년 멕시코 위기, 1990년대 이머징마켓 위기(1997년 아시아, 1998년 러시아, 1998-2002년 아르헨티나), 1992년 유럽 환율조정매커니즘Exchange Rate Mechanism, ERM 위기, 2000년 기술주 붕괴, 그리고 2007년 미국 주택 시장 침체와 서브프라임 모기지로 시작된 글로벌 금융 위기는 물론 2010~2011년 유럽 재정 위기가 그것들이다.

지난 30년 동안 일어난 경제와 기술의 엄청난 변화와 이따금 발생한 위기에도 금융시장에서는 유사한 패턴이 반복되고 어떤 사이클이 나타나는 경향이 있다. 필라도 롬바르디Filardo Lombardi와 라조Raczo는 2019년 논문에서 미국은 지난 120년 동안 인플레이션이 낮았던 금본위제 기간과 인플레이션이 높고 변동폭이 컸던 1970년대를 겪었고 시기에 따라 중앙은행 통화 정책에 대한 신뢰도나 재정 정책과 규제에 큰 차이가 있었지만 "이 모든 것에 불구하고 금융 사이클의 다이내믹스는 별로 달라지지 않았다"고 주장했다.[4]

이 책에서는 이런 사이클과 이를 움직이는 요인들을 살펴본다. 그리고 현저하게 변화한 환경에도 경제와 금융시장에 반복되는 어떤 패턴이 존재한다는 사실을 보이려 한다.

이 책에서 변화를 확인하고, 우리가 관찰한 변화 중 경기순환적인 부분과 구조적인 부분을 구분하려는 시도는 있다. 그러나 주 목적은 금융시장에 예측 가능하거나, 아니면 적어도 일어날 가능성이 있는 일이 무엇인지 살펴보는 것이다.

경제 사이클과 그것이 금융시장 및 자산 가격에 미치는 영향에 대한 관심은 역사가 깊고 사이클이 어떻게 작동하는지에 대해서는 다양한 이론이 존재한다. 조셉 키친Joseph Kitchin의 이름을 딴 키친 사이클은 약 40개월 동안 지속되는데, 주로 재고 자산 변동에 따라 움직인다. 주글라 사이클Clement Juglar은 설비 투자를 전망하는데 사용되는데, 주기는 약 7년에서 11년이다. 쿠츠네츠 사이클Simon Kuznets은 국민소득 전망에 사용되는데, 15년에서 20년 주기로 움직인다. 콘트라티에프 사이클Nikolai Kondratiev은 50년에서 60년 주기로 순환하며 커다란 기술 혁신에 의해 촉발된다.

이 이론들 모두 분명한 한계가 있으며, 사이클을 설명하는 이론이 이렇게 다양하다는 것은 경기 변동을 야기하는 요인 또한 다양하다는 사실을 시사한다. 주기가 매우 긴 콘트라티에프 사이클을 비롯한 몇몇은 관측 사례가 적어 통계로 검증하기 어렵다.

전통적으로 사이클에 대한 관심은 주로 실물 경제에 집중됐지만, 이 책은 금융 사이클과 이를 움직이는 주된 요인 그리고 사이클의 각 국면에 초점을 맞췄다. 금융시장, 특히 주식시장에 일정한 사이클이 있다는 생각은 사실 무척 오래됐다. 피셔Fisher와 케인스Keynes는 각각 대공황 기간에 실물 경제와 금융시장이 어떻게 서로 영향을 주고받았는지 연구했다. 번스Burns와 미첼Mitchell은 1946년 경기 사이클이 존재한다는 실증적인 증거를 발견했고, 이후 학계에서는 금융 사이클이 경기 사이클의 한 부분에 불과하며 금융 여건과 민간 부문 재무 건전성은 경기 변동을 촉발하고 그 진폭을 확대시키는 요인이라고 주장했다(Eckstein and Sinai, 1986). 또 다른 연구에서는 글로벌 유동성의 유출입과 국내 금융 사이클은 서로 영향을 미칠 수 있으며, 일부 사례에서는 금융시장이 극단적인 상황으로 치달았음을 보여줬다.[5]

좀 더 최근 연구에 따르면 경제의 유휴 자원이나 실제 GDP와 잠재 GDP 간 차이인 아웃풋갭output gap 수준은 금융 변수들로 일부 설명할 수 있다(Boria, Piti and Juselius, 2013). 금융 변수들은 실제 GDP와 잠재 GDP의 변동을 설명하고 "어떤 경제 성장 경로가 지속가능하고 어떤 경로는 그렇지 않은지 판단하는 데" 커다란 역할을 한다.[6] 이는 경제 사이클과 금융 사이클 간에 긴밀한 관계와 피드백 루프feedback loop가 존재한다는 것을 시사한다.

경제 사이클과 금융 사이클에 대한 관심은 그 역사가 오래되었지만, 이를 예측할 수 있는지에 대해서는 여전히 의견이 크게 엇갈린다. 미래 가격을 예측할 수 없다는 진영은 효율적 시장 가설에 뿌리를 두고 있는데, 주가나 주가 지수는 당시 이용가능한 모든 정보를 반영하고 있다고 주장한다(Fama, 1970). 즉, 시장은 효율적이라 뭔가 바뀌기 전에는 현재 시장 가격이 올바르기에, 투자자는 시장이나 주가를 예측할 수 없다는 것이다. 시장이 항상 효율적이고 시장 가격이 경제적 사건을 비롯한 펀더멘털 요인의 변화를 즉시 반영한다면 어떤 이도 시장에 이미 반영된 것보다 많은 정보를 입수할 수 없기 때문이다.

하지만 이론은 이론이고 현실은 다르다. 노벨경제학상 수상자 로버트 실러Robert Shiller는 주가가 단기에는 극히 변덕스럽지만 장기에는 밸류에이션(주가수익비율)으로 어느 정도 예측 가능함을 보였다(Shiller, 1980). 금융자산의 기대 수익률은 경제 상황에 따라 달라지며 정확한 예측은 불가능하지만 대략 추정하는 것은 가능하다고 주장하는 이들도 있다.

금융 사이클과 경제 사이클은 밀접한 관계가 있다. 채권 금리는 인플레이션 전망을 반영하고, 주가는 경기 전망을 반영한다. 또한 경제 주체들의 행동에는 예상되는 경제 상황을 반영하고 때로는 이를 증폭시키는 패턴이 있다. 그래서 투자자는 경제와 기업의 펀더멘털(성장, 이익, 인플레이션, 금리 등)을 중요하게 인식한다. 학계 연구에 따르면 위험선호도risk-taking appetite는 저금리 등 경기 부양책이 경제 사이클에 영향을 미치는 주된 경로 중 하나다.[7] 적극적으로 위험을 감수하려는 태도와 약세장 이후 흔히 나타나는 과도한 위험 회피 성향은 경제 펀더멘털이 금융시장에 미치는 영향을 증폭시킨다.

탐욕과 공포, 낙관과 절망 같은 감정 그리고 군중 행동와 컨센서스의 영향은 특정 시기나 사건을 뛰어넘어 전혀 다른 상황의 금융시장에서도 패턴이 반복되는 경향을 강화한다. 투자자가 중요한 과열 신호에 충분히 주의를 기울이지 못해 실수가 반복되는 경향도 있다. 특히 투자 환경이 우호적이고 내러티브가 강력할 때 과열이 나타날 수 있다. 이 주제는 8장에서 다뤘는데 과잉 투기speculative excess와 금융시장 버블이 나타나는 과정에서 센티멘트의 역할을 살펴본다.

금융시장에 반복되는 패턴이 존재하긴 하지만 각 사이클마다 일어나는 구체적인 사건이나 상황에는 차이가 있다. 사실 어떤 두 사이클도 정확히 같지는 않다. 상당히 유사한 상황에서도 주요 변수들이 같은 순서와 방식으로 반복되지는 않는다. 산업이나 경제에 구조적인 변화가 나타나면 변수 간 관계도 변한다. 예를 들어 고물가·고금리 시대 주식시장의 움직임과 성과는 저물가·저금리 시대의 그것과 상당히 다를 수 있다. 또한 기업, 투자자, 정책 당국의 대응 방식도 과거 경험에 따라 달라질 수 있다.

과거 데이터를 통해 변수 간 관계를 살펴볼 때는 우리가 그 이후에 무슨 일이 일어났는지 알고 있다는 사실을 명심할 필요가 있다. 우리는 패턴이 나타난 다음에야 인식할 수 있고 실시간으로 알아차리기는 굉장히 어렵다. 예를 들어 경제지표가 둔화되고 주가가 하락할 것으로 예상될 때 그게 경기 사이클상 '중기mid-cycle'의 둔화와 증시 조정인지 아니면 훨씬 더 심각한 경기 침체와 약세장의 시작인지 그 시

- 경기 사이클은 통상 초기early cycle(회복), 중기mid cycle(확장), 후기late cycle(둔화), 침체recession의 4가지 국면으로 구분한다.

점에는 분명하지 않고 지나고 나서야 알 수 있다. 금융시장이 예상되는 경제 상황의 변화를 '과대평가overprice'하는 일은 그리 드물지 않고, 이는 시장 사이클이 변곡점에서 유독 급격하게 움직이는 한 가지 이유다. 하지만 금융시장이 실물경제보다 큰 폭으로 등락하는 경향이 있다고 해서 금융시장과 실물경제 간 관계가 약해지지는 않는다. 주식 수익률과 경제 성장 전망이 관련되어 있다는 사실은 우리가 변수 사이의 전형적인 선행·후행 관계, 변수 간 관계의 강도 변화와 주목해야 할 시그널을 이해하는 데 도움이 된다.

사이클의 다이내믹스와 변수의 변화를 이해하면 현명한 투자 결정과 효과적인 리스크 관리에 도움이 된다. 오크트리 캐피털 매니지먼트Oaktree Capital Management의 공동 창업자이자 공동 이사회 의장인 하워드 막스Howard Marks는 《하워드 막스 투자와 마켓 사이클의 법칙Mastering the Market Cycle》에서 "경제와 시장은 과거 한 번도 직선으로 움직인 적이 없고 앞으로도 그럴 것이다. 따라서 사이클을 이해하는 투자자는 계속해서 수익 기회를 찾을 수 있을 것"이라고 했다.[8]

그리고 사이클에 따라 등락은 있겠지만, 장기적으로는 굉장히 높은 투자 수익을 얻을 수 있다. 각 자산군은 각기 다른 시기에 가장 높은 수익률을 기록하는 경향이 있고, 실제 수익률은 투자자의 위험 선호도risk tolerance에 따라 달라진다. 하지만 주식 투자자는, 역사가 그러하듯, 최소 5년 이상 투자를 유지할 수 있고 버블 및 사이클의 변곡점 신호를 인식할 수 있다면 '바람을 보는 투자'의 이점을 누릴 수 있을 것이다.

LONG GOOD BUY

제1부

과거로부터의 교훈

과거 사이클은 어떠했고
주된 변동 요인은 무엇이었는가?

1장 그래도 파도는 친다: 사이클 예측과 연구의 역사
2장 장기 수익률
3장 주식 사이클: 국면 파악하기
4장 사이클에 따른 자산 수익률 변동
5장 사이클과 스타일 투자

1장

그래도 파도는 친다
― 사이클 예측과 연구의 역사

1985년, 런던 금융가의 주식중개사 그린웰스Greenwells & Co에서 졸업 예정 인턴으로 일하기 시작했을 때, 나는 다른 신입 사원들과 함께 잠시 동안 런던증권거래소 플로어에서 근무했다. 그 당시에는 아마도 대부분 업무 관행이 과거 수십년 동안 해오던 그대로였을 것이다. 영국 국채 브로커들은 여전히 탑햇top hat을 썼고, 최초의 여성 거래소 회원이 나온 지 12년밖에 지나지 않았다. 내 동기 하나는 갈색 구두를 신고 왔다가 실컷 놀림받은 뒤, 신발 갈아 신고 오라며 집으로 돌려 보내졌다. 소위 '블루버튼blue button' 즉, 신입 사원과 사무직원은 여러 '조버jobber(시장조성자)'들의 부스를 돌아다니면서 주식 호가를 물어보고 종이에 적은 뒤 플로어 뒤편에 있는 사무실로 가서 칠판에 적었다. 사무실 영업 사원이 주문을 받으면 플로어의 '블루버튼'이 그

럭저럭 최신의 매수·매도 호가를 알려줄 수 있었다.

수습 기간이 끝나고, 나는 그린웰스 리서치 부서 경제팀에 들어갔다. 신입 사원 업무 중 하나는 가장 최근에 발표된 데이터를 수집하는 일이었다. 그러려면 사무실에서 몇 블록 떨어진 스레드니들 스트리트에 있는 영란은행까지 직접 가야 했다. 거기서 자료를 받아서 허둥지둥 증권거래소 밖 공중전화 박스가 모인 곳으로 달려가 회사 이코노미스트에게 전화를 걸었다. 이코노미스트가 내용을 듣고 분석해서 코멘트를 작성하면 복사해서 영업팀에 나눠 줬다.

이런 꽤나 번거로운 시스템이 이제 막 변하려던 찰나였다. 우리 시니어 파트너와 이코노미스트는 새로운 시간 절약 기술인 '휴대전화(상자라고 해도 좋을 상당히 큰 장치)'에 투자하기로 했다. 덕분에 주니어 이코노미스트는 데이터가 발표되면 바로 사무실로 전화해서 내용을 전달할 수 있었고, 시간도 절약하고 공중전화에 동전을 넣는 수고도 덜 수 있었다. 그 시절에도 주문을 따내려면 시간을 조금이라도 단축하는 게 중요했다(2000년대에는 속도가 급격하게 빨라져 평균 거래 소요 시간이 몇 초에서 몇 백만분의 1초로 줄었다[1]).

하지만 이건 금융시장 전반에 혁명을 일으킨 급격한 변화와 파괴적 혁신의 작은 사례일 뿐이었다. 런던 금융가는 1986년 '금융 빅뱅'을 목전에 두고 있었다. 처음으로 대면 업무가 전화기와 컴퓨터로 대체되었고, 그 결과 거래량이 폭발적으로 늘었다. 기존 비즈니스 방식은 위기에 처했다. 진입 장벽은 산산조각 났고 국내는 물론 해외에서도 신규 진입자가 파도처럼 밀어닥쳤다.

기술은 비즈니스 환경, 더 나아가 사회를 빠르게 변화시켰다. 이 시기에 개인용 컴퓨터에도 커다란 혁신이 일어났다. 1985년 마이크로소프트는 나중에 PC 시장을 지배하게 될 운영체제의 첫 번째 버전인 윈도우 1.0을 출시했다. 같은 해 심볼릭스 코퍼레이션Symbolics Corporation은 최초로 닷컴 도메인(symbolics.com)을 등록했다. 당시 도메인은 교육기관이 사용하는 .edu가 대부분이었는데 상업용 도메인이 추가된 것이다. 물론 당시에는 이런 일들이 잘 알려지지 않았고, 그 함의나 인터넷의 상업적 이용과 1990년대 후반 닷컴 버블이 야기할 광범위한 변화는 상상도 할 수 없었다.

1986년 IBM은 첫 노트북 모델을 발표했고, 인텔은 386시리즈 마이크로프로세서를 내놓았다. 그해는 아이맵Internet Message Access Protocol, IMAP이 개발된 해이기도 했는데, IMAP은 메일 서버로부터 이메일을 수신하고 메일박스를 관리하는 최초의 표준 프로토콜이었다.

다른 원대한, 당시에는 그다지 중요해 보이지 않았지만 그 이후 일어난 중대한 변화의 출발점이 되는 혁신들 또한 일어나고 있었다. 1986년 일군의 영국 과학자들은 지구 오존층에 뚫린 구멍을 발견했는데, 이 발견은 2년 뒤 오존층을 보존하기 위한 최초의 국제협약이자 만장일치로 체결된 최초의 UN 국제조약인 몬트리올 의정서 Montreal Protocol로 이어졌다. 환경 리스크에 대한 인식이 제고되었고,[2] 기후 변화는 처음으로 중요한 정치적 이슈가 되었다. 이 이슈는 이후 훨씬 더 중요한 문제로 부상했고 정책과 정치의 중심으로 들어왔다. 탈탄소 실현을 위해 마련한 법률은 앞으로 여러 해 동안, 특히 유럽에서, 경제의 특징과 구조를 변화시킬 것이다.

이 시기 새로운 기술의 물결은 다른 많은 사회적 변화를 일으켰다. 1985년 7월, 내가 첫 직장에 출근하기 얼마 전, '라이브 에이드Live Aid' 콘서트가 런던 웸블리 스타디움과 필라델피아 JFK 스타디움에서 열렸다. 새로운 통신 기술 덕분에 처음으로 콘서트를 전 세계에 실시간으로 송출할 수 있었다. 이 콘서트는 13개의 위성을 사용해 110개국 10억 명이 넘는 시청자에게 중계됐다. 조직과 기술의 승리였다.[3]

물론 그 콘서트에는 과거의 요소도 강하게 드러나 있었다. 밥 딜런이 롤링스톤즈 멤버 키스 리처드, 로니 우드와 함께 〈바람에 실려서 Blowin' in the Wind〉를 불렀을 때는 마치 16년 전 우드스톡 공연과 똑같아 보였다. 하지만 거기에 동원된 기술의 규모는 콘서트를 새로운 세상처럼 느껴지게 만들었다. 어쩌면 딜런의 〈시대는 변하고 있다The Times They Are A-Changin〉가 더 잘 어울렸을 것도 같다.

이런 변화는 정치계에서도 느껴졌다. 글로벌 정치·경제 시스템을 바꿔 놓을 거대한 변화의 움직임이 나타나고 있었다. 영국 마가렛 대처 총리와 미국 로널드 레이건 대통령의 개혁이 본격화되었고, 영국 사회를 분열시킨 탄광노조 파업은 대부분 석탄 광산 폐쇄로 막을 내렸다. 미국에서는 1986년 세제개혁법Tax Reform Act이 통과되었는데, 연방 소득세법을 단순화하고 과세 기반을 넓히기 위한 것이었다. 국제 정세도 불안했다. 전임자 콘스탄틴 체르넨코가 사망하면서 1985년 3월에 미하일 고르바초프가 소비에트 연방 최고 지도자 자리에 올랐다. 1985년 5월 레닌그라드 연설에서 고르바초프는 경제 문제와 열악

한 생활 수준을 인정했다. 이후 정보 개방과 언론 자유 정책 글라스노스트Glasnost와 정치 및 경제 개혁 정책 페레스트로이카Perestroika를 포함한 일련의 정책이 추진되었다. 이는 당시 드러났던 것보다 훨씬 더 크고 중요한 영향을 미쳤다. 소련의 접근 방식이 변하자 미국과 소련이 대화를 재개할 수 있는 길이 열렸고 1987년, 1990년, 1991년 세 개의 중요한 조약이 체결됐다. 이는 군사비 절감과 전략 핵무기의 상호 감축으로 이어졌다.

이 개혁의 목적이 경제 성장의 주된 장애물이었던 관료제 구조를 뒤엎는 것이기는 했지만, 오늘날에는 1989년 소비에트 연방 붕괴, 냉전 종식, 현대 세계화 시대 개막에 중요한 촉매 역할을 한 것으로 평가된다.

1989년 여름, 베를린 장벽이 붕괴되기 불과 몇 달 전, 동유럽 공산주의 국가들에 대한 압박이 강해지고 있던 시기에 미국 국무부 관료 프랜시스 후쿠야마Francis Fukuyama는 〈역사의 종언The End of History〉이라는 논문에서 "우리가 목격하고 있는 것은 냉전의 종식이나 전후 역사의 특정 시기가 지나갔다는 사실이 아니라 역사의 종언일지도 모른다. 그것은 인류의 이데올로기적 진보의 끝이자 최종적인 정부 형태로 서구 자유 민주주의의 보편화다"[4]라고 했다.

이 시기 중국은 경제를 개방하고 개혁에 착수했다. 1978년 역사적인 개혁으로 농촌에 '가정연산승포책임제household responsibility system'를 도입해 처음으로 농민이 인민공사에 바치고 남는 농산물을 소유할 수 있도록 허락했고, 1980년 선전에 첫 번째 '경제특구special economic zone'를 설립했다. 경제특구 지정으로 더 유연한 시장 정책의 도입과 실험이 가능해졌다. 개혁 속도는 느렸고 논란이 없지 않았지만, 1984년에 8인 이하 발기인의 민간 기업 설립을 허용했고, 베를린 장벽이 무너지고 1년 뒤인 1990년에는 선전과 상하이에 주식시장을 열었다. 시장 자본주의가 광범위하게 퍼져나가고 있었다.

당시 변화들은 더 많은 투자 기회와 더 긴밀하게 연결된 세상을 불러왔고 주식시장 낙관론에 불을 붙였다. 1985년, 내 직장 생활 첫 해에, 다우존스 지수는 27% 조금 넘게 올라 석유 파동과 1973~74년 경기 침체에 따른 급락 후 회복기였던 1975년 이후 가장 높은 수익률을 기록했다. 주가 상승은 펀더멘털 개선과 불확실성 및 지정학적 리스크 감소를 반영한 것이었다. 낮은 인플레이션과 금리로 강한 경제 성장 기간 이후에도 경기 침체를 피하면서 경기 확장 기간이 지속되는 소위 '연착륙soft landing'이 가능할 것이라는 믿음이 강해졌다. 공산주의 붕괴와 그에 따른 이른바 '평화 배당peace dividend'과 자유 시장 경제 확산으로 리스크 프리미엄이 감소했다.

이러한 낙관론과 증시 상승은 1986년 내내 지속되었고 1987년에는 첫 10달 동안 다우존스 지수가 무려 44%나 상승했다. 그러다 10월 18일 갑자기 모든 것이 바뀌었다. 다우지수는 하루 만에 22.6% 폭락했다. 그날은 검은 월요일Black Monday로 알려졌다. 이는 당시로부터 거의 정확히 58년 전에 증시가 13% 하락한 1929년의 검은 월요일, 화요일, 목요일에서 따온 것이었다. 그사이 일어난 모든 변화와 거의 60년에 달하는 시간 간격에 불구하고 이 모든 것은 기시감이 들었다. 갑자기 저금리·저물가에 근거한 낙관론이 정당화될 수 없다는 불안감이 가슴에 파고들었다.

정책 담당자들도 1929년 대폭락과 유사점을 분명하게 느꼈다. 과거의 실수를 되풀이하지 않기 위해 빠르고 과감하게 움직였다. 미 연방준비은행은 즉시 금융 시스템에 유동성을 공급했고 당시 연준 의장이었던 앨런 그린스펀Alan Greenspan은 다음날 성명서를 발표하고 "경제와 금융 시스템을 지원하기 위해 유동성을 공급할 준비가 되었다"고 확언했다. 다음날 연준은 기준 금리를 7.5% 이상에서 6%로 인하하고 월요일 대폭락을 막으려 했다. 효과가 있었다. 1929년 대폭락 이후 회복되는 데 거의 25년이 걸렸는데, 1987년 폭락 이후에는 2년이 채 걸리지 않았다.

얼마 지나지 않아 또 다른 위기가 일어났다. 1992년 나는 영국 수위권 주식 브로커였던 제임스카펠James Capel & Co로 옮기고 경제 파트에서 유럽 전략가를 담당했다. 그해 소위 '검은 수요일'이 일어났는데, 그날은 영국이 유럽 환율조정매커니즘(ERM)에서 정한 환율 변동폭 하한선을 지키는데 실패하고 ERM을 탈퇴한 날이다.[5] 덴마크가 1992년 봄 국민투표에서 마스트리히트 조약Maastricht Treaty[6]을 부결시켰고, 프랑스가 해당 조약 비준을 국민투표에 부치겠다고 발표한 후 ERM에 속한 약세 통화에 시장 압력이 높아지고 있었다(영국과 이탈리아는 적자가 심각했다).

파운드화 폭락은 프랑스 국민투표가 실시되기 고작 3일 전이었는데, 투표는 51%로 간신히 통과되었다. 영란은행은 파운드화 환율 방어를 위해 금리를 연달아 인상할 수밖에 없었다. 9월 16일 영란은행은 당초 10%에서 12%로 금리를 인상했으나 파운드화 환율이 계속 떨어지자 곧바로 15%로 올렸다. 나는 대부분의 친구들과 마찬가지로 얼마 전 담보대출을 받아 첫 아파트를 구입한 참이었다. 당시 영국에서는 대부분 담보대출이 변동 금리였기 때문에 겁에 질렸다.

중앙은행은 그때 이후로 신뢰를 공고히 하고자 양적 완화와 어떤 경우는 그에 못지않게 강력한 포워드 가이던스forward guidance* 라는 정책 수단으로 영향력을 행사했다. 이는 2012년 유럽 재정위기 와중에 유럽중앙은행 총재 마리오 드라기Mario Draghi가 "유럽중앙은행은 유로를 지키기 위해 무엇이든 할 준비가 되어 있습니다. 그리고 저를 믿으십시오. 그걸로 충분할 것입니다"라고 말했을 때 특히 적나라하게 드러났다.

1980년 이후 많은 충격과 위기가 있었고 때때로 경제가 성장 경로에서 이탈하고 시장에 급격한 조정이 나타났다. 그럼에도 경제와 금융시장에는 어떤 패턴이 반복되는 사이클이 나타났다.

이런 사이클은 전혀 다른 경제 상황에서도 나타났지만 예측하기는 어렵다. 저명한 투자자 워런 버핏Warren Buffet은 "우리는 오랫동안 주가 예측의 유일한 가치는 점쟁이가 그나마 좀 나아 보이게 해주는 것이라고 믿어 왔다. 지금도 찰리 [멍거]와 나는 단기 주가 예측은 독이고 어린이는 물론 시장에서 어린이처럼 행동하는 어른의 손에 닿지 않도

- 중앙은행이 향후 통화정책 방향에 대한 신호를 전달하기 위해 사용하는 커뮤니케이션 방법. 금융위기 이후 제로금리 제약zero lower bound하에서 비전통적 통화정책수단의 하나로 사용됐다.

록 안전한 장소에 따로 보관해야 한다고 믿는다"(1992년 주주 서한)고 했다.

물론 예측이 어렵다고 잠재적인 위험을 이해하고 앞으로 나타날 기회를 살펴보는 게 쓸모없는 건 아니다. 특정 지점에서 일어날 일을 예측하는 점 추정point forecast은 경제와 금융시장에서 그다지 잘 맞지 않지만, 중요한 변곡점이 나타날 가능성이 커지고 있다는 신호를 포착하는 것은 점 추정보다 쉽고 여러 측면에서 훨씬 중요하다. 정말로 중요한 건 이런 변곡점이다. 다른 장에서 살펴보겠지만, 급격한 조정을 피하고 시장 회복 초기 단계에 시장에 참여하는 것이 수익률에 큰 영향을 미치기 때문이다. 전통적인 예측 모델은 대부분 투자자의 행동이나 센티멘트의 변화를 반영하지 않으며, 이는 경제와 금융시장 사이클의 변곡점을 잘 예측하지 못하는 부분적인 이유다.

예측의 어려움은 사회과학에 국한되지 않는다. 날씨를 예측하는 것은 물리학에 기반을 두고 있지만 모델에서 사용하는 변수와 그 영향력이 빠르게 변하기 때문에 굉장히 어렵다. 최근 컴퓨터를 사용한 모델이 도입되기 전에는 훨씬 더 큰 도전이었다. 커다란 기상 이벤트를 예측하는 데 실패한 가장 대표적인 사례는 아이러니하게도 마찬가지로 전혀 예측하지 못했던 1987년 증시 폭락과 비슷한 시기에 일어났다. 나는 당시에 직장 2년차였는데, 폭락 전날 밤 맹렬한 폭풍이 영국을 강타해 막대한 피해를 입혔다. 여러 추정치에 따르면 그 폭풍은 1706년 이래로 영국 도시 지역을 덮친 가장 강력한 폭풍이었다. 10월 17일 1,500만 그루가 넘는 나무가 쓰러졌고 그중에는 켄트주 세븐오

크스에 있던 유명하고 아주 오래된 떡갈나무 7그루 중 6그루도 포함되어 있었다. 그곳은 런던 통근 벨트 중 한 곳으로 당시 시니어 증권 브로커가 많이 살고 있었다.

광범위한 교통 차질이 발생해서, 그날 런던 중심지에 있는 사무실로 출근할 수 있었던 사람 대부분은 나를 포함해 상대적으로 저렴한 사무실 인근에서 살고 있던 주니어 직원이었다(당시는 젠트리피케이션의 물결과 가족들이 다시 도심으로 돌아오는 트렌드가 나타나기 이전이었다). 그때는 인터넷이 없었고 책상마다 실시간 거래 시스템이 설치된 터미널도 없었기에 정보가 느리게 퍼지고 신뢰도가 떨어졌다. 뉴욕 증시가 열리고 급락 소식이 퍼지기 시작했을 때 우리는 어리둥절했고, 처음에는 이게 진짜인지 아니면 단순히 폭풍 때문에 여러 명이 공동으로 사용하던 전자 거래 시스템이 오류를 일으킨 건지 확신할 수 없었다.

하지만 사람들은 예측, 또는 그것의 부족에 주목했다. 1987년 10월 15일 BBC 선임 기상 예보관 마이클 피시Michael Fish는 "오늘 아침 한 여성이 BBC에 전화를 걸어 허리케인이 온다는 소식을 들었다고 전했습니다. 글쎄요. 이 방송을 보고 계시다면 걱정하지 마십시오. 허리케인은 오고 있지 않습니다"라고 말했다.[7] 예측의 어려움은 부분적으로 이용가능한 데이터와 현재 기술 수준에 달려 있다. 최신 컴퓨터는 모델의 여러 입력 값을 옛날보다 훨씬 효과적으로 처리할 수 있다.

일기 예보도 그렇다. 최근 5일 일기 예보는 거의 1980년 당시 2일 예보만큼이나 정확하다.[8] 허리케인 경로 예측 오차는 25년 전 평균

563킬로미터(350마일)에서 오늘날 161킬로미터(100마일)로 줄었다.[9] 하지만 경제나 시장 예측은 그렇지 않다. 영란은행 수석 이코노미스트 앤디 홀데인Andy Holdane은 런던 정부연구소Institute for Government 강연에서 금융 위기 예측 실패를 경제학자의 '마이클 피시' 모먼트에 비유했다.[10]

2008년 금융 위기를 전후해 일어난 사건과 예측 실패는 경제와 금융 이벤트를 예측하는 모델의 능력에 대한 광범위한 성찰을 불러 일으켰다. 영국 엘리자베스 여왕은 2008년 11월 런던정치경제대학London School of Economics에서 열린 학계 행사에서 왜 위기가 오는 것을 보지 못했는지 물었다. 좋은 질문이었다. 국제통화기금IMF은 2008년에서 2009년까지 전 세계 60건 이상 경기 침체 사례를 조사했는데, 전문 이코노미스트 집단은 그중 어느 하나도 예측하지 못했다. 게다가 2008년에서 2012년 사이에 발생한 88건의 경기 침체 중 불과 11개만 예측했다.

여왕의 질문에 영국학사원British Academy은 저명한 학자, 정치인, 언론인, 공무원, 경제 전문가를 불러모아 토론하고 서면 답변을 제출했다. 답변서는 런던정치경제대학 교수이자 영란은행 통화정책위원회 위원이었던 팀 비즐리Tim Beasley와 정치사학자 피터 헤네시Peter Henessey가 작성했는데, 그들은 거기서 "… 군중심리와 금융, 정책 전문가의 판에 박힌 조언이 위험한 조합으로 이어졌습니다. 각 리스크는 작다고 본 것이 맞았을 수 있지만, 전체 시스템 리스크는 막대했습니다. 폐하, 요약하자면 금융 위기의 시점, 범위, 강도를 예측하는 데 실패하고 피하지 못한 이유는 여럿 있겠지만, 무엇보다 전 세계 많은 영리한 사람들이 전체 시스템 리스크를 이해하기 위해 집단적 상상력을 발휘하는 데 실패한 탓이라고 하겠습니다"고 했다.[11]

경제 전반의 리스크와 금융시장의 밸류에이션이 과도한 수준에 이르렀을 때, 사이클의 터닝포인트 예측 실패가 가장 극명하게 드러난다. 하지만 그렇지 않을 때도 모델은 변곡점에서 얼마나 큰 움직임이 나타날지 잘 잡아내지 못하는 경향이 있다. 1992년부터 2014년까지 63개국을 대상으로 GDP 전망의 정확성을 검증한 연구에 따르면 "전문가들은 일반적으로 경기 침체가 발생한 해는 예년과 다르다는 것을 알지만, 한 해가 거의 끝날 때까지 경기 침체의 강도를 크게 틀리곤 한다."[12] IMF 연구원 프라카시 룬가니Prakash Loungani는 "경기 침체 예측 실패 기록은 사실 별로 흠잡을 데가 없다"고 했다.

투자자의 문제는 금융시장이나 거기에 영향을 주는 경제 변수 예측이 엄밀한 과학이 아니고, 많은 전통적인 접근 방식과 모델들이 모델에 대한 지나친 의존, 시스템 리스크에 대한 불충분한 이해, 인간 심리가 행동에 미치는 영향 때문에 한계가 있다는 점이다.

그러나, 특히 과도한 리스크 테이킹과 밸류에이션 관점에서, 위험을 인식하고 경고했던 사람들도 있었다. 이들은 일반적인 경제 모델 보다 경제 주체들의 과도한 리스크 테이킹과 기대expectation가 시스템 전체에 미칠 영향에 더 중점을 두었다.[13]

경제 전망 모델이, 특히나 낙관이나 비관이 극에 달한 시기에 인간 심리를 이해하거나 반영하는데 취약하다는 사실은 새로운 발견이 아니다. 찰스 맥케이Charles Mackay는 1841년 저서 《대중의 미망과 광기 Extraordinary Popular Delusions and the Madness of Crowds》에서 "인간은 … 집단으로 사고한다. 인간은 집단으로 광기에 빠지고 깨어날 때는 하나씩 천천히 돌아온다"고 주장했다.

인간은 전통적인 경제학 이론이 말처럼 버블이 아닌 시기에서도 위기의 구렁텅이에서도 변함없이 '합리적으로' 예측 가능한 방식으로 행동하지 않는다. 저명한 경제학자이자 심리학자인 조지 로웬스타인 Goerge Loewenstein은 "심리학자는 인간을 실수할 수 있고 때로는 자기 파괴적인 존재로 보는 반면 경제학자는 효율적으로 각자의 이익을 극대화하고 행동의 결과에 대한 완전한 정보를 얻을 수 없을 때에만 실수를 하는 존재라고 보는 경향이 있다"고 지적했다. 인간이 정보를 처리하고 위험과 기회에 대처하는 방식이 심리학자가 보는 인간에 가까운 것이 금융시장에 사이클이 존재하는 한 가지 이유다.[14]

사실 인간이 합리적이고 항상 이용 가능한 정보를 효율적으로 사용한다는 가정이 경제학에서 늘 통용되지는 않았다. 케인스는 금융시장 불안정성은 불확실한 시기에 지배적인 영향을 미치는 심리적인 요인에 따라 달라진다고 주장했다. 케인스에 따르면 시장과 기꺼이 위험을 감수하고자 하는 욕망에 영향을 미치는 것은 낙관과 비관의 파도다.[15] 민스키(1975) 등 다른 경제학자들도 이러한 효과를 분석했다.[16]

예측에 있어서 '인간'의 복잡성은 찰스 킨들버거Charles P. Kindleberger 의 사이클 연구에서도 다루어졌는데,[17] 그는 투자자가 통상 매수하는 자산이 합리적이지 않을 때 집단행동이 나타나는 경향이 있으며, 그 결과 버블이 일어날 리스크를 발생시킨다고 주장했다(8장에서 다룬 주제다). 그를 비롯한 다른 경제학자들은 심리적, 사회적 행동이 정서적 전염을 유발할 수 있다는 아이디어를 더욱 발전시켰다. 호황기 대중 사이에 퍼지는 과도한 낙관론이나 불황을 야기하고 악화시킬 수 있는 비관론과 극단적인 위험 회피가 그러한 정서적 전염의 예이다.[18]

카너먼Kahneman과 트버스키Tversky는 사회과학 분야에서 심리학에 대한 이해를 높이는 데 커다란 영향을 미쳤고, 두 사람의 "파트너십은 학계에 미친 영향 측면에서 매우 보기드문 것이었다. 그들은 사회과학의 레논과 맥카트니였다."[19]

그들이 1979년 처음 발표하고 1992년 발전시킨 전망 이론 연구는 투자자가 불확실한 선택에 직면했을 때 어떻게 행동하는지 보여줬다. 투자자가 현재 상황을 기준으로 손실 또는 이익에 대한 기대에 근거해서 투자 의사결정을 한다고 주장했다. 따라서 확률이 동일하다면, 대부분 투자자는 자산을 늘리기 위해 위험을 무릅쓰기보다는 현재 자산을 지키기를 선택한다.[20] 하지만 미래 수익을 위해 많은 것을 위태롭게 만들기보다 현재 가지고 있는 것을 지키고자 하는 이런 경향은 시장이 엄청나게 오르고 '소외될 수 있다'는 공포fear of missing out, FOMO'가 행동을 지배하는 시기에는 사라진다.

금융 위기 이후 행동경제학적 설명이나 시장의 심리학에 대한 관심이 증가했다. 이는 어떻게 그리고 왜 금융 사이클이 형성되고, 왜 때로는 사이클의 변화를 야기하는 경제와 금융 변수의 변동이 현저히 강화되는지 더 잘 이해하는 데 도움이 되었다. 노벨상 수상자 조지 애커로프George A. Akerlof와 로버트 실러는 "위기를 예측하지 못했고 여전히 완전히 이해하지는 못했다 … 전통적인 경제학 이론에는 야성적 충동을 반영하는 법칙이 없었기 때문이다"고 했다.[21] 인간 행동의 영향과 인간이 정보를 처리하는 방식은 시장 전망을 날씨 같은 물리적 시스템 예측보다 훨씬 더 어렵게 만든다.

이런 점에서 일기예보 같은 자연 과학은 다른데, 입력 값에 따라 인간의 행동이 어떻게 바뀌는지에 영향을 받지 않기 때문이다. 예를 들어 폭풍이 불면 사람들이 실내에 머무르지만 폭풍 진행 경로나 강도는 바뀌지 않는다. 반면 경제와 금융시장에는 중요한 피드백 루프 또는 조지 소로스George Soros가 말하는 '재귀성reflexivity'이[22] 존재하는데, 이는 사회과학에 뿌리를 두고 있지만 금융시장에 강한 영향을 미치는 개념이다.

증시가 경기 침체를 예상하고 떨어지면 투자 결정에 영향을 미치는 기업 심리가 무너지면서 경기 침체 리스크가 그만큼 더 커질 수 있다. 또 다른 문제는 이자율 같은 특정 입력 값에 대한 사람들의 반응이, 조건이 비슷한 경우에도 시간에 따라 달라질 수 있다는 것이다. 말멘디어Malmendier와 네이글Nagel은 2016년 연구[23]에서 투자자가 미래 전망을 할 때 개인적인 경험에 지나치게 의존한다고 주장했다. 예를 들어 인플레이션에 대한 인식은 경험에 따라 다를 수 있는데, 이런 인식 차이는 오랫동안 역사에서 나타났던 관계보다 투자자의 미래 전망에 더 큰 영향을 미칠 수 있다. 연령대에 따라 인플레이션 기대치에 차이가 나는 이유다. 투자자는 합리적으로 또는 특정 정책이나 계기에 일관되고 예측 가능한 방식으로 대응하기보다는 자신의 경험이나 심리 상태에 따라 상당히 다르게 행동할 수 있다.[24]

비교적 생소한 신경경제학Neuroeconomics은 이렇게 투자자의 반응이 달라진다는 추가적인 증거를 제시한다. 신경경제학은 뇌에서 의사 결정이 어떻게 일어나는지 들여다보고 개인들이 불확실한 선택에 어떻게 대응하는지 깊이 살펴본다. 조지 로웬스타인, 스코트 릭Scott Rick, 조나단 코헨Jonathan D. Cohen 같은 학자는 사람이 리스크에 비감정적 방식과 감정적 방식 두 가지로 대응한다고 주장했다. 이런 접근 방법에 따르면 우리는 확률이 낮을 수 있지만 새로운 리스크에 과잉 반응하고, 이미 알고 있는 리스크에는 일어날 확률이 훨씬 높은 경우에도 과소 반응하는 경향이 있다.

예를 들어, 증시가 폭락하면 투자자는 새로운 리스크에 직면한 것이기 때문에 새로운 약세장이 나타날 가능성이 낮다고 해도 매우 조심스럽게 투자한다. 마찬가지로 투자자는 시장이 정점을 향해 가고 있을 때 기꺼이 주식을 매수하는데, 밸류에이션이 높다는 경고가 빈번해도 최근 주가 상승을 보고 더욱 확신을 가지고 위험을 감수한다.

이는 최근 금융 위기는 물론 수많은 다른 과열과 붕괴의 역사적 사례 전후에 투자자가 보인 행태와 일치하는 것으로 보인다. 수익률의 지속적인 상승은 낙관론과 추세가 계속될 수 있다는 믿음으로 이어진다. 요구 리스크 프리미엄required equity risk premium, 즉 투자자가 위험을 감수하기 위해 요구하는 미래 기대 수익률은 감소하는데, 투자자는 리스크가 작고 기대 수익률은 과거에 그러했듯이 앞으로도 높을 거라고 믿고 시장으로 이끌려간다. 반면에 큰 손실이 발생한 얼마 뒤에는 요구 리스크 프리미엄이 상승한다. 특히 기업과 시장은 금융 위기 이후 급격한 금리 인하에 종전과 다르게 반응했다. 금융 위기와 뒤따른 경기 침체를 겪고 나서 사람들은 이전보다 조심스럽게 대응했다. 이런 정서와 자신감의 변동 또한, 최근 역사를 통해 얼마간 알려졌듯이, 금융시장 사이클을 움직인다.

정책 담당자들 또한 피드백 루프와 금융시장의 기대가 경제 사이클에 어떻게 영향을 주는지, 특히 통화정책이 경제에 미치는 영향을 측정하는 지표인 '금융 여건'에 어떤 영향을 주는지 점점 더 많은 관심을 기울이고 고려하고자 했다. 금융 여건에는 통상 신용 스프레드, 주가, 실질 환율이 포함됐다.

정책 담당자의 문제는 시장의 격렬한 변동에 어떻게 대응해야 할지 모른다는 것인데, 그러한 변동이 경제 활동의 근본적인 변화를 반영할 수도 아닐 수도 있기 때문이다.

로저 퍼거슨Roger Ferguson 전 연준 부의장은 "버블을 탐지하려면 불충분한 증거를 근거로 판단을 내릴 필요가 있는 것 같다. 그러한 판단은 대상 자산의 펀더멘털 가치를 알고 있다는 것을 전제로 한다. 당연히 중앙은행가는 이런 판단을 불편해한다. 버블을 탐지했다고 주장하는 중앙은행은 필연적으로 어마어마한 금액이 달려 있는 투자자의 판단보다 중앙은행의 판단을 더 신뢰하는 이유를 설명하라고 요구받을 것이다"라고 했다.[25]

물론 통화정책 효과는 대출이 이용 가능한지, 얼마나 대출이 용이

한지에 달려 있다.[26] 또한 금융시장 참가자가 정책을 어떻게 받아들이는지에 따라 달라지며, 따라서 궁극적으로 인간 심리와 군중 행동에 달려있다고 할 수 있다.

최근 한 연구에 따르면 "심리가 경제 발전에 큰 역할을 한다는 증거가 점점 늘어나고 있다. 연구 결과는 경제가 인간 심리에 크게 좌우된다는 것을 보여준다. 이는 케인스(1930)와 애커로프·쉴러(2010)의 예측에 부합한다."[27] 심리학에 대한 새로운 관심은 공공정책 분야에서도 점점 늘고 있다. 리처드 세일러Richard H. Thaler와 캐스 선스타인Cass R. Sunstein은 2008년 《넛지Nudge》라는 행동경제학을 다룬 책을 출간했다. 이 책은 베스트셀러가 되었고 정책에 광범위한 영향을 미쳤다. 세일러는 이 분야에서 업적으로 2017년 노벨경제학상을 수상했다.

1980년대 이후 일어난 모든 정치·경제·사회의 변화와 극단적인 사건들, 인간 정서와 행동 예측의 어려움에도 불구하고 경제와 금융시장에는 반복되는 패턴이 있다. 비록 우리가 사이클의 어디쯤 있는지 실시간으로 알기 어렵고 얼마 뒤 수익률을 예측할 순 없지만, 리스크를 평가하고 투자 결과의 확률을 파악하는데 도움이 되는 유용한 정보는 존재한다. 과열의 징후(비관이든 낙관이든)와 중요한 변곡점의 가능성을 알아보는 것은 더 큰 수익을 창출하는데 도움이 될 수 있다.

2장

장기 수익률

장기 데이터를 이용한 투자 사이클 연구는 통상 '각 자산군별 기대수익률이 어느 정도인가?'라는 질문에서 출발한다. 단순한 질문 같지만 투자자마다 시간 지평time horizon이 달라서 쉽게 답하기 어렵다. 보유 기간뿐만 아니라 투자자의 유형에 따라 평가손실을 얼마나 감수할 용의가 있는지(또는 관련 규제에서 어느 정도까지 허용하고 있는지) 등에서 크게 차이가 난다.

대부분 투자자는 위험을 감수하는 대가로 높은 수익률을 기대하는데, 장기 데이터에 따르면 실제로도 그랬다. 예를 들어, 전 세계에서 가장 큰 주식시장인 미국 증시는 1860년 이후 연환산 10%의 수익률을 기록했는데, 도표 2.1에서 볼 수 있듯이 보유 기간을 1년에서 20년까지 다른 기간으로 바꿔서 계산해봐도 비슷한 수치가 나온다.

도표 2.1 보유 기간별 평균 연환산 총수익률(1860년 이후)

	1년	5년	10년	20년
S&P 500	11%	12%	10%	10%
미국채 10년물	5%	6%	5%	5%

출처: Goldman Sachs Global Investment Research.

미국 정부가 원리금 지급을 보장하기 때문에 통상 '무위험' 자산으로 간주되는 10년 만기 미국 국채의 경우 같은 방법으로 계산했더니 평균 5%에서 6%의 수익률이 나왔다.

제러미 시겔Jeremy J. Siegel은 저서 《주식에 장기투자하라Stocks for the Long Run》(1994)에서 주식의 실질 수익률(명목 수익률에서 인플레이션을 조정한 수익률)은 오랜 기간에 걸쳐 놀라울 정도로 안정적이었으며 "1802년부터 1870년까지 연 7.0%, 1871년부터 1925년까지 연 6.6%, 1926년 이후로는 연 7.2%의 수익률을 기록했다"고 썼다.

따라서 주식시장에 장기로 투자하면 상당히 확실하게 수익이 난다고 할 수 있지만, 명목 수익률이 보장되는 국채 같이 덜 위험한 자산에 비해 리스크와 변동성이 현저히 크다. 예를 들어, 1년을 보유 시 수익률 변동성(수익률이 평균을 중심으로 퍼져 있는 정도)은 주식이 국채보다 3배 정도 크다. 이는 좀 더 확실한 수익을 원한다면, 특히 투자 기간이 짧을 경우, 채권이 더 매력적인 자산일 수 있음을 의미하는데, 투자 수익률이 얼마나 될지 사전에 좀 더 확실히 알 수 있기 때문이다. 하지만 좀 더 안정적인 수익이라는 이점은 보유 기간이 길어질수록 약해진다. 예를 들어 보유 기간을 20년으로 늘리면 주식 수익률

도표 2.2 보유 기간별 연환산 총수익률의 평균 표준편차(1860년 이후)

	1	5	10	20
S&P500	10%	2%	1%	1%
미국채 10년물	3%	1%	0%	0%

출처: Goldman Sachs Global Investment Research.

변동성이 급격히 떨어진다(도표 2.2).

간단히 말해 투자자는 기대 수익률과 변동성 간 트레이드오프 trade-off 관계에 직면해 있다. 장기 투자 시 기대 수익률은 주식이 채권보다 2배 높지만 리스크와 변동성도 더 크다. 하지만 보유 기간이 늘수록 주식의 매력이 커진다. 도표 2.3에서 보듯이 1년 보유 시 주식은 전체 기간 중 28%, 채권은 18%의 기간 동안 평가손실을 기록했는데, 5년 보유 시에는 이 기간이 주식은 11%, 채권은 1%로 줄었다.

도표 2.3 보유 기간별 전체 기간 중 손실을 기록한 기간의 비율(1871년 이후)

	1년	5년	10년	20년
S&P500	28%	11%	3%	0%
미국채 10년물	18%	1%	0%	0%

출처: Goldman Sachs Global Investment Research.

보유 기간을 10년까지 늘리면 주식의 손실 기간이 전체 보유 기간의 3%까지 떨어진다. 따라서 평가손실이 발생해도 손실을 확정 지을 필요가 없어 시장평가 mark-to-market 리스크를 감당할 수 있고, 투자 기간을 장기(최소 5년 이상)로 가져갈 수 있는 투자자라면 투자 사이클에 따라 수익률이 등락은 하겠지만 좋은 장기 투자 수익률을 얻을 수 있다. 이러한 조건이 충족될 때 투자자는 '바람을 보는 투자' 기회를 누릴 수 있다.

보유 기간별 투자 수익률

하지만 장기 데이터 평균만 보면 수익률이 매해 다를 뿐만 아니라 사이클에 따라 등락한다는 사실을 놓치기 쉽다.

다른 장에서 또 다루겠지만 주식 수익률은 대체로 사이클이 진행되는 과정에서 금리나 경제 성장률 전망치 같은 경제 펀더멘털 변수의 움직임에 영향을 받는다. 또한 사이클마다 차이가 있다. 어떤 사이클에서는 다른 사이클보다 훨씬 좋은 수익률이 나타난다. 여기에 영향을 미치는 요인은 여러 가지가 있지만 보통은 매출 성장률이나 마진 같은 펀더멘털 요인의 구조적인 변화 아니면 밸류에이션 변화의 결과다. 이런 요인과 각 요인이 시장에 미치는 영향을 이해하면 투자 수익률이 크게 달라질 수 있고, 투자하기에 가장 위험한 시기를 피하는 데 도움이 된다. 또 한 가지 중요한 점은 미국 증시를 기준으로 장기 수익률을 생각해서는 안 된다는 것이다. 일본 증시 수익률은 1989/1990년 버블 붕괴 이후 현저하게 낮아졌다. 여기에는 그럴 만한 충분한 이유가 있다. 일본의 명목 GDP 성장률이 하락한 것도 분명 한 가지 이유고, 당초 밸류에이션이 지나치게 높았다는 것이 또 다른 이유다. 9장에서 지난 수십 년간 일본의 경험과 좀 더 최근의 금융 위기 이후 다른 나라 사례간 유사점을 다루었다.

특정 보유 기간 수익률 추이를 살펴보면 수익률의 장기 패턴과 그 변화를 파악하는 데 도움이 된다. 예를 들어, 도표 2.4는 미국 주식시장에 10년 투자했을 때 수익률이 시기에 따라 어떻게 달라졌는지를 나타낸다(차트의 막대는 표시된 날짜 이후 10년 동안 투자했을 때 인플레이션 조정 후 수익률을 연환산한 수치다).

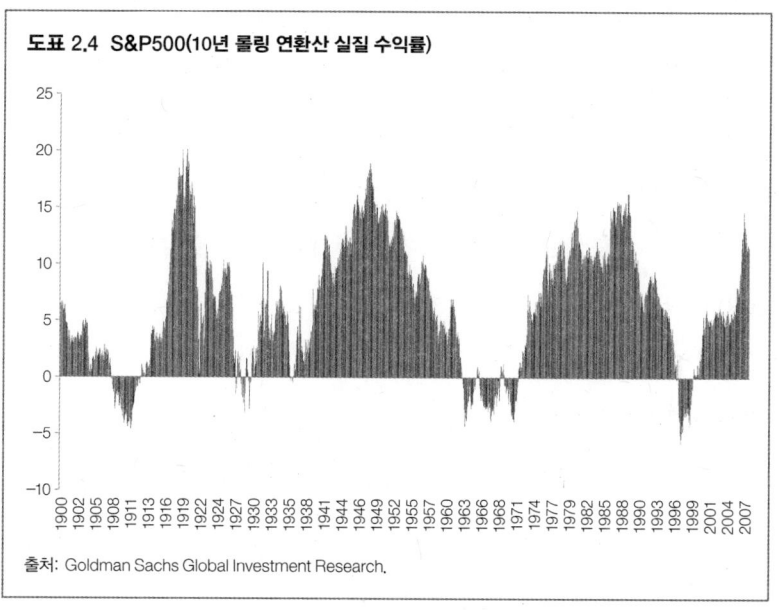

장기 수익률만 보면 인플레이션을 조정한 실질 수익률이 시기마다 크게 달랐다는 사실을 놓칠 수 있다. 투자자는 어느 정도 기간 동안 투자하면 과거 같은 기간 동안 투자했을 때 나타난 평균 수익률과

유사한 수준의 수익률을 얻을 거라고 기대할 수 있다. 하지만 실제로는 꼭 그렇지는 않다. 예를 들어 큰 전쟁(제 1, 2차 세계대전)이 터질 무렵 매수한 주식은 당초 손실을 회복하는 데 너무나 오랜 시간이 걸렸기 때문에 장기간 손실에서 벗어나지 못했다. 강세장이 정점에 달한 1960년대 후반에 매수한 주식 또한 이후 10년 동안 글로벌 인플레이션과 금리가 치솟으면서 굉장히 심각한 손실을 기록했다.

과거 사례를 보면 1990년대 말 IT 버블과 그 붕괴가 특히 눈에 띈다. 2000년 버블의 정점이나 그때부터 2003년 사이에 매수한 주식은 이후 10년 동안 1970년대는 물론이고 지난 100년 미국 증시 역사를 통틀어 가장 낮은 실질 수익률을 기록했다. 해당 기간 이후에는 수익률이 장기 평균에 부합하는 수준으로 상승했다. 한편 2007/2008년 금융 위기 이후(도표 2.4의 가장 우측)에 진입한 투자자는 높은 수익률을 누렸다.

10년 투자 수익률이 가장 높았던 기간은 대체로 경제 성장률도 높았다. 1920년대 호황기와 1950년대 전후 재건기가 좋은 예다. 그렇지 않은 경우는 1980, 1990년대와 같이 금리가 하락하거나 이전보다 낮은 수준에서 유지된 기간 아니면 대규모 약세장이 나타나 밸류에이션이 낮은 수준으로 떨어진 이후 기간이었다.

비록 주식이 장기 투자 시 수익률이 더 높았고 금융 위기 이후에는 특히 더 좋은 성과를 기록하긴 했지만, 1980년대 이후 채권 수익률은 과거 어느 기간과 비교해도 실로 놀라웠다(도표 2.5). 1980년대 초 당시 인플레이션 사이클의 정점에서 매수한 미국채 10년물은 이

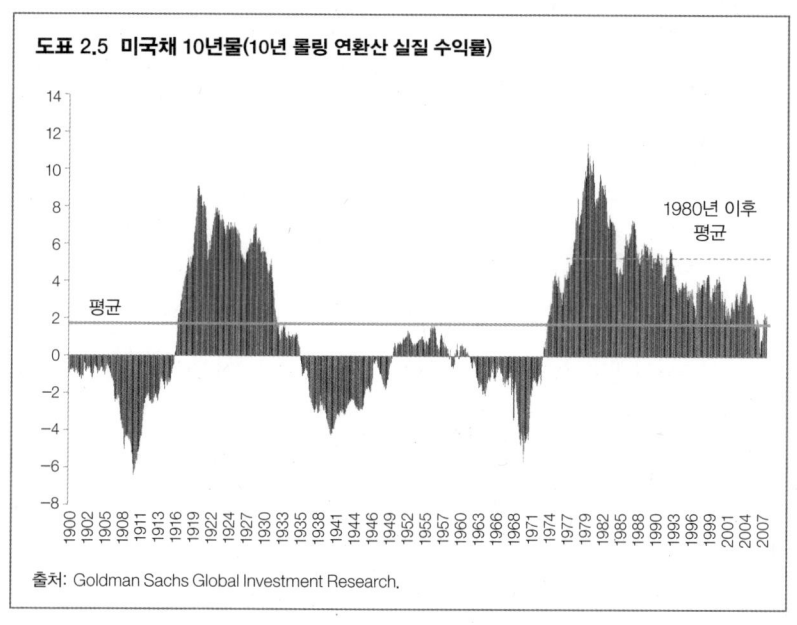

후 10년 동안 연평균 10%(이후 20년 동안 연 평균 7%)가 넘는 실질 수익률을 기록했다. 이는 1980년에 10년 만기 미국 국채에 1,000달러를 투자했다면 이 글을 쓰고 있는 지금 인플레이션을 조정한 실질 기준으로 약 6,000달러로 불어났을 거라는 의미다.

심지어 1990년대 초에만 매수했어도 이후 20년 동안 연환산 5%의 실질 수익률을 얻을 수 있었다. 이 정도 수익률은 주식에서나 기대할 수 있는 수준이다. 이렇게 이례적인 수익률을 기록했다는 사실은 당시 채권 가격이 인플레이션과 금리 하락 가능성을 충분히 반영하지 못하고 있었으며, 실현 수익률에 투자자 전망이 얼마나 큰 영향을 미치는지 잘 보여준다.

지금은 채권 금리도 기대 인플레이션도 당시보다 훨씬 낮으므로 향후 채권의 장기 투자 수익률도 훨씬 낮을 것이다. 게다가 지금은 놀랍게도 전 세계 국채의 약 4분의 1이 마이너스 금리에 거래되고 있어, 향후 수익률이 마이너스까지는 아니더라도 매우 낮을 가능성이 높다. 오스트리아는 최근 100년 만기 국채를 불과 1.1%가 조금 넘는 금리에 발행했다.[1] 이는 지금이 통상적인 시기가 아니며, 우리가 투자할 자산을 선택하기에 특히나 이례적인 환경에 처해 있음을 시사한다. 이는 9장에서 다룰 주제이기도 하다.

위험 부담의 대가와 주식 리스크 프리미엄

미래 수익률을 알 수 없는 주식과 명목 수익률이 고정되어 있는 채권의 과거 수익률을 비교하면 위험 부담의 보상이 어땠는지 소급해서 살펴볼 수 있다.

주식은 투자 자산 중에서 상대적으로 리스크가 높은 편이다. 주식 투자자는 기업의 이익에 가장 마지막 순위의 청구권을 가지기 때문이다(채권 보유자나 기타 채권자보다 후순위다). 따라서 주식은 미래 수익이 불확실하다. 적자가 나서 주가가 하락할 수도 있고, 더 심한 경우 기업이 파산할 수도 있다. 매수 시점에 명목 수익률을 알 수 있는 채권에 투자하는 경우, 주된 리스크는 정부나 기업의 채무 불이행 가능성이다. 일반적으로 정부가 기업보다 훨씬 안전한데, 정부의 채무 불이행보다 기업이 적자를 내거나 파산할 가능성이 훨씬 크기 때문이다(과거 디폴트 사례가 종종 있었던 신흥국 정부는 좀 더 위험하다고 본다).

주식은 다른 많은 투자 자산보다 하방 리스크가 크지만 투자를 통해 얻을 수 있는 잠재 수익upside potential도 크다.

채권과 비교해 주식에서 얻은 초과 수익률을 흔히 사후 리스크 프리미엄ex post equity risk premium, ERP이라고 하는데, 이는 투자자가 안전한 국채 대신 주식에 투자해 실제로 얻은 대가다. 이는 요구 리스크 프리미엄과 다르다. 후자는 예상 초과 수익률 혹은 안전자산 대비 위험자산의 기대 프리미엄을 말한다. 이는 투자자가 채권 대신 주식에 자산을 배분할 때 추가로 요구하는 프리미엄이다. 요구 리스크 프리미엄은 투자자가 미래를 불안해 할수록 증가하고, 반대로 투자 환경이 우호적이고 안정적일수록 감소한다.

많은 학계 연구는 시간이 흐르면서 리스크 프리미엄이 시기에 따라 어떻게 달라졌는지 계산하고 해석하는 데 초점을 맞추고 있다. 1985년 《통화경제학 저널Journal of Monetary Economics》에 실린 논문에서 메흐라Mehra와 프레스캇Prescott은[2] 주식의 실현 수익률이 표준 경제 모델의 예측치에 비해 너무 높았다고 주장했다. 이 논문에 따르면 1889년부터 1978년까지 연 평균 실질 수익률이 주식은 7%였고 국채는 1%에 조금 못 미쳤다(미국 기준). 주식 수익률에서 채권 수익률을 차감하면 주식 리스크 프리미엄을 얻을 수 있는데, 6%가 넘는 주식 리스크 프리미엄은 높은 위험 회피 성향 외에는 설명하기 어렵다. 그들은 더 나아가 경제 내 다른 위험과 보상의 트레이드오프 관계를 살펴보면, 투자자들이 실제로 얻는 것만큼 높은 리스크 프리미엄을 요구하지 않았으며, 다른 영역의 금융 거래에서 나타난 위험 회피 수준은 훨씬 낮아서 1% 혹은 그 이하의 주식 리스크 프리미엄에 부합하는 수준이었다고 주장했다. 메흐라와 프레스캇은 이런 현상을 주식 리스크 프리미엄 수수께기the equity risk premium puzzle이라고 불렀다.

그 이후의 많은 연구에 따르면 주식 리스크 프리미엄은 시간에 따라 변한다. 예를 들어 번스타인Berstein(1997)은 주식 밸류에이션 변동이 요구수익률을 왜곡할 수 있다고 했다. 일례로 주가수익비율P/E이 10배 정도였던 1926년부터 20배였던 시기(1990년대 등)까지 장기 데이터를 사용하면, 실현 수익률이 당초 투자자가 예상하거나 요구했던 수준보다 높을 것이다. 따라서 실현 수익률(사후 리스크 프리미엄)이 당초 기대 수익률(사전 리스크 프리미엄)을 과장하게 된다. 이런 발견은 파마와 프렌치의 연구(2002)를 통해 보완되었는데, 그들은 배당할인 모형DDM을 사용해 1926년 이후 사전 리스크 프리미엄이 평균 3% 정도였음을 보여주었다.

다른 이들은 현재 밸류에이션이 향후 수익률에 대한 기대를 왜곡시킬 수 있다는 점을 강조했다. 특히 로버트 실러는 저서 《비이성적 과열Irrational Exuberance》(2000)에서 주가는 과도하게 상승하기도 하며, 그 결과 수익률이 비정상적으로 높아지면 이후 장기간 비정상적으로 낮은 수익률이 지속되기도 한다고 주장했다. 그는 경기조정주가수익비율Cyclically adjusted price-to-earnings ratio, CAPE이라는 밸류에이션 지표를 만들었는데, 해당 지표는 향후 1년 이익 전망치를 사용하는 일반적인 P/E 비율과 달리 과거 10년 동안 기록한 평균 이익을 사용한다. 그는 이러한 조정을 통해 미래 수익률을 더 잘 예측할 수 있다고 주

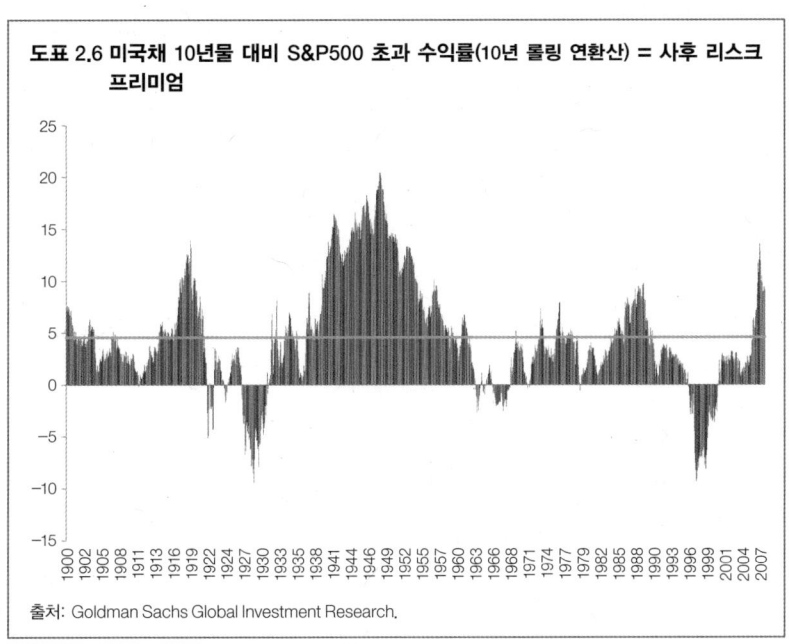

도표 2.6 미국채 10년물 대비 S&P500 초과 수익률(10년 롤링 연환산) = 사후 리스크 프리미엄

출처: Goldman Sachs Global Investment Research.

장했다.

리스크 프리미엄이 얼마든지간에, 시기에 따라 변하며 지속 기간은 대체로 당초 밸류에이션에 따라 달라지는 것으로 보인다. 도표 2.6에서 볼 수 있듯이 국채 대비 주식의 연환산 초과수익률은 버블이 터진 1920년대 후반에는 현저한 마이너스였지만, 1950, 1960년대 전후 재건기에는 낮은 밸류에이션과 강한 경제 성장세에 힘입어 엄청나게 높았다.

1990년대 기술주 버블은 밸류에이션 하락에 의한 주가 폭락으로 이어졌고, 이는 이후 수년 동안 사후 실현 리스크 프리미엄이 마이너스를 기록한 원인이 되었다. 금융 위기 전 증시 고점에서 매수한 주식 또한 이후 10년 동안 극히 낮은 실현 리스크 프리미엄을 기록했다. 반면 2008년 증시 폭락은 뒤따라 공격적인 경기 부양 정책이 집행되면서 2009년 3월 저점 이후 10년 넘게 지속된 강세장으로 이어졌다.

이는 시기별로 지배적인 거시경제 조건이 절대 수익률과 주식의 상대수익률 모두에 커다란 영향을 미칠 수 있음을 시사한다.

배당의 힘

도표 2.7은 S&P500 지수 총수익률을 흔히들 주목하는 가격 상승분과 재투자분을 포함한 배당으로 구분한 것이다. 배당이 장기적으로 총수익률에 얼마나 큰 영향을 미치는지 확인할 수 있다.

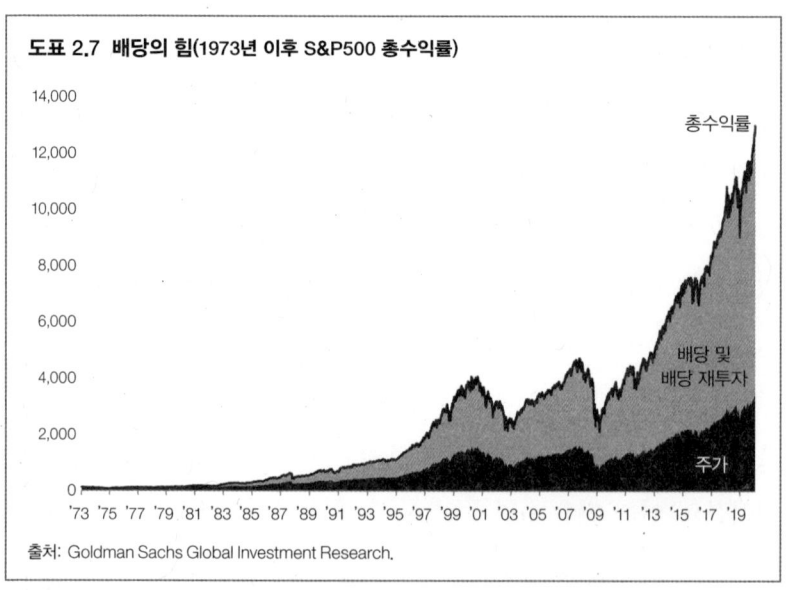

배당 재투자는 장기적으로 자산을 증식시킬 수 있는 가장 강력하고 확실한 방법 중 하나다. 1970년대 초 이후 S&P500 지수 총수익률의 약 75%가 재투자한 배당과 복리 효과에서 나왔다.

1880년부터 1980년까지 미국 증시의 배당 성향은 평균 78%였고 이에 따른 배당 수익률은 평균 4.8%였다. 자사주 매입은 주된 환원 방법이 아니었고, 증권거래위원회SEC가 1982년 관련 규정Rule 10b-18을 만들고 난 다음에야 명시적으로 허용되었다. 이는 최근 자사주 매입의 급격한 증가가 배당을 희생시킨 결과라는 것을 의미한다. 2000년 이후 배당 수익률은 연평균 1.9%, 자사주 매입 수익률buyback yield은 연평균 2.0%였다. 연 4.0% 배당(혹은 자사주 매입) 수익률은 복리로 계산 시 주가가 전혀 오르지 않아도 18년에 조금 못 미치는 기간마다 자산이 두 배로 늘어난다는 뜻이다.

어떤 증시는 성숙기에 진입한 산업 비중이 높아 미래 성장을 위해 재투자할 필요가 별로 없다. 그 결과 배당 성향이 더 높고 총수익률에서 배당이 차지하는 비중도 더 크다. 예를 들어 유럽 주가지수(STOXX 600 지수)는, 이 글을 쓰고 있는 지금 2000년, 2007년, 2015년에 도달했던 수준에 비해 그리 높지 않다. 하지만 배당을 포함한 총수익률 기준으로는 투자 성과가 훨씬 좋았다. 이런 시장에서는 주가지수 구성 종목 중 상당수가 석유, 은행, 유틸리티, 통신 같은 성숙기에 진입한지 오래된 산업에 속해 있고, 총수익률에서 배당이 차지하는 비중이 20년 이동평균 기준으로 약 80%에 달한다.

미국 증시가 금융 위기 이후 여러 해 동안 유럽과 일본 증시를 현

도표 2.8 미국, 유럽, 일본의 증시별 주가 수익률

출처: Goldman Sachs Global Investment Research.

저히 상회했지만, 총수익률 기준으로 보면 미국과 유럽 증시 간 격차가 상당히 줄어든다(도표 2.8, 2.9). 일본 증시는 총수익률 기준으로 봐도 실제로 한참 뒤떨어진다. 유럽과 마찬가지로 일본도 최근 몇 년간 이익 성장세가 저조했지만 유럽과 달리 배당을 많이 하지 않았다. 이런 차이를 아는 것은 어느 시장에 투자할지 검토할 때 중요하다.

수익률에 영향을 미치는 요인

일반적으로 증시는 경제 여건이 좋지 않았고, 밸류에이션이 낮은데

도표 2.9 미국, 유럽, 일본의 증시별 총수익률

출처: Goldman Sachs Global Investment Research.

성장의 2차 도함수 값이 개선될 때, 즉 성장률이 더 이상 나빠지지 않을 때 가장 좋은 성과를 나타낸다.

그리고 밸류에이션이 높거나 사이클 후반에서 성장의 2차 도함수 값이 악화되기 시작해서 성장에 대한 우려가 가격에 반영되기 시작할 때 가장 성과가 부진하다.

또한 낮은 매크로 변수 변동성은 수익률에 긍정적으로 작용하고(예측이 더 쉬워져서 투자자가 인식하는 리스크가 감소), 높은 매크로 변수 변동성은 부정적으로 작용한다.

하지만 다른 요인들도 투자 수익률에 영향을 미친다. 자산시장에서 수익률의 역사적 패턴은 종종 서로 관련 있는 두 가지 핵심 요인에 달려있다.

- 투자 시점(매수할 때 상황)
- 투자 시점의 밸류에이션

마켓 타이밍

투자와 관련된 가장 어려운 일은 아마도 최고의 시점에 진입하는 것일 텐데, 단기에서는 특히 더 그렇다. 하지만 투자 결과는 진입 시점에 따라 크게 차이 난다.

예를 들어, 금융 위기 이후 시장이 바닥을 치기 바로 직전이었던 2009년 초반은 굉장히 좋은 투자 시점이었다. 미국 인덱스펀드를 매수해 줄곧 보유한 투자자는 약 250%(연환산 12% 이상)의 수익률을 거둘 수 있었다.

실제로는 어떤 투자자도 최악의 순간을 모두 피할 만큼 기민하거나 운이 좋지는 않지만, 진입 시점은 국면 기준으로 생각하는 경우에도 여전히 굉장히 중요하다.

1900년 이후로 매년 수익률이 가장 좋았던 한 달을 놓쳤다면 연평균 2% 수익률 밖에 거두지 못한 반면, 매년 최악의 한 달을 피했다면 연평균 18% 수익률을 얻을 수 있었다. 이는 전량 계속 보유했을 때보다 약 80% 높은 수익률이다. 이런 결과는 급격한 하락을 피하는 게 수익률에 큰 영향을 미치지만, 최고의 한 달을 놓치면 매우 고통스러울 수 있다는 것 또한 보여준다. 진입 시점 이슈는 모든 금융시장에 적용될 수 있다. 벤치마크 '멀티에셋multi-asset' 포트폴리오, 예를 들어 항상 주식에 주식에 60%, 채권에 40%를 투자하는 포트폴리오는 최고의 한 달을 놓친 경우 연 2%, 최악의 한 달을 피한 경우 연 12%의 수익률을 기록했다.

이 모든 게 진입 시점이 얼마나 중요한지 보여주지만 그다지 현실적이지는 않다. 대부분의 투자자가 시장의 일간 동향은 물론이고 월간 동향에도 충분한 주의를 기울일 수 없기 때문이다. 그렇긴 하지만 투자 기간을 1년 단위로 잡으면 최악의 시기를 피하고 그렇지 않을 때는 계속 투자할 수 있는 가능성을 조금 더 높일 수 있다. 도표 2.10에서 보듯이, 증시는 최악의 해에 20%에서 40% 정도 하락했고, 최고의

도표 2.10 S&P500 연간 최고/최저 수익률(총수익률 기준)

1862년	67%	1931	−44%
1933년	53%	2008	−37%
1954년	52%	1937	−35%
1879년	50%	1907	−30%
1863년	48%	1974	−27%
1935년	47%	1930	−25%
1908년	45%	1917	−25%
1958년	43%	2002	−22%
1928년	43%	1920	−20%
1995년	38%	1893	−16%

출처: Goldman Sachs Global Investment Research.

해에 40%에서 60% 정도 상승했다. 수익률이 낮은 해는 대부분 경기 침체나 급격한 금리 상승과 같이 경제적 스트레스가 높은 기간에 나타났고, 수익률이 높은 해는 경제 활동이 회복되거나 왕성해지고, 리스크가 감소하고 금리가 하락하는 기간 또는 밸류에이션이 낮은 기간에 나타났다. 사이클을 이해하는 것이 중요한 이유다.

채권시장은 상대적으로 변동성이 낮았는데, 수익률이 낮은 해에도 주식시장만큼 나쁘지는 않았기 때문이다. 반면 수익률이 높은 해에는 주식시장 장기 평균만큼 높지는 않을지 몰라도 그와 유사한 수준의 수익률을 기록했다(도표 2.11).

도표 2.11 미국채 10년물 연간 최고/최저 수익률(총수익률 기준)

연간 최고 수익률		연간 최저 수익률	
1982	39%	1931	-13%
1985	30%	2009	-10%
1995	26%	2013	-9%
1986	21%	1999	-8%
1863	20%	1994	-7%
2008	20%	1907	-6%
1970	19%	1969	-6%
1921	19%	1920	-4%
1991	19%	1967	3%
1989	18%	1956	-3%

출처: Goldman Sachs Global Investment Research.

밸류에이션과 채권 대비 주식 수익률

대부분 애널리스트와 투자자는 당연하게도 경제 성장 전망, 이익 성장, 자본수익률, 마진 등 수익률을 움직이는 '펀더멘털' 요인에 주목한다. 하지만 경제 환경과 경기순환 국면만으로는 특정 기간 동안 나타난 주주 수익률을 온전히 설명할 수 없다.

예를 들어, 지난 세기 마지막 10년이 끝날 무렵(기술주 버블이 터졌던 그때)에는 대부분 지역에서 보기 드물게 강한 경제 성장과 이익 증가가 나타났다. 인플레이션은 대체로 낮은 수준에서 안정되어 있었으며, 미국과 유럽에서 GDP 대비 기업 이익 비중과 자기자본이익률Return on Equity, ROE이 사상 최고치를 기록했다. 그렇지만 버블의 정점을 향해 가고 있던 시기, 투자자가 가장 확신에 차 있던 바로 그때 주식을 매수했다면 이후 10년 동안 매우 부진한 수익률을 기록했을 것이다. 반면 1980년대에는 대부분의 기간 동안 펀더멘털이 훨씬 좋지 않았지만 주식 수익률은 훨씬 높았다. 이렇게 명백한 역설을 어떻게 설명할 수 있을까?

대부분의 설명은 밸류에이션으로 귀결된다. 당연하게도 밸류에이션이 정점(1929, 1968, 1999년)을 찍은 후에는 매우 부진한 위험조정수익률이 나타났고, 밸류에이션이 바닥(1931, 1974, 2008년)을 친 다음에는 높은 수익률이 나타났다.

밸류에이션이 높을수록 주가조정/약세장이 나타나거나 향후 저조한 수익률이 지속될 리스크가 크다. 밸류에이션 지표마다 미래 수익률과의 상관관계가 다르고, 밸류에이션 지표는 단기 수익률보다 중장기 수익률 예측에 더 유용하다. 이번에도 미국 데이터를 예로 들면, 실러 CAPE P/E(실질 주가/10년 평균 실질 주당순이익)와 이후 10년 주식 수익률 간 결정계수는 약 0.70으로 상당히 높다. 반면 이후 2년 수익률 결정계수는 0.20, 5년 수익률 결정계수는 0.40, 20년 수익률 수익률 결정계수는 0.60으로 나타났다(도표 2.12 참고).

밸류에이션의 예측력은 극단치에 가까울수록(매우 낮거나 매우 높을 때) 더 높아진다. 하지만 다른 요인들도 수익률에 영향을 미치기 때문에 여기에도 어느 정도 범위가 존재한다.

밸류에이션과 미래 수익률 간 관계는 자산군 간 혹은 자산군 내에서 수익률을 비교할 때 더 분명하게 드러난다. 자산군 간 미래 상대 수익률을 보여줄 수 있는 다양한 방법이 있다. 한 가지 간단한 방법은

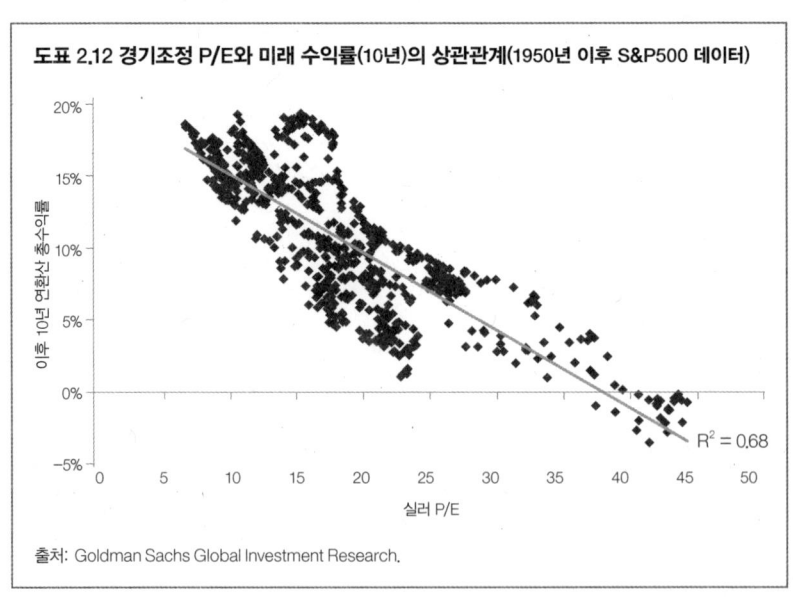

미국 실질 일드갭real yield gap(배당수익률과 실질 금리의 차이)을 대용 지표로 사용하는 것이다.

5년 뒤 밸류에이션 변화와 상대 성과를 비교해 보면, 합리적으로 설명할 수 있는 관계가 존재한다는 것을 확인할 수 있다. 당초 주식의 상대 밸류에이션이 높으면 미래 상대수익률이 낮고, 그 반대의 경우도 성립한다. 이런 관계가 깨진 대표적인 시기는 1990년대 중반이다. 당시 주식은 채권에 비해 그다지 싸지 않았지만 이후 5년 동안 채권을 현저히 아웃퍼폼했다. 물론 이는 IT버블이 시작됐기 때문이다. 명백히 밸류에이션이 상대수익률을 움직이는 유일한 요인은 아니지만 중요한 요인임은 분명하다.

분산투자가 사이클에 미치는 영향

주식과 채권은 서로 다른 방향으로 움직일 수 있고(항상 그렇지는 않지만), 그렇지 않은 경우에도 최소한 리스크와 변동성의 특성이 다르기 때문에 포트폴리오를 구성할 때는 통상 이 두 주요 자산군을 결합하라고들 한다. 이렇게 하면 급격한 주가 조정 영향이 줄어들어 포트폴리오 전체의 변동성을 감소시킬 수 있지만(주가가 하락할 때 채권 가격도 떨어질 수 있지만 주가보다 적게 떨어질 가능성이 높다) 대체로 수익률도 낮아지는 경향이 있다. 같은 이유로 포트폴리오의 잠재 수익률도 떨어질 수 있다. 시기에 따라 다양한 사이클을 거치면서 주식과 국채를 결합한 포트폴리오(예를 들어, 60 대 40 비율)는 다양한 지속

도표 2.13 60/40 포트폴리오 강세장과 약세장(실질 총수익률 10% 이상 조정 기준)

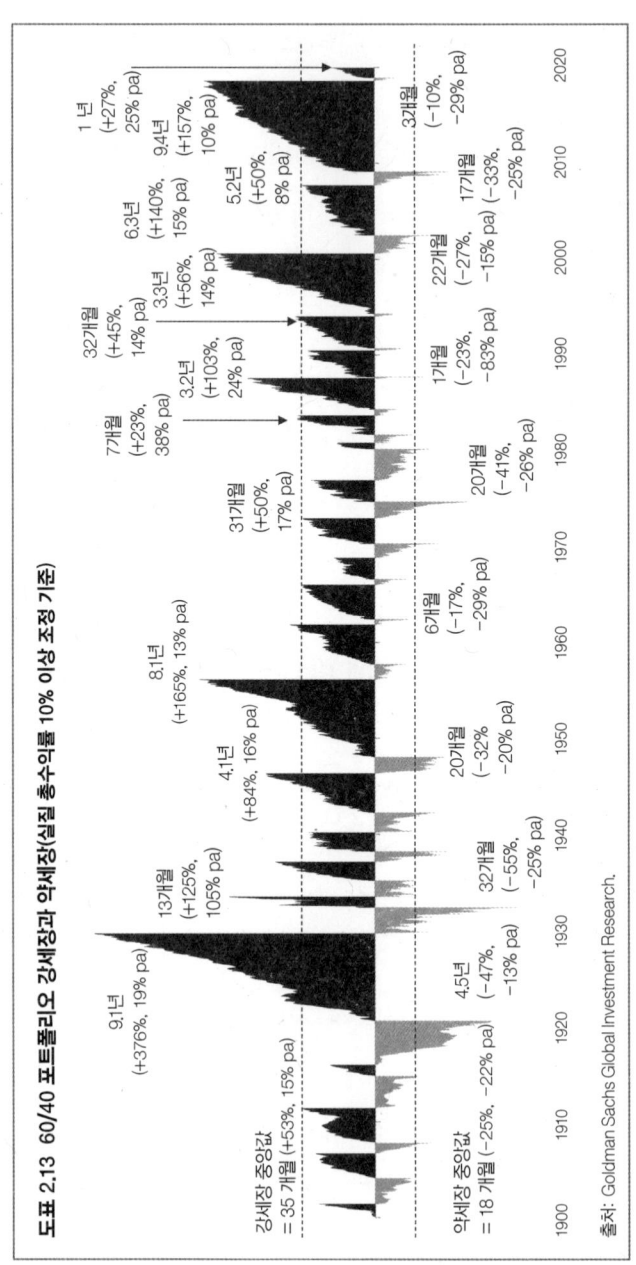

출처: Goldman Sachs Global Investment Research.

기간과 강도의 사이클을 나타낸다. 도표 2.13는 미국 주식과 미국채 포트폴리오의 사이클별 지속 기간과 강도를 정리한 것이다.

주식과 채권을 결합하면 종종 매우 좋은 수익률을 거두면서 리스크도 분산시킬 수 있다. 1900년 이후 데이터를 살펴보면 강세장은 약 3년 동안 지속되어 인플레이션을 조정한 실질 수익률 기준으로 총 53%, 연환산 약 15%의 수익률을 기록했다. 약세장은 약 1.5년 동안 지속되었고, 실질 기준으로 총수익률은 -25%, 연환산 수익률은 -22%였다. 주식과 채권 혼합 포트폴리오balanced portfolio가 가장 높은 수익률을 기록한 기간은 1920년대로, 9년 동안 370%가 넘는 총 실질 수익률과 20%에 가까운 연환산 수익률을 기록했다. 가장 오래 지속된 강세장은 금융 위기 이후 나타났는데, 9년이 넘는 기간 동안 연환산 약 10%의 실질 수익률을 기록했다. 물론 이 두 시기는 이례적이다. 평균적으로 미국 멀티에셋(60/40) 벤치마크 인덱스의 강세장은 3.5년 동안 지속되었고, 총 81%(연환산 22%)의 수익률을 기록했다.

3장

주식 사이클
— 국면 파악하기

지배적인 거시경제 조건(특히 성장과 금리의 트레이드오프 관계)을 반영하는 주식 수익률의 특성에도 장기적인 변화가 나타났지만, 대부분 주식시장은 여전히 경기순환과 어느 정도 관련되어 있는 사이클에 따라 움직이는 경향이 있다. 주식시장은 미래 펀더멘털을 내다보면서 움직이기 때문에 현재 주가는 미래 성장과 인플레이션 전망을 반영한다. 전망이 변하면 밸류에이션도 변한다. 기업 이익이 경기 침체에서 벗어나 회복될 거라고 예상되면 실제로 이익이 개선되기 전에 밸류에이션이 올라간다.

한 투자 사이클에는 통상 강세장(주가가 전반적으로 오르는 시기)과 약세장(주가가 전반적으로 떨어지는 시기)이 모두 나타난다. 강세장과 약세장의 특성, 양상, 차이점은 이후 장에서 좀 더 상세히 다루기로 하고, 이 장에서는 시장의 저점부터 고점까지 전체 투자 사이클의 특성, 양상, 변동 요인driver에 초점을 맞췄다. 지속 기간은 투자 사이클마다 다른데 미국 증시는 평균 8년 정도 지속됐다.

우리가 투자 사이클의 어디쯤 와 있는지 실시간으로는 알기 어렵고, 대개 시간이 흐른 뒤에야 알 수 있다. 하지만 시기를 막론하고 일정한 패턴이 반복되었다는 것을 알면 향후 투자 수익률에 나타날 수 있는 변동이나 그 징후를 알아차리는데 도움이 된다.

1970년 초 이후 데이터를 살펴보면 사이클마다 어느 정도 차이는 있지만 주기적인cyclical 패턴이 반복되었다는 것을 확인할 수 있다. 대부분의 사이클은 뚜렷하게 구분되는 4개의 국면으로 나눌 수 있고 각 국면은 서로 다른 요인에 의해 움직였다. 미래 성장률 전망치나 밸류에이션의 변동이 그런 요인의 예다.

주식 사이클의 4가지 국면

도표 3.1은 주식 사이클을 국면별로 어떻게 나눌 수 있는지 단순화해 그림으로 나타낸 것이다. 이 도표는 현실을 지나치게 단순화한 것이긴 하지만, 시장이 사이클에 따라 어떻게 움직이는지 잘 보여준다. 또한 각 국면에서 나타나는 주가지수 수익률 중 실제 이익 증가로 설명되는 부분이 어느 정도이고 미래 이익 증가에 대한 기대로 설명되는 부분이 어느 정도인지 보여준다(밸류에이션은 투자자가 향후 이익 증가 속도가 빨라질 것으로 전망할 때 올라가고 그렇지 않을 때 떨어진다).

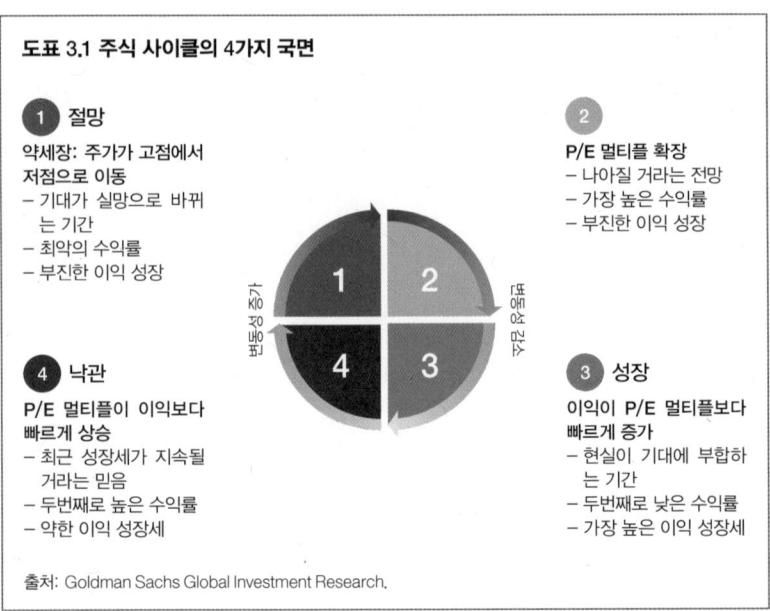

단순화하면 4가지 국면은 다음과 같이 설명할 수 있다.

1. **절망 국면**: 시장이 정점에서 저점으로 이동하는 기간이다. 약세장이라고도 한다. 대체로 주가수익비율(P/E) 같은 밸류에이션이 하락하면서 주가가 떨어진다. 시장이 향후 거시경제 환경 악화와 그에 따른 이익 감소를 반영하면서 나타난다.

2. **희망 국면**: 시장이 밸류에이션 바닥에서 반등하는 기간이다. 대체로 짧다(미국에서는 평균 9개월이다). 경기가 조만간 바닥을 치고 이익이 증가할 것으로 예상될 때 나타나며 후행 최근 이익 기준 주가수익비율trailing P/E이 상승한다. 희망 국면은 보통 후행 P/E

가 고점에 이를 때(미래 성장에 대한 낙관론이 정점에 달할 때) 끝난다. 이 국면은 투자자에게 무척 중요한데 전체 투자 사이클에서 가장 높은 수익률이 나타나는 국면이기 때문이다. 하지만 이 국면은 매크로 데이터나 실적이 개선되기 전에 이미 시작되는 경향이 있다. 여기서 주된 요인은 기대다. 통상 데이터는 부진하지만 데이터의 2차 도함수(변화율)가 개선되기 시작했을 때 나타난다. 따라서 주식시장에 진입하기 가장 좋은 시점은 경기가 여전히 부진하고 증시도 하락했지만 경제 상황 악화 속도가 둔화되기 시작했다는 첫 신호가 나타났을 때다.

3. **성장 국면**: 가장 긴 국면이다(미국에서는 평균 49개월). 이익이 증가하고 주가가 상승한다.
4. **낙관 국면**: 사이클의 마지막 국면이다. 투자자들이 점점 더 강한 자신감을 가지고 심지어 안일해진다. 밸류에이션이 재차 확장되는데 이익 증가 속도보다 빠르게 올라간다. 그 결과 다음 시장 조정의 환경이 만들어진다.

이런 프레임워크는 이익 성장과 주가 수익률 간 관계가 사이클 전체에 걸쳐 어떻게 구조적으로 변하는지 보여준다. 장기적으로는 이익 증가가 주식시장 수익률을 움직이는 원동력이다. 하지만 이익 증가에 따른 주가 상승은 대부분 이익이 실제로 증가할 때가 아니라, 투자자가 희망 국면에서 이익 증가를 예상할 때 혹은 낙관 국면에서 미래 성장 잠재력을 지나치게 낙관적으로 볼 때 나타난다.

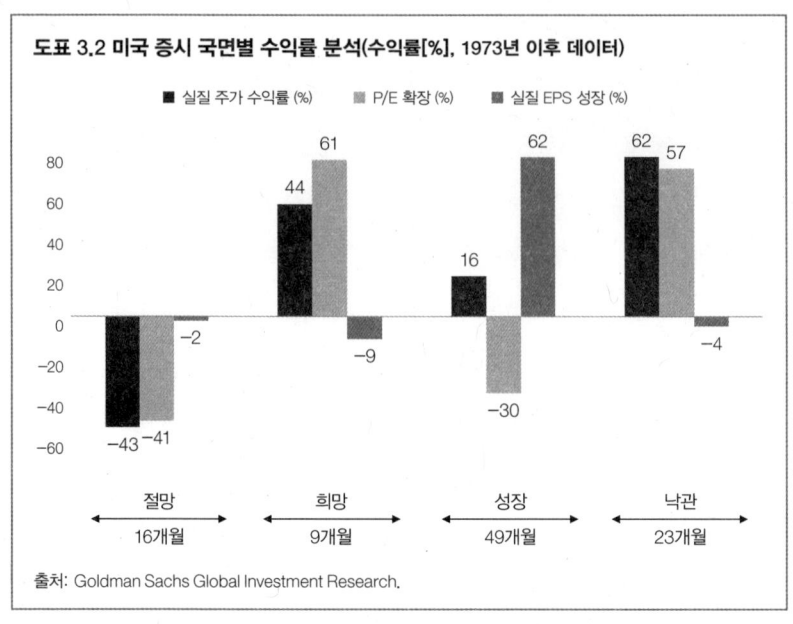

도표 3.2는 1973년 이후 미국 데이터를 이 프레임워크에 따라 분석한 것이다. 국면별로 평균 지속 기간, 평균 수익률, 멀티플 확장과 이익 증가에 따른 수익률을 표시했다. 이익 증가분 대부분이 성장 국면에서 나타나지만 주가는 주로 희망 국면과 낙관 국면에서 상승한다.

각 국면이 경제 상황과 관련되어 있음은 분명하다. 이런 사실은 각 국면을 좀 더 분명하게 해석할 수 있게 하고, 한 국면에서 다음 국면으로 넘어가는 시기를 알아차리는 데 도움이 된다. GDP, 즉 경제 활동은 절망과 희망 국면에서 위축되면서 생산량이 잠재 생산 능력 아래로 떨어진다. 바닥은 희망 국면의 중간 혹은 끝 무렵에 나타난다. 성장 국면에서는 경제 활동이 활발해지면서 결국 경제 성장률이 잠재 성장률을 넘어선다.

사이클과 밸류에이션 사이에도 연결고리가 있다. P/E 같은 단순한 밸류에이션 지표만 해도 절망 국면에서 떨어지고 희망 국면에서 급격히 올라가는 경향이 있다.

투자자의 각 국면별 요구수익률은 다음과 같이 변동한다.

- **절망 국면에서는** 미래 수익률에 대한 우려가 점점 더 강해지고 그 결과 요구수익률이 높아진다. 이러한 반응은 변동성이 증가하고, 잉여 생산 능력(아웃풋갭output gap이라고도 한다)[1]이 늘어나며, 경기 침체가 일어나면서 나타난다. 이 국면에서는 주식 밸류에이션(P/E 멀티플)이 낮아지고 증시가 하락한다. 1973년 이후 미국에서 절망 국면은 평균 16개월 동안 지속되었다. 이익이 여전히 완만하게 증가하는데 주가는 급격하게 하락한다. 주가가 평균 40% 이상 하락하며 밸류에이션이 비슷한 폭으로 위축된다.
- **희망 국면에서는** 데이터가 악화되는 속도가 둔화되면서 경기 침체나 위기가 끝날 거라는 전망이 부상한다. 상황은 여전히 좋지 않지만 더 나빠지지는 않는다. 이런 전망 때문에 하방 리스크는 제한된다. 극단적인 하방 리스크가 줄면서 투자자는 점점 더 낮은 기대 수익률(높은 밸류에이션)을 받아들인다. 주식 리스크 프리미엄이 감소하고 밸류에이션이 상승하는데, 왕왕 '소외될 수 있다는 공포'에 센티멘트가 자극받는다. 변동성은 여전히 높지만 희망 국면이 진행되면서 점점 떨어지고 경제 활동은 안정을 되찾는다.

이 국면에서 투자자들은 사실상 성장 국면에서 나타날 이익 회복에 대한 대가를 사전에 지불하는 셈이다. 이 국면은 전체 투자 사이클에서 가장 짧지만(평균 9개월) 수익률이 평균 40%로 가장 높다. 밸류에이션은 그 이상으로 확장되는데, 통상 이익이 여전히 감소하기 때문이다.

- **성장 국면이 시작될 때** 투자자는 희망 국면에서 이미 예상되는 미래 이익 성장의 대가를 지불했지만, 아직 그런 성장이 나타나지는 않는다. 아웃풋갭은 대개 실업률과 함께 희망 국면의 중간 어디쯤에서 정점을 찍고 꺾이지만, 성장 국면 초입에서는 여전히 높은 수준이다. 이 국면에서는 투자자들이 종종 관망세로 돌아서서 장기 성장 전망에 의문을 제기한다. 결과적으로 이익이 주가보다 빠르게 개선되면서 기대 수익률이 상승한다. 미국에서 이 국면은 평균적으로 49개월간 지속됐고 16%의 수익률과 60%의 이익 증가율을 기록했다. 그 결과 P/E 멀티플은 이 기간 동안 30% 넘게 하락했다.

이 기간에 주식시장에서 실질 요구수익률을 끌어올리는 또 다른 동인은 채권시장에서 나타나는 실질 금리의 상승이다.

- **마지막으로 낙관 국면에서는** 밸류에이션 매력이 충분히 커지면서 나만 소외될까 두려워하는 투자자가 점점 더 많이 유입된다. 주가가 이익보다 빠르게 상승하고 그 결과 기대 수익률이 하락한

다. 이 국면이 끝날 무렵에는 지속적인 주가 상승세가 시장의 시험을 받으면서 변동성이 증가한다. 이 국면은 평균 23개월 동안 지속됐는데, 강한 주가 상승과 멀티플 확장이 나타났으며(둘 다 50% 이상) 이익은 거의 늘지 않았다.

이러한 패턴에서 얻은 몇 가지 결론은 다음과 같다.

- 가장 높은 수익률(연환산 수익률 기준)은 희망 국면에서 나타난다. 미국과 유럽의 경우, 이 국면의 총수익률은 평균 40%에서 50% 사이였다(미국에서는 연환산 실질주가상승률이 연 60% 이상). 두 번째로 수익률이 높은 국면은 낙관 국면이며(미국, 유럽 모두 연 30% 이상), 성장 국면에서는 거의 수익이 나지 않았다. 절망 국면에서는 미국과 유럽 모두 약 45% 수준의 손실이 나타났다.
- 실제 이익 성장과 수익률은 놀라울 정도로 제각기 움직인다. 거의 대부분의 이익 증가가 성장 국면에서 나타난다. 예를 들어 미국의 경우, 성장 국면에서 실질 기준으로 이익이 약 60% 증가(유럽에서는 40%) 했는데, 희망 국면에서는 미국 유럽 모두 이익이 감소하고 주가는 상승했다. 이는 투자자가 예상되는 향후 이익 성장에 미리 대가를 지불하는 경향이 있음을 잘 보여준다.
- 밸류에이션은 희망과 낙관 국면에서 가장 많이 확장된다(도표 3.3와 3.4).

도표 3.3 밸류에이션은 희망 국면과 낙관 국면에서 가장 크게 상승

	SP500			
지속 기간 (월)	16	9	49	23
누적				
실질 주가수익률(%)	-43	44	16	62
실질 EPS 성장 (%)	-2	-9	62	-4
P/E 확장 (배)	-9	6	-5	7
수익률 비중	-	36%	13%	51%
연환산				
실질 주가수익률(%)	-45	64	-1	31
실질 EPS 성장(%)	4	-5	19	-4

출처: Goldman Sachs Global Investment Research.

도표 3.4 미국 외 지역에서도 유사한 밸류에이션 확장 패턴이 나타났다

	STOXX Europe600			
지속 기간 (월)	13	13	27	14
누적				
실질 주가수익률(%)	-39	43	13	32
실질 EPS 성장 (%)	-2	-8	40	0
P/E 확장 (배)	-7	6	-3	5
수익률 비중	-	49%	15%	37%
연환산				
실질 주가수익률(%)	-49	74	2	42
실질 EPS 성장(%)	-4	-6	18	4

출처: Goldman Sachs Global Investment Research.

이러한 논의는 물론, 과거 수십 년에 걸쳐 나타난 평균값에 대한 것이므로 유용한 프레임워크를 제공한다. 하지만 실제로는 사이클마다 조금씩 차이가 있다. 인플레이션 다이내믹스가 다를 수 있고 과거보다 경제 성장세가 더 강할 수도 있다. 또한 각 사이클은 한 가지 혹은 그 이상의 특정 요인에 지배적인 영향을 받는 것으로 보인다.

1970년대 이래로 나타난 주요 사이클은 다음과 같다.

1970년대: 1970년대는 이상한 패션이 유행했던 것으로 유명한데, 금융 자산에도 매우 좋지 않은 시기였다. 1972년 기록한 다우존스 지수 고점은 1982년 11월까지 회복되지 못했다. 물론, 이 시기는 구조적 약세장으로 판명되었다(6장에서 좀 더 상세히 다룬다). 특히 인플레이션 상승이 저조한 수익률의 주된 요인이었다. 인플레이션이 금리와 채권 수익률을 밀어올려 이익 성장을 압도하고 밸류에이션을 끌어내렸다. P/E 멀티플이 크게 위축되었는데, 영국에서는 42%, 미국에서는 52% 수준이었다. 시장 성과가 저조했던 또 한 가지 이유는 고유가로 인한 공급 충격이었는데, 이는 임금 인플레이션에 심대한 영향을 주어 기대 인플레이션이 통제에서 벗어나는 결과로 이어졌다.

일반적으로 사이클 초기 경기 후퇴가 구조적인 문제로 발생하는 경우 해당 사이클의 성장 국면은 다른 사이클과 비교해 길어지는 경향이 있다. 투자자가 자신감을 되찾아 이익에 기꺼이 더 많은 돈을 지불하면서 시장이 낙관 국면으로 들어가기까지 시간이 더 오래 걸리기 때문이다. 이러한 현상은 특히 1970년대 미국에서 두드러지게 나타났는데, 이 시기에 미국 역사상 가장 긴 성장 국면 중 하나가 나타났다. 이 사이클은 1980년대 초반 미국에서 나타난 더블딥double-dip 경기 침체의 첫 번째 침체로 막을 내렸다.

1980년대 초반: 1980년대 초반의 강력한 사이클은 앞에서 설명했듯이 기대 인플레이션과 이자율의 하락, 주식 리스크 프리미엄의 유의미한 축소가 겹쳐지면서 나타났으며, 그 결과 P/E 멀티플이 현저히 확대됐다. 이런 밸류에이션 상승은 인플레이션이 하락하기 시작하면서 나타난 채권 수익률과 중앙은행 기준금리 급락에 의해 촉발됐다.

1990년대: 이 사이클은 매우 강력했다. 건조한 성장세가 지속됐고 인플레이션과 금리는 낮은 수준에서 안정돼 이 시기를 흔히 '대안정기the Great Moderation'라고 불렀다. 소련의 붕괴와 중국의 개방, 그리고 그 이후 나타난 세계화의 복합적인 영향 또한 결정적이었다. 1995년 11월 중국은 공식적으로 WTO 가입을 신청했다(비록 2001년 12월 11일에서야 정식 회원국이 되었지만). 이 시기 중앙은행 독립을 보장하기 위한 움직임 또한 경제 사이클의 안정에 기여한 주요 요인이었다.

2000~2007년: 모든 주요 증시에서 강한 이익 성장세가 나타났지만 수익률은 낮았던 사이클이다. 문제는 이익 성장세의 상당 부분이 금융 섹터의 레버리지 증가에 따른 이익 성장에서 나왔다는 것이었다. 미국 서브프라임 위기 이후 허상이었던 것으로 드러났다.

2008년~현재: 금융 위기 이후 사이클이자 역사상 가장 긴 사이클이다(9장에서 상세히 다루었다). 하지만 여러 가지 이유로 다른 사이클

* 경기 침체 후에 짧은 회복 기간을 거쳐 재차 경기 침체에 빠지는 것을 말한다.

과 상당한 차이가 있다. 첫째로 사이클의 국면이(특히 미국 이외 지역에서) 심각하게 왜곡되었는데, 연달아 발생하는 글로벌 금융 위기의 특성과 2007/2008년 미국 주택시장에서 시작된 이후 다른 지역에서 잇달아 발생한 충격파가 그 원인이었다. 특히 미국 중심의 위기 이후 일어난 유럽 재정 위기는 2010/2011년 금융시장의 핵심 리스크 요인으로 부상했고, 유럽을 둘러싼 공포가 가라앉자 신흥국 시장 및 원자재 가격 하락이 2015/2016년 급격한 조정으로 이어졌다.

둘째로 이 사이클은 비전통적 경기 부양 정책(그리고 양적 완화의 시작), 역사적으로 낮은 인플레이션과 채권 수익률이 나타났다는 점에서도 다른 사이클과 달랐다.

상대적으로 약한 이익 성장세와 밸류에이션 상승이 이 사이클의 또 다른 특징이었다. 시장의 승자와 패자 간 격차가 크게 벌어진 사이클이기도 했다. 이는 유럽·신흥국 증시 대비 미국 증시의 현저한 아웃퍼폼이나 다른 섹터 대비 테크 섹터의 강한 이익 성장세와 높은 수익률에서 두드러지게 드러난다(지역별 증시 수익률 차이를 설명하는 한 가지 요인이기도 하다).

투자 사이클 안의 미니/고빈도 사이클

실제로는 역사 속에서 다양한 유형의 사이클이 존재했다는 증거를 찾을 수 있다. 앞서 설명했듯이, 투자 사이클마다 지속 기간이 달랐는데, 특히 국면 중에 가장 긴 성장 국면에서 차이가 났다. 이는 부분적으로 큰 사이클 중간에 나타나는 경제 활동이 둔화되거나 확장되는 기간 부근에 짧은 사이클이 나타난다는 사실과 관련이 있다. 이런 사이클은 통상 재고 사이클이나 정책 변화를 반영하며, 큰 사이클 내에서 여러 차례 반복해서 나타날 수 있다. 즉, 한 약세장에서 다음 약세장까지 전 기간에 걸쳐 나타나는 투자 사이클 내에 경제 활동이 둔화되고 가속되는 미니 사이클이 하나 이상, 때로는 여러 개 나타나는 것이 일반적이다. 미니 사이클은 보통 성장 국면에서 나타나는데, 금리가 낮은 수준에서 장기간 안정적으로 유지되면서 오래 지속될 수 있었던 최근 사이클에서도 그랬다. 이런 미니 사이클은 통상 경기 침체를 수반하지 않으며, 단지 경제 확장 기간 중에 나타나는 일시적인 둔화와 관련되어 있다.

이런 미니 사이클은 GDP처럼 분기 단위로 발표되고 종종 발표 이후에 수정되는 저빈도 데이터로는 식별하기 어려울 때가 많다. 시장 참가자는 자주 발표되는 고빈도 데이터를 훨씬 더 중요하게 여기는 경향이 있는데, 많은 고빈도 데이터가 '실물hard' 데이터보다 기업 경기나 구매 주문에 관한 설문 조사에 의존하고 있다. 중국이나 유럽에서는 이른바 구매관리자지수purchasing managers' index(혹은 PMI)를 흔히 사용하고, 미국에서는 공급관리자협회Institute of Supply Management(혹은 ISM) 지수가 많은 주목을 받는다.

이 지표들은 GDP와 밀접한 관계가 있지만 월별로 발표된다는 장점이 있는데, GDP보다 자주 발표되기 때문에 많은 투자자들이 주의 깊게 본다.

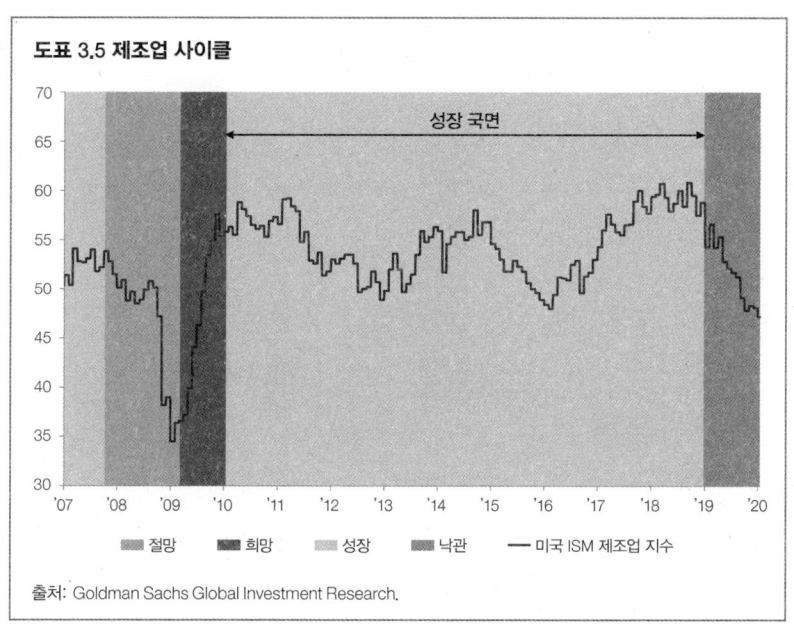

예를 들어 미국의 ISM 지수를 살펴보면, 이렇게 전체 투자 사이클 안에 짧은 사이클이 여러 개 나타난다는 것을 확인할 수 있다. 2009년 시작된 현재의 투자 사이클에도 경기가 둔화되었다가 회복된 미니 사이클이 3번 있었다(도표 3.5). 하지만 각 미니 사이클이 진행되는 동안 전반적인 경기 침체는 일어나지 않았다. 전체 투자 사이클과 마찬가지로 이런 미니 사이클도 주식시장이나 다른 자산군의 성과와 관련되어 있다.

도표 3.6은 1950년대 이후 평균 기준 S&P500 지수 성과를 분석한 것인데, 주식에 투자하기 가장 좋은 시기는 일반적으로 ISM 지수가 통상 경기 침체나 경제 활동이 부진하다는 것을 가리키는 마이너스

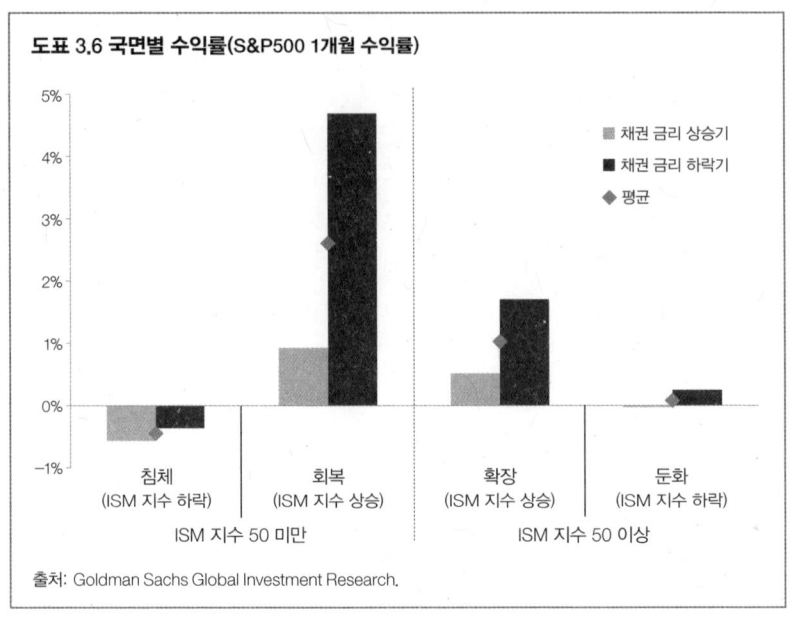

영역(50 미만)에 있지만 상승세로 전환될 수 있는 변곡점에 다다랐을 때라는 것을 볼 수 있다. 이는 도표 3.6의 회복 국면에 해당한다.

여기서 알 수 있는 중요한 사실은 가장 높은 수익률을 얻을 수 있는 시기는 데이터가 최고일 때가 아니라 데이터는 최악이지만 방향을 틀기 시작했을 때라는 것이다. 이렇게 경제 활동이 부진하지만 개선되기 시작할 때 야성적 충동이 깨어나고 투자자들이 향후 회복을 전망하고 주식을 사들이기 시작한다. 전체 투자 사이클에서 희망 국면과 유사하게 미니 사이클에서도 이 기간에 가장 높은 수익률이 나타난다. 시장에 최악인 시기는 ISM 지수가 50 미만에서 하락하는 기간이다. 이는 상당히 명백한데, 상황이 좋지 않을 뿐 아니라 악화되고 있을 때를 말한다. 이는 전체 투자 사이클의 절망 국면에 해당한다.

일반적으로 성장률이 개선되는 가속 기간이 보통 두 번째로 수익률이 높다. 이는 전체 투자 사이클의 성장 국면에 해당한다. 두 번째로 수익률이 좋지 않은 기간은 '둔화slowdown' 국면으로 ISM 지수가 경기 확장 영역에 있지만 하락하는 기간이다. '수축contraction' 국면만큼 수익률이 나쁘지는 않지만 대개 수익률이 부진하거나 박스권 장세가 나타난다.

투자 사이클과 채권 금리의 관계

이러한 패턴의 또 다른 특징은 주식시장과 채권시장의 수익률이 경제 성장률 전망과 채권 금리 간 상호작용의 영향을 받는다는 점이다. 특정 투자 사이클 내에서 주식시장의 평균적인 성과는 채권 금리의 상승/하락 여부에 따라 변동한다. 이는 채권시장이 중앙은행의 통화정책 기조, 기준금리 수준, 미래 인플레이션 전망을 반영하기 때문이다. 여기에 채권 금리까지 추가하면 주가 수익률을 설명하는데 도움이 되는 복잡한 조합을 얻을 수 있다. 이러한 조합이 도표 3.6에 나타나 있는데, 다이아몬드는 각 국면의 평균 수익률을, 막대는 각 국면 내에서 채권 금리 상승기와 하락기의 평균 수익률을 나타낸다.

회복 국면(ISM 지수가 50 미만에서 상승)에서 평균 수익률이 가장 높다. 그러나 같은 회복 국면 내에서도 채권 금리 상승기와 하락기는 수익률에 상당히 큰 차이가 난다. 일반적으로 사이클이 어느 국면에 있든지 채권 금리가 떨어질 때 주가 수익률이 더 높다.

다음 장에서 설명하겠지만, 주식시장과 채권 금리의 관계는 복잡하다. 역사적으로 채권 금리 하락은 주가 수익률에 긍정적으로 작용했고, 채권 금리와 인플레이션의 구조적 상승은 부정적인 영향을 미쳤다. 예를 들어 1980년대가 1970년대보다 수익률이 좋았는데, 1970년대는 인플레이션과 채권 금리가 지속 지속 상승한 시기다. 하지만 단기에서는 채권 금리의 변동, 실제로는 수익률 곡선의 전반적인 형태(채권 금리가 단기 금리보다 높은지 낮은지)가 굉장히 중요하다.

기대 인플레이션이 어떻게 되는지에 따라서 경제 성장 전망이 개선되는 동시에 채권 금리는 상승하고 주식시장은 강한 상승세를 나타낼 수 있다. 이는 특히 최근 사이클과 같이 당초 금리가 너무 낮아서 채권 금리 상승이 정책이 효과를 나타내고 있고 경기 침체 위험이 감소하고 있다는 확신이 강해지는 것을 반영할 때 더욱 그렇다. 같은 이유로 채권 수익률 곡선 스티프닝(장단기 금리차 확대)은 현재 중앙은행의 통화정책이 완화적이라는 것을 의미하고, 채권 수익률 곡선 역전(장기금리가 기준금리에 민감한 단기금리 아래로 떨어지는 현상)은 현재 통화정책이 긴축적이라는 것을 의미한다.

4장

사이클에 따른 자산 수익률 변동

3장에서는 사이클의 각 국면마다 주식시장 수익률이 어떻게 달라지는지 살펴보았다. 그런데 다른 자산군 대비 상대수익률이 어떻게 변동하는지도 확인해 볼 수 있을 것이다. 자산군마다 경기나 인플레이션 영향이 다르게 나타나기 때문이다. 이러한 특성 때문에 여러 자산군에 걸쳐 분산투자를 하면 포트폴리오의 위험을 효과적으로 감소시킬 수 있다.

경제 사이클과 자산 수익률

경제 사이클이 진행되면서 자산의 상대수익률이 어떻게 달라지는지 확인할 수 있는 한 가지 간단한 방법은 경기 확장과 수축 국면의 전반부와 후반부에서 자산군별 월평균 실질 수익률이 어땠는지 살펴보는 것이다(이를 정리한 것이 도표 4.1이다). 경제 활동이 전반적으로 침체되는 경기 침체기 후반에는 금이나 장기채 같은 방어적인 자산(기준금리 인하와 기대 인플레이션 하락의 수혜를 보는 자산)의 성과가 더 좋은 경향이 있다.

회복 초기 국면에 진입할 때는 통상 성장률은 아직 마이너스지만 성장률의 2차 도함수가 개선되고(악화 속도가 둔화), 주가는 급격히 반등하지만 금과 채권은 부진한 성과를 나타낸다. 당연하게도 미래 전망을 반영하는 금융자산이 '실물자산'보다 좋은 성과를 낸다. 실물자산의 수익률은 당시 수요와 공급의 영향을 더 많이 받고 성과도 상대적으로 뒤떨어지는 편이다.

경기 확장기 후반에 가장 좋은 성과를 내는 자산도 주식이다. 특히 베타가 높거나 신흥국 주식처럼 주가가 펀더멘털보다 더 큰 폭으로 움직이는 경향이 있는 주식이 두드러지게 좋은 성과를 나타낸다. 이 국면에서 원자재는 성과가 좋지도 나쁘지도 않은 편이고, 채권은 투자자의 위험 선호도가 강해지고 인플레이션이 상승하면서 상대적으로 부진한 성과를 나타내는 경향이 있다. 경기 침체 초입에는 방어적인 자산이 아웃퍼폼하기 시작하는데, 원유는 계속 좋은 성과를 낸다. 이는 성장률이 둔화되고는 있지만 여전히 플러스이기 때문이다. 이 국면에서는 위험 자산과 경기에 민감하고 베타가 높은 주식의 성과가 가장 부진하다. 회사채는 일반적으로 채권과 주식을 섞어 놓은 것 같은 성격이 있는데, 통상 경기 침체 국면 후반에 가장 좋은 성과를

도표 4.1 평균 월간 총 실질 수익률(1950년 이후)

ISM 상승 / CPI 상승		ISM 상승 / CPI 하락		ISM 하락 / CPI 상승		ISM 하락 / CPI 하락	
지속 기간:	5.3년	지속 기간:	8.3년	지속 기간:	7.1년	지속 기간:	7.1년
Oil	3.2%	MSCI EM	2.2%	Oil	1.6%	US 30Y	1.5%
MSCI EM	2.1%	STOXX 600	1.4%	US 30Y	1.2%	US 10Y	1.0%
GSCI	1.6%	S&P500	1.4%	GSCI	0.9%	Germany 10Y	0.8%
S&P500	1.5%	US HY	1.3%	US 10Y	0.8%	Corp. bonds	0.8%
TOPIX	1.4%	Oil	1.1%	Gold	0.7%	US IG	0.7%
STOXX 600	1.2%	TOPIX	0.7%	Corp. bonds	0.6%	S&P500	0.6%
Gold	1.0%	US IG	0.6%	Germany 10Y	0.5%	Japan 10Y	0.6%
US HY	0.4%	Corp. bonds	0.6%	US IG	0.4%	STOXX 600	0.5%
US IG	0.3%	Germany 10Y	0.5%	T-Bills	0.3%	US HY	0.4%
Corp. bonds	0.1%	Japan 10Y	0.5%	MSCI EM	0.2%	T-Bills	0.3%
Germany 10Y	0.1%	GSCI	0.4%	Japan 10Y	0.1%	Gold	0.2%
T-Bills	0.1%	T-Bills	0.2%	US HY	0.1%	TOPIX	-0.6%
Japan 10Y	0.0%	US 10Y	0.2%	S&P500	0.0%	MSCI EM	-1.0%
US 30Y	0.0%	US 30Y	0.0%	STOXX 600	-0.4%	GSCI	-1.6%
US 10Y	0.0%	Gold	-0.2%	TOPIX	-0.9%	Oil	-2.6%

참고: 전미경제연구소NBER에서 발표한 경기 침체 기간을 사용했다. 성장률이 플러스인지 마이너스인지에 따라 확장과 침체 국면으로 나뉘었다.
출처: Goldman Sachs Global Investment Research.

4장 사이클에 따른 자산 수익률 변동

낸다. 이 시기는 채권 금리가 떨어지고 성장 리스크가 완화되기 시작하는 때다.

인플레이션에 대한 자산군별 반응은 경기에 대한 반응보다 직관적으로 이해하기 어려운데, 인플레이션의 수준과 방향에 따라 자산군별 성과가 크게 달라지기 때문이다. 높은 수준으로 상승하는 인플레이션은 주식에도 채권에도 좋지 않다. 인플레이션(및 인플레이션 변동성) 상승은 통화정책 긴축과 텀프리미엄term premia(만기가 긴 자산에 투자할 때 투자자가 요구하는 프리미엄) 상승으로 이어져 채권 금리에 상방 압력으로 작용한다. 높은 수준에서 상승하는 인플레이션은 주가에도 부담이 될 수 있는데, 성장이 인플레이션과 그에 따른 금리 상승을 보상할 만큼 충분히 강하지 않은 경우 더욱 그렇다. 이는 원자재 가격이나 인건비 상승 때문에 마진이 압박을 받는 경우 특히 문제가 될 수 있다. 하지만 낮은 수준에서 상승하는 인플레이션은 통상 경기 침체의 끝을 알리는 시그널이며 주가에 긍정적으로 작용한다.

1990년대 이후 인플레이션은 대체로 낮고 안정적이었다. 따라서 수익률에 영향을 미치는 중요한 요인은 아니었고 전반적으로 주식시장과 채권시장 모두에 긍정적으로 작용했다. 인플레이션이 전반적으로 높았았던(3% 이상) 1970년대와 1980년대에는 인플레이션의 상승이 주식과 채권 시장에서 대규모 자금 유출로 이어졌다.

통상 인플레이션 상승이 나타나는 사이클 후기에는 채권이 위험자산에 대한 좋은 분산투자처 역할을 제대로 하지 못한다. 이 시기에는 주가/채권 가격 간 상관관계가 강해지고 유가가 상승하는 경향이 있다. 극단적인 사례는 1970년대 스태그플레이션인데, 당시에는 주식과 채권이 같이 하락했다. 이런 경우 원자재가 중요한 분산투자처가 될 수 있다. 원자재가 물가지수, 근원물가지수 관계없이 인플레이션의 좋은 헤지 수단이며, 인플레이션 변동성이 증가할 때는 더욱 그러하기 때문이다.

투자 사이클과 자산 수익률

이러한 분석을 투자 사이클로 확장하여 다양한 자산군이 앞에서 본 투자 사이클의 각 국면에서 어떤 성과를 내는지 살펴보자. 도표 4.2는 1973년부터 2019년까지 6개 사이클의 각 국면에서 미국 주식, 채권, S&P GSCI 지수[•]의 연환산 총 실질 수익률을 정리한 것이다.

절망 국면에서 수익률이 가장 저조한 자산이 주식이라는 건 그다지 놀랍지 않다. 투자자들이 이익 감소를 전망하는 시기이기 때문이다. 놀라운 건 이 국면에서 다른 자산군으로 분산투자할 때 얻을 수 있는 초과 수익이 굉장히 크다는 점이다. 이는 분산투자 혹은 적극적 자산 배분 전략을 뒷받침하는 근거가 된다. 사이클이 진행됨에 따라서 자산군별 익스포저를 늘리거나 줄임으로써 기대수익률을 상승시키는 동시에 발생할 수 있는 리스크와 변동성을 최소화할 수 있다는 것을 의미하기 때문이다.

• 대표적인 원자재 지수. 골드만삭스가 개발했으나 2007년 S&P로 소유권이 이전되었다. GSCI는 골드만삭스 상품 지수_{Goldman Sachs Commodity Index}의 줄임말이다.

도표 4.2 각 자산군의 국면별 수익률(연환산 총 실질 수익률)

S&P500				
	절망	희망	성장	낙관
1973-1980	−35	69	-3	63
1980-1987	−19	86	-13	31
1987-1990	−77	96	1	20
1990-2000	−61	31	9	27
2000-2007	−24	48	10	−
2007-2019	−44	86	9	102
평균	−44	69	2	48
중앙값	−40	77	5	31

미국채 10년물				
	절망	희망	성장	낙관
1973-1980	−7	1	−6	3
1980–1987	2	30	−6	15
1987–1990	−1	21	−4	7
1990–2000	−10	15	4	5
2000–2007	11	7	−1	−
2007–2019	12	−6	1	13
평균	1	11	−2	9
중앙값	0	11	−2	7

GSCI 원자재 지수				
	절망	희망	성장	낙관
1973-1980	53	−27	2	34
1980–1987	−19	6	1	7
1987–1990	10	−1	26	20
1990–2000	362	−18	3	−2
2000–2007	2	18	10	−
2007–2019	−38	36	−10	80
평균	62	2	5	28
중앙값	6	2	2	20

출처: Goldman Sachs Global Investment Research.

희망 국면에서는 주식이 단연 최고의 수익률을 나타낸다. 자산군별 순위도 명확하다. 6개의 사이클 모두 주식이 채권을 아웃퍼폼했고, 그중 4개 사이클에서 채권이 원자재를 아웃퍼폼했다. 주식은 투자자들이 향후 기업 이익 회복을 예상하고 이를 가격에 반영하기 시작하면서 강한 상승 압력을 받는다. 또한 경기와 이익 체력 변동에 가장 민감하게 반응하는 자산군이기도 하다.

성장 국면에서는 원자재가 상대적으로 가장 좋은 성과를 나타내는 경향이 있다. 원자재는 6개 중 4개 사이클에서 주식과 채권을 모두 아웃퍼폼했다. 주식과 채권은 이 국면에서 성과가 부진한 편인데, 상대적인 순위는 엎치락뒤치락한다. 이 패턴은 쉽게 이해가 된다. 주식과 채권은 미래를 반영하는 자산이고, 대부분의 수익이 희망 국면에서 발생한다. 반면 원자재는 전망보다 수요와 공급에 의해 움직이며, 이익 성장이 실제로 나타나고, 전망이 아니라 실제 성장이 수요 증가로 이어질 때 성과가 좋아진다.

낙관 국면에서 가장 좋은 성과를 나타내는 자산도 주식이다. 이 국면에서는 주식이 대부분 사이클에서 원자재와 채권을 아웃퍼폼했다. 채권과 원자재 간 상대 성과는 명확하게 나타나지 않았다.

채권 금리 변동이 주가에 미치는 영향

실제로는 많은 투자자들이 원자재에까지 분산투자하지는 못한다. 그래서 주식과 국채를 시기에 따라 비율을 바꿔가며 투자하는 혼합 포트폴리오가 더 많은 관심을 받는다. 이상적으로는 포트폴리오에서 주식과 채권 비중이 사이클에 따른 각 자산별 성과에 따라 조정되어야 한다.

경제 활동과 금융시장 간에는 복잡하지만 분명한 관계가 있다. 주식은 미래 명목 이익에 대한 청구권이고(그래서 실물자산real asset이라고도 한다), 이익은 인플레이션과 경제 활동에 따라 증가한다. 현재 주식의 가치는 미래 이익이나 배당을 현재 가치로 할인한 금액을 합한 것이다. 주식시장이 미래 성장 전망은 물론 할인율(무위험수익률)에 그토록 큰 영향을 받는 이유다.

이러한 관계는 1단계 배당할인모형인 고든성장모형Gordon growth model에 잘 드러나 있는데, 그 내용은 아래와 같다.

배당수익률 + 성장률 = 무위험수익률 + 주식 리스크 프리미엄ERP

다른 모든 조건이 동일하다면, 채권 금리가 하락할 때 배당수익률도 하락해야 한다(주가 상승). 하지만 채권 금리 하락이 장기 성장 전망치 변화에 의한 것이라면, 채권 금리 하락이 현재 주식 밸류에이션을 상승시키는 효과가 없을 것이다. 실제로 미래 현금흐름의 불확실성은 주식 리스크 프리미엄ERP을 상승시킬 수 있고, 그 결과 주가가 하락할 수 있다(배당수익률 상승).

주식과 달리 채권은 정해진 기간 동안 고정된 명목 수익이 발생한다. 사전에 명목 수익률은 알 수 있지만, 실질 수익률은 알 수 없다(예상하지 못한 인플레이션으로부터 보호받을 수 없기 때문이다). 최종 수익률은 현재 금리 수준과 디폴트 리스크를 보상하기 위한 리스크 프리미엄(추가 수익)에 의해 결정된다.

주식과 채권의 관계는 사이클과 장기 기대 인플레이션 두 가지 변수의 영향을 받으면서 변화하는데, 이는 이 두 자산의 상관관계를 통해 살펴볼 수 있다. 이론적으로는 채권 가격이 상승(채권 수익률, 즉 금리 수준이 하락)할 때, 주가도 대개 밸류에이션이 올라가면서 상승하고, 반대로 금리나 채권 수익률 상승(채권 가격 하락)은 주가에 부정적인 경향이 있다. 이는 미래 현금흐름을 할인하는 금리가 상승(그 결과 순현재가치가 감소)하기 때문이다. 따라서 일반적으로 주가와 채권 가격 간에는 양의 상관관계(주가와 채권 금리 간에는 음의 상관관계)가 존재한다.

과거 대부분의 기간 동안 채권 가격과 주가는 양의 상관관계를 갖는 것이 일반적이었다. 하지만 1990년대 후반 IT버블이 터진 후에는 그 반대 현상이 나타났다. 성장률 전망치가 크게 하락했고 통화정책 완화가 채권 금리를 내리눌렀다. 하지만 당초 주식 밸류에이션이 너무 높았기 때문에 채권 금리 하락에도 주가가 급격히 디레이팅되면서 음의 상관관계가 나타났다.

이러한 상황은 2002년 경제 심리가 회복되고 성장 전망이 개선되면서 정상화되기 시작했다. 이 시기는 잠깐의 휴식기였다. 얼마 지나지 않아 부분적으로는 IT버블 붕괴 이후 나타난 저금리가 원인이 된 미국 주택시장 버블 붕괴가 글로벌 금융 위기의 시작을 예고했다. 금융 위기 이후 통화정책 완화는 더 낮은 채권 금리와 인플레이션으로 이어졌다. 채권 가격과 주식 간 음의 상관관계는 과거 어느 때보다 오래 지속됐다. 낮은 채권 금리는 일본 사례와 같이 구조적인 성장률 하락과 디플레이션 리스크를 반영하는 것으로 여겨졌다.

인플레이션은 채권 투자에 가장 큰 리스크다. 채권에서 일정 기간 동안 고정된 명목 수익을 얻을 수 있지만, 예상치 못한 인플레이션이 발생할 때 어떤 추가 보상도 받을 수 없기 때문이다. 주식의 경우 현금흐름이 인플레이션과 관련되어 있어서 물가가 상승할 때 어느 정도 방어가 된다. 물론 디플레이션 시기에는 그 반대다. 디플레이션 환경에서는 고정된 명목 수익의 가치는 상승하지만, 주식은 현금흐름과 배당이 인플레이션과 함께 감소할 위험에 더 많이 노출되어 있고, 이런 리스크를 보상하기 위해 더 높은 잠재 수익률(더 낮은 밸류에이션 혹은 더 높은 주식 리스크 프리미엄)이 요구된다. 따라서 일본 그리고 좀 더 최근에는 유럽 같이 디플레이션에 상대적으로 취약한 경제에서는 이자율과 채권 금리 상승이 통상 주가에 긍정적인 것으로 여겨진다. 현재 많은 시장의 주식 리스크 프리미엄이 과거에 비해 상당히 높게 나타나는 주된 이유 중 하나이기도 하다. 이를 다른 각도에서 생각하면 미래 수익률이 더 확실하기(인플레이션이 고정 명목 수익률을 훼손할 리스크가 더 적기) 때문에, 투자자가 유입되기 위해서는 주식의 상대수익률이 더 높아져야 한다.

요약하면, 주식과 채권 수익률 간 관계에 영향을 미치는 채권 금리와 성장 전망 사이에는 끊임없는 줄다리기가 이어지고 있다. 도표

도표 4.3 주가와 채권 수익률의 장기 관계

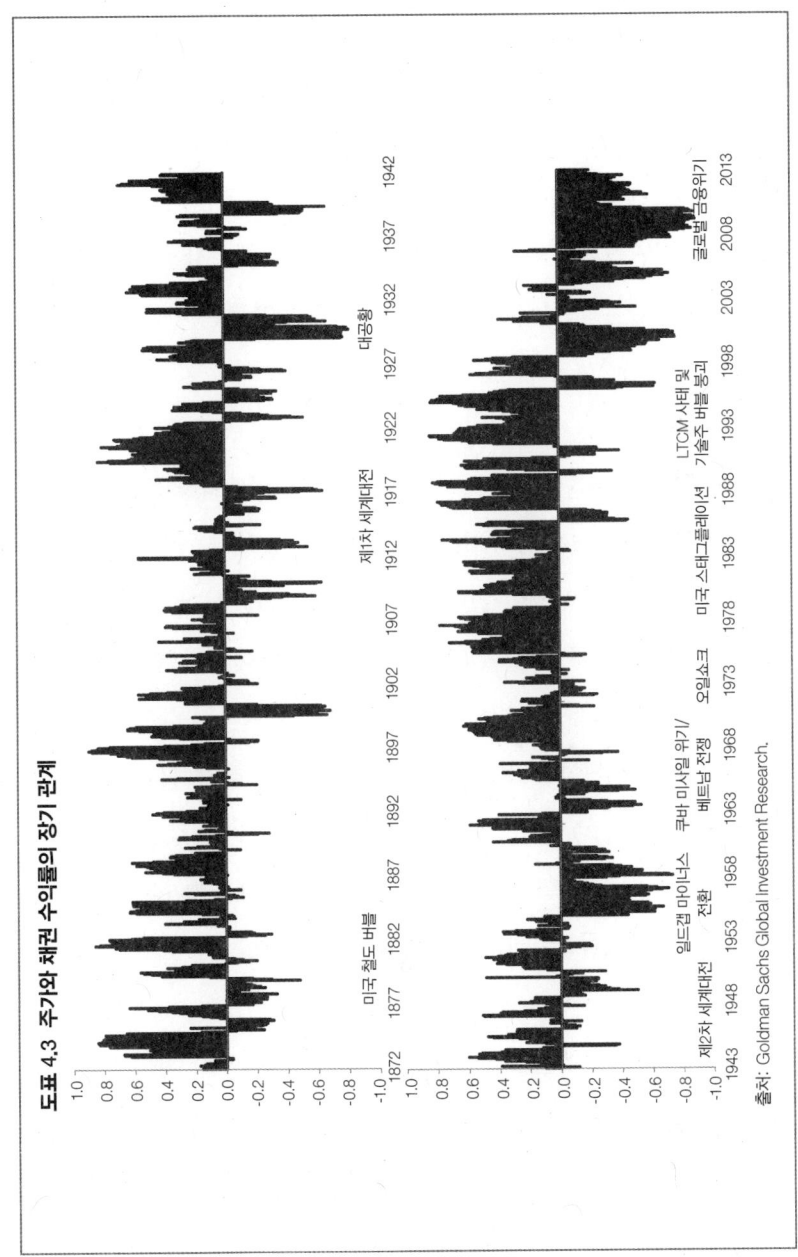

출처: Goldman Sachs Global Investment Research.

4.3에서 두 자산 간 장기 관계를 확인할 수 있는데, 음의 상관관계가 나타났던 시기는 주로 경기 충격 혹은 깊은 경기 침체가 발생한 기간 혹은 전쟁 같은 커다란 정치적 사건으로 불확실성이 증가해 주식의 요구 리스크 프리미엄이 상승한 기간이었다.

따라서 채권 금리 상승(채권 가격 하락)이 항상 증시에 부정적인 것은 아니다. 채권 금리 상승이 주가에 미치는 영향은 아래 나열한 몇 가지 요인에 따라서 크게 달라진다.

- 사이클상 위치: 사이클 초기에는 금리 영향을 덜 받는다.
- 조정 속도: 느릴수록 주가에 좋다.
- 금리 수준: 역사적으로 미국채 10년물 금리가 5% 이상이면 주식에 확실히 좋지 않았다. 하지만 이번 사이클에서는 임계치가 더 낮을 것이다.
- 주식의 밸류에이션: 밸류에이션이 쌀 때 덜 취약하다는 것은 분명하다.
- 금리 상승 요인: 실질 금리냐 명목 금리냐, 인플레이션에 의한 금리 상승이 좀 더 쉽게 소화되는 경향이 있다.

도표 4.4에는 미국 채권 금리 상승 기간의 S&P500 지수 수익률을 정리했다. 가장 눈에 띄는 점은 두 변수 간에 명확하고 일관된 관계가 나타나지 않았다는 것이다. 때로는 주가가 좋았다. 1998~2000년이 그런 사례인데, 미국채 10년물 금리가 4.2%에서 6.8%까지 상승했

도표 4.4 미국채 10년물 금리 상승 기간의 미국 증시 수익률

미국채 10년물						S&P 500		
기간		레벨		변동폭	지속 기간	변동폭		
저점	고점	시작	끝	(bp)	(월)	수익률	포워드 PE	포워드 EPS
1991. 12	1992. 3	7	8	98	2	-3%	-3%	1%
1993. 10	1994. 11	5	8	288	13	-1%	-14%	12%
1996. 1	1996. 7	6	7	153	6	7%	4%	3%
1996. 11	1997. 3	6	7	93	4	-2%	-5%	3%
1998. 10	2000. 1	4	7	262	16	46%	29%	17%
2001. 11	2002. 3	4	5	124	5	3%	-1%	4%
2003. 06	2003. 9	3	5	149	3	3%	0%	4%
2004. 03	2004. 6	4	5	119	3	1%	-6%	7%
2005. 06	2006. 6	4	5	136	13	4%	-10%	14%
2006. 12	2007. 6	4	5	86	6	6%	2%	4%
2008. 12	2009. 6	2	4	188	5	5%	22%	-16%
2009. 10	2010. 4	3	4	81	6	15%	-3%	19%
2010. 10	2011. 2	2	4	135	4	14%	7%	7%
2012. 7	2013. 9	1	3	161	13	24%	15%	8%
2016. 7	2017. 3	1	3	124	8	11%	6%	6%
2017. 9	2018. 11	2	3	117	14	14%	-8%	22%
평균		4	5	145	8	9%	2%	7%

출처: Goldman Sachs Global Investment Research.

지만 미국 증시는 46%나 상승했고, 그중 29%는 P/E 상승에서 나왔다(유럽 증시는 72% 상승했다). 하지만 다른 시기, 특히 1994년에는 당시 견조한 이익 성장세에도 채권 금리가 상승하면 주가가 하락했다. 이 중요한 관계를 분석할 때는 몇 가지 요소를 고려해야 한다.

사이클상 위치: 이를수록 좋다

채권 금리 상승이 주가에 미치는 영향을 예측하는 것이 어려운 이유는 채권 금리 상승이 주식 사이클의 각기 다른 시점에 각기 다른 이유로 나타날 수 있기 때문이다.

채권 금리는 통상 경기 사이클 저점에서 가장 가파르게 상승한다. 이때는 일반적으로 주식에 투자하기 좋은 시점이고, 주식 밸류에이션이 낮은 시점이기도 하다. 이렇게 채권 금리가 상승한 시기 중 일부는 사이클 초기에 나타났는데, 1991년, 2001~2003년, 2008년, 2012년이 그런 사례. 나머지 사례는 사이클 후기에 나타났다.

일반적으로 사이클 초기 채권 금리 상승은 주식 밸류에이션의 가파른 상승을 동반하며, 이익 증가가 주가 상승의 주된 요인이 아니다. 사실 이 국면에서 이익은 여전히 감소하는 경우가 많다. 이는 사이클 중기 혹은 후기의 채권 금리 상승과 매우 다른데, 이때는 인플레이션 우려가 증가하고, 금리가 더 높은 수준으로 상승하기 시작하며, 주식 밸류에이션은 이미 상당히 높아진 뒤다.

조정 속도: 느릴수록 좋다

채권 금리의 상승 속도는 사이클에 따른 주식과 채권의 관계 변동을 설명하는 또 다른 중요한 요인이다. 예를 들어, 글로벌 금융 위기 이후 미국채 10년물 금리가 3개월 동안 2표준편차 이상 상승했을 때는 주식과 채권이 동반 매도되었다.[1] 채권 금리가 너무 빠르게 상승하면 성장률 전망치와 위험 자산 밸류에이션에 하방 압력으로 작용할

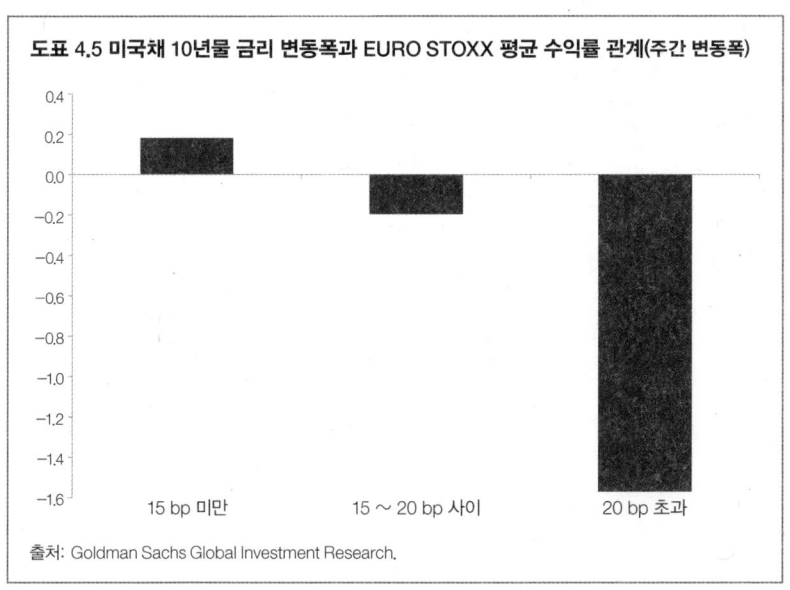

수 있고 금리 변동성이 주가 변동성으로 전이될 수 있다(도표 4.5).

금리 수준: 낮을수록 좋다

지난 15년, 대부분의 기간 동안 주가는 채권 가격과 음의 상관관계를 나타냈다. 채권 가격이 떨어지면(채권 금리가 오르면) 주가가 올랐다. 이는 특히 주식-채권 혼합 포트폴리오 혹은 자산배분 포트폴리오에 긍정적으로 작용했는데, 장기적으로 주식과 채권 모두 높은 수익률을 기록했을 뿐만 아니라 음의 상관관계 덕분에 혼합 포트폴리오의 전반적인 리스크와 변동성도 줄일 수 있었다.

대부분 증시에서 주가와 채권 수익률의 상관관계는 금리 수준과 어느 정도 관련되어 있다. 지난 몇 년간 그랬듯 금리가 매우 낮으면,

주가와 채권 금리가 음의 상관관계를 나타내는 경향이 있다. 채권 금리가 낮은 수준에서 상승하면 주식도 좋은 성과를 나타낸다. 마찬가지로 채권 금리가 하락할 때는 주식 성과도 부진하다. 예를 들어 디플레이션이 지속될까 우려했던 2016년 초에는 주식의 성과가 좋지 않았다. 반면 채권 금리가 오르기 시작한 2016년 중반 이후에는 주식이 눈부신 성과를 거두었다. 이 또한 도표 4.4에서 확인할 수 있다.

금리 수준이 주식과 채권 간 관계에 미치는 영향을 확인할 수 있는 한 가지 방법은 상관계수가 어떻게 움직였는지 살펴보는 것이다. 도표 4.6의 산점도는 금리가 4~5%를 넘을 때 주가와 채권 금리의 상관계수가 양의 값을 갖는 경향이 있다는 것을 보여준다.

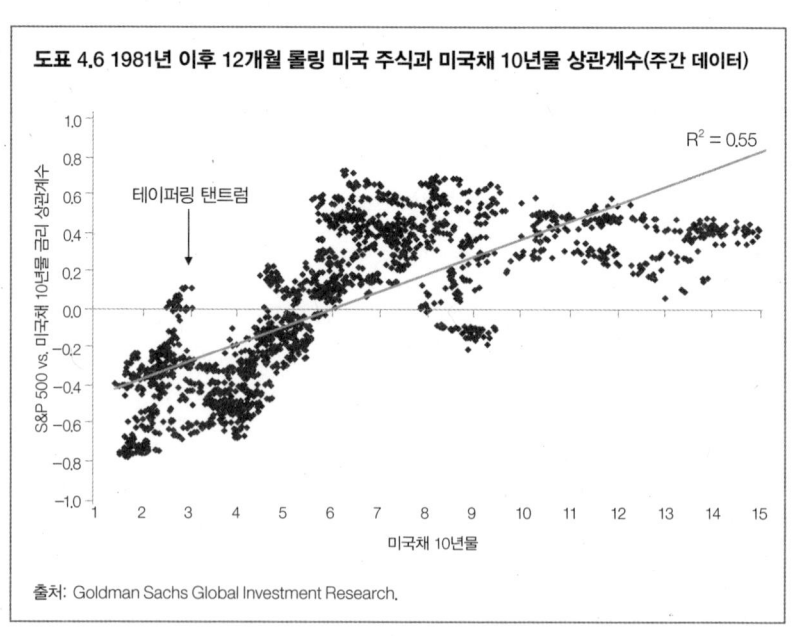

도표 4.6 1981년 이후 12개월 롤링 미국 주식과 미국채 10년물 상관계수(주간 데이터)

출처: Goldman Sachs Global Investment Research.

이는 금리가 상당히 '정상적인' 수준일 때(아마도 장기채 금리가 장기 명목 GDP 성장률 전망치와 비슷한 수준일 때), 채권 가격 상승(채권 금리 하락)이 주식에 긍정적이라는 것을 의미한다. 주식은 채권 금리가 오를 때 저조한 성과를 나타낸다. 금리 상승이 인플레이션의 시그널이기도 하고, 금리가 오르면 주식 할인율도 올라가기 때문이다.

하지만 이런 관계는 대개 채권 금리가 4~5% 밑으로 떨어지면 반대로 바뀐다. 이렇게 낮은 금리 수준에서는 채권 가격이 상승(채권 금리 하락)할 때 주가가 하락하는 경향이 있다. 정상적인 수준보다 훨씬 낮은 채권 금리는 기업 현금흐름과 이익에 타격을 줄 수 있는 경기 침체 혹은 디플레이션 리스크의 증가를 반영한 것이기 때문이다. 이처럼 아주 낮은 수준의 금리를 경험한 나라는, 우리가 최근 몇 년간 봐왔듯이, 채권 금리가 상승할 때(채권 가격이 하락할 때) 주가가 상승하는 경향이 있다. 이는 채권 금리 상승을 성장과 인플레이션 전망 강화를 반영한 것으로 보기 때문이다.

따라서 주식과 주식 밸류에이션 사이에는 어떤 사이클이 존재하고, 그중 일부는 성장 전망치와 채권 수익률('무위험이자율') 간 상호작용을 반영한다고 할 수 있다. 하지만 주가와 채권 금리(가격) 간 관계는 당시 지배적인 인플레이션 환경이나 금리 수준과 같은 구조적인 요인의 영향으로 시기에 따라 달라질 수 있다. 이는 사이클을 더욱 복잡하게 만드는 요인이다.

주식과 채권 가치의 구조적 변화

이 장이 주로 주식과 채권의 성과 간 관계를 결정짓는 순환적 요인에 초점을 맞추긴 하지만, 20세기 말, 특히 금융 위기 이후 나타난 상관관계의 변화는 어떤 구조적 변화가 나타났음을 보여준다. 오랫동안 주식은 국채 같은 훨씬 덜 위험한 자산보다 높은 수익률(배당수익률)이 요구되는 위험한 자산으로 인식되었다. 결국 수익률 혹은 밸류에이션은 투자자가 무위험자산보다 위험한 자산에 투자하는 대가로 기대하거나 요구하는 수익률을 나타내는 한 가지 방법에 불과하다.

1956년 영국 임페리얼 타바코Imperial Tobacco 그룹의 연금펀드 매니저였던 조지 로스 구베이George Ross Goobey가 연금기금협회Association of Superannuation and Pension Funds, ASPF에서 한 연설[2]이 논란을 빚으면서, 주식과 채권의 이런 관계 그리고 그것이 투자자와 자산배분에 주는 함의에 대한 유명한 논쟁이 일어났다. 그는 인플레이션에 연동된 수익을 얻을 수 있다는 것이 주식 투자의 장점이라고 주장했다. 그는 자신이 운용하던 연금펀드 자산 전부를 주식에 투자해서 유명세를 얻었는데, 이런 행동은 소위 '주식 숭배cult of equity'의 시작으로 여겨졌다.

그 전까지는 주식을 국채보다 위험조정수익률이 낮은 변동성 크고 위험한 자산이라고 보는 시각이 많았고, 그 결과 주식 밸류에이션이 상당히 낮았다(주식에 더 높은 수익률을 요구했다). 그런데 점점 더 많은 기관이 인플레이션을 방어하기 위해서 자금을 주식으로 이동시켜야 한다는 생각을 받아들이면서, 주식의 요구수익률이 하락하고 이른바

'일드갭 역전' 현상이 나타났다. 이는 배당수익률이 국채 금리 밑으로 떨어지는 현상을 말하는데, 이러한 현상은 대부분의 선진국 증시에서 1990년대 말 IT버블 붕괴 전까지 지속되었다.

로스 구베이는 ASPF 연설에서 주식이 실질 기준으로 장기간 채권 대비 플러스 초과 수익률을 기록했다는 데이터를 제시하고, 투자자들이 이를 무시하여 손해를 보고 있다고 주장했다. 인플레이션을 조정한 실질 수익률 기준으로 주식의 장기 성과는 채권보다 월등하게 높았다. 로스 구베이는 "사람들이 '같은 일이 반복되는 일은 절대 없을 거'라고 말할 거라는 걸 압니다. 하지만 이런 일은 일어나고 또 일어났습니다. 비록 과거와 같은 가파른 상승은 아닐지 몰라도 같은 일이 또 일어날 거라는 것이 제 의견입니다"라고 말했다.

조지 로스 구베이의 연설 이후 50년이 넘는 시간 동안, 그의 예측은 굉장히 정확했던 것으로 판명되었다. 미국 주식은 1956년부터 2000년까지 연 7%의 실질 수익률을 기록했다.

하지만 이번 세기 초 이후에는 IT버블 붕괴에 따른 주식시장 폭락의 여파로 상황이 바뀌기 시작했다. IT버블 이후 주식 밸류에이션이 비현실적으로 높은 수준에서 크게 하락했다. 곧이어 신용경색이 시작되었고 많은 선진국에서 디레버리징이 진행되면서 주식에 대한 확신에 금이 가고 1960년대 이전의 회의론이 되살아났다. 배당수익률이 다시 한번 채권 금리를 웃돌았고, 실현 수익률과 미래 기대 수익률 모두 크게 떨어졌다.

도표 4.7은 미국채 10년물 금리와 미국 주식의 현금 수익률 추정치

(배당수익률과 자사주 매입 수익률 합계)를 비교한 것이다. 이는 채권 대비 주식 밸류에이션이 구조적으로 변화한 좋은 사례다. 1990년대 초 미국 정부에 10년간 돈을 빌려주면 연 8% 수익률을 낼 수 있었는데, 당시 주식의 현금 수익률은 4.5% 수준이었다.

금융 위기로부터 10년이 흐른 지금 국채 금리는 2%가 채 안 되지만 주식의 현금 수익률은 5%가 넘는다. 이 변화에는 당연하게도 여러 의미가 담겨있지만, 일반적으로 불확실성이 커지고 미래 성장에 대한 기대감이 낮아지면서 주식이 상대적으로 크게 디레이팅derating*

* 밸류에이션이 떨어지는 현상을 말한다.

되었다는 것을 의미한다.

그와 더불어 인플레이션이 훨씬 낮은 수준으로 떨어지면서 고정된 명목 수익을 지급하는 국채 투자의 리스크는 감소한 반면, 매출과 이익이 인플레이션과 함께 움직이기 때문에 인플레이션 상승 시 어느 정도 수익률 방어 효과를 제공하는 주식 같은 실질자산의 매력은 떨어졌다.

장기 경제 성장률 전망치가 낮은 저인플레이션 국가는 채권 금리와 주식 현금 수익률 간 격차가 훨씬 더 크다. 예를 들어 독일은 주가지수에서 은행이나 자동차 같은 성숙기 산업이 차지하는 비중이 상당히 높은데, 이 글을 쓰고 있는 지금 배당수익률과 자사주 매입 수익률을 더하면 4%가 넘지만 10년 만기 국채 금리는 마이너스다.

5장

사이클과 스타일 투자

사이클에 따른 투자 스타일의 과거 성과를 살펴보면, 이 수준에서의 일반화는 사실을 왜곡할 소지가 있다는 것을 알 수 있다. 증시를 더 미시적인 수준에서 분석할수록, 즉 주가 지수보다 비슷한 특성을 지닌 기업군이나 개별 기업을 살펴보면, 수익률은 기업이나 산업의 세부 내용, 규제 환경, 인수합병M&A 같은 경쟁 관련 이슈 등에 더 많은 영향을 받는 것으로 보인다. 한두 사이클에서 뚜렷하게 나타났던 패턴, 예를 들면 대형주와 소형주의 성과 차이가 다른 사이클에서도 항상 분명하거나 일관되게 나타나지는 않는다. 그래서 수익률을 예측함에 있어서 높은 수준에서 일반화는 어렵고 때로는 위험하기까지하다.

이런 일관성 문제는 섹터 성과를 분석하거나 산업별 수익률 패턴을 분석할 때 더 분명하게 드러난다. 경제나 금리 사이클이 종종 일부 섹터나 산업군의 성과에 영향을 미치지만, 다른 많은 이슈도 영향을 끼칠 수 있다. 그와 동시에 섹터나 산업군의 경제 상황에 대한 민감도가 시간이 지나면서 변할 수 있다. 예를 들어 화학산업은 매출액이 경제 사이클의 영향을 많이 받기 때문에 전통적으로 경기민감산업으로 여겨졌다. 이는 화학회사가 대개 원자재와 비슷한 화학 물질을 대량으로 생산하기 때문이다. 경제와 수요가 강할 때는 이익이 증가하고, 경제와 수요가 둔화될 때는 당연하게도 이익이 감소하는 경향이 있다. 이런 유형의 기업을 애널리스트들은 "영업레버리지가 있다 operationally levered"고 한다. 다른 말로 고정비 비중이 높다는 것인데, 수요가 약하면 마진이 급격히 떨어져 적자가 크게 날 수 있음을 의미한다(고정비를 커버하기 더 어렵다). 같은 이유로 수요가 강하면 마진이 가파르게 올라서 이익이 급증할 수 있다.

다른 산업, 예를 들어 식품제조업에 속한 기업은 아주 다르다. 일반적으로 식품제조업체는 최종소비자시장end market이 더 안정적이고 예측 가능하며, 경제가 전반적으로 강한지 약한지와 관련이 적다. 대부분 소비자는 좋을 때나 나쁠 때나 비슷한 양을 먹는다.

하지만 꼭 그렇지는 않다. 많은 화학업체가 최근 몇 년간 최종 수요가 더 안정적인 코팅, 접착재, 세척 재료나 농업용 화학물질(비료와 살충제) 비중을 늘렸다. 일부 업체는 식품 혹은 개인관리용품으로 분류되는 감미료나 착향료 생산으로 비즈니스 모델을 바꾸기도 했다. 비슷한 변화가 IT산업에서도 일어났는데, 반도체 같은 경기에 민감한 원자재 성격의 제품과 대체로 경기에 덜 민감한 소프트웨어를 결합하는 식이었다. 시간이 지나면서 경기민감산업의 시가총액 혹은 주가지수 비중은 더 안정적이고 경기방어적인 산업보다 상대적으로 감소했다.

마찬가지로 브랜드 제품을 파는 식품제조업체는 유통업체의 자체 브랜드 상품과의 경쟁으로 과거 기꺼이 브랜드 제품을 구매하던 프리미엄 고객이 더 경기에 민감해지면서 최종 수요가 점점 더 경기에 민감해지고 있다는 사실을 대면했을 수도 있다.

앞에서 든 예시의 요지는 장기간에 걸쳐 관찰되는 패턴이 존재하지 않는다는 것이 아니라, 증시의 각 부분과 매크로 요인 간 관계가 시간에 따라 변화한다는 것이다. 이는 주요 변화를 추동하는 요인과 산업 안팎의 경쟁 상황 또한 시간에 따라 변하기 때문이다.

섹터와 투자 사이클

이런 어려움에도 불구하고 경제 사이클에 따라 섹터 수익률이 어떻게 변하는지 대략적인 일반화는 가능하다. 섹터는 흔히 경제 변수에 대한 민감도 혹은 베타, 예를 들어 경제 성장, 인플레이션, 채권 금리 변화에 따라 밸류에이션이나 수익률이 어느 정도 영향을 받는지를 기준으로 분석한다. 산업이나 섹터를 민감도와 밸류에이션에 따라 4개 그룹으로 나누면 꽤 유용하다.

도표 5.1에서처럼, 경기민감산업은 크게 기술주처럼 경기에 민감하고 빠르게 성장하는 산업과 자동차 같이 경기에 민감하고 성숙한(보

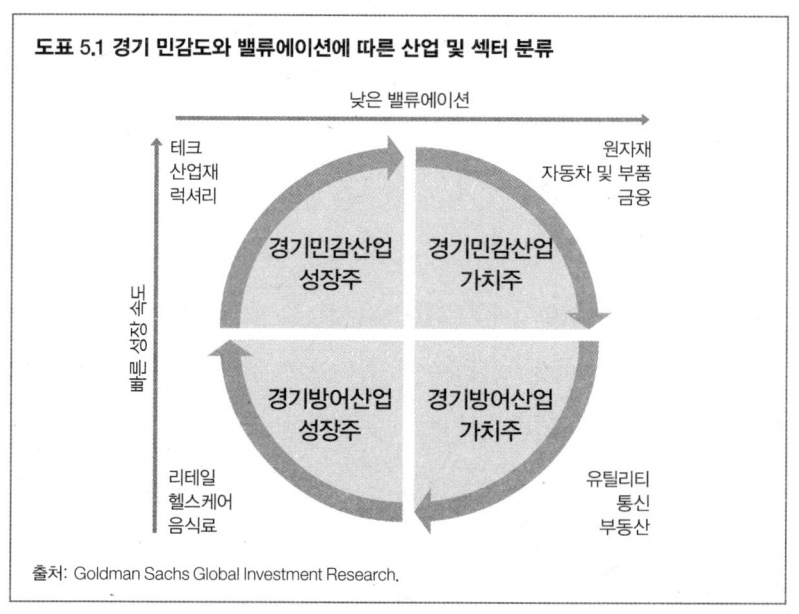

도표 5.1 경기 민감도와 밸류에이션에 따른 산업 및 섹터 분류

출처: Goldman Sachs Global Investment Research.

통 밸류에이션이 낮다) 산업으로 나눌 수 있다.

마찬가지로 더 방어적이고 경기에 덜 민감한 산업도 빠르게 성장하는 헬스케어 같은 산업과 경기방어적이긴 하지만 성숙 단계이고 밸류에이션이 낮은 통신업체 같은 산업으로 구분할 수 있다. 그런 뒤에 각기 다른 경제 상황에서 상대적인 성과를 대략적인 지침으로 하여 각 사분면에 배치한다.

경기민감산업 가치주에 투자하기 가장 좋은 환경은 인플레이션 및 금리 상승과 함께 경제 성장 속도가 빨라질 때다. 강한 성장은 경기민감산업 전반에 좋지만, 급성장하는 초기 단계의 산업에 비해 고정비용(임금과 고정자산)이 매출에서 차지하는 비중이 높은 성숙 산업이 인플레이션에 대한 레버리지가 더 크다. 이를 종종 '영업레버리지'가 높다고 설명한다. 인플레이션과 금리가 오를 때 매출이 증가하고 마진이 개선되며 그 결과 이익이 다른 산업과 비교해 더 큰 폭으로 늘어난다. 반면 스펙트럼의 반대쪽 끝에 있는 경기방어적 성장주는 성장이 전반적으로 부진하고 희소할 때 더 좋은 수익률을 내는 경향이 있다. 낮은 인플레이션과 금리 또한 도움이 되는데, 이런 기업은 엄청나게 장기간에 걸친 기대 현금흐름을 가지고 있고, 금리가 떨어지면 이런 현금흐름의 할인율도 떨어지며, 그 결과 밸류에이션이 올라가기 때문이다.

물론 특정 산업은 언제든지 특정 종목 이슈에 영향을 받을 수 있고(특히 그 산업을 한두 개의 거대 기업이 지배하고 있는 경우에 더 그렇다), 규제나 잠재적인 합병 혹은 신규 진입을 포함한 경쟁 상황의 변화는 물론 다른 많은 요인의 영향을 받을 수 있다.

이러한 복잡성 때문에 투자자는 종종 기업이나 산업을 스타일별로 구분한다. 일반화가 유용성을 잃지 않는 범위 내에서, 투자 스타일이나 섹터나 산업의 민감도에 따른 몇 가지 관계는 특히 의미가 있다.

- 경기민감주와 경기방어주 간 관계
- 가치주와 성장주 간 관계

이 두 가지 구분은 장기간에 걸쳐 투자 및 경제 사이클과 뚜렷한 관계를 보이는 경향이 있기 때문에 투자자에게 유용하다.

경기민감주 vs. 경기방어주

앞서 언급한 대로 시간이 지나면서 기업 구성이나 매출 비중이 변하긴 하지만, 경제 사이클에 대한 민감도 혹은 베타가 높은 산업은 경기민감산업이라고 말할 수 있다. 마찬가지로 민감도가 낮은 산업은 상대적으로 경기방어산업이라고 말해도 이상하지는 않다. 도표 5.2는 글로벌 증시의 GDP 대비 산업별 이익전망치(12개월 선행 컨센서스)의 민감도 혹은 베타를 나타낸 것이다.

결과는 상당히 직관적이다. 자동차, 원자재, IT 산업이 가장 경제 사이클에 민감했고, 유틸리티, 통신, 음식료품이 가장 덜 민감했다.

이런 경제 사이클과 투자 스타일의 관계 때문에 우리는 3장에서 설

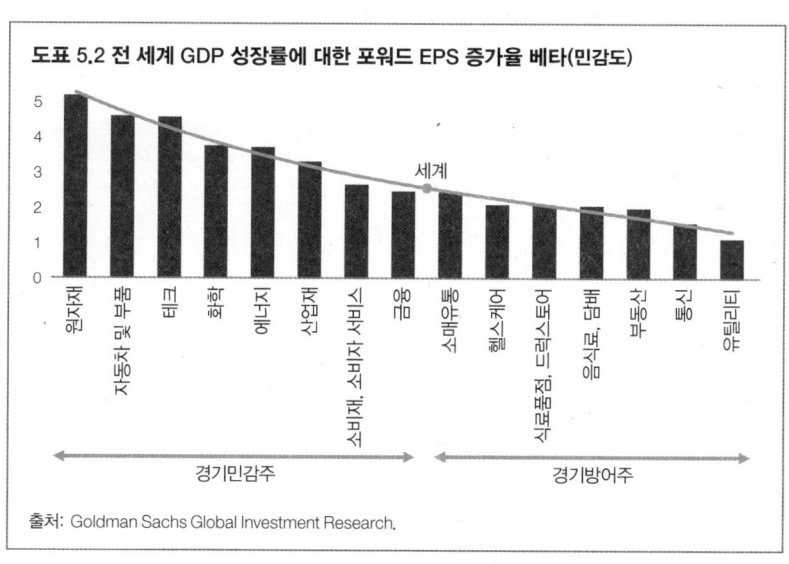

명한 '전형적인 사이클'에 부합하는 수익률 패턴을 찾을 수 있다. 도표 5.3은 미국 주식시장(S&P500)에서 경기방어주 대비 경기민감주의 연율화 수익률을 정리한 것이다. 패턴이 상당히 뚜렷한 것을 확인할 수 있다. 절망 국면이 단연 경기민감주에 최악이다. 이는 직관적으로 이해할 수 있다. 이 국면에서 투자자가 경기 침체를 예상하는데, 경기 침체는 증시 전반에 좋지 않지만 특히 경제 사이클에 가장 민감한 산업군에 좋지 않다. 경기방어주는 이 국면에서 상대적으로 봤을 때 최소한 어느 정도의 피난처를 제공하는데, 평균적으로 과거 이 국면에서 경기민감주 대비 30%에 가까운 초과수익률을 냈다. 예상대로 희망 국면이 경기민감주에 가장 좋은 시기이며, 초과수익률 중앙값이 25% 수준이었다. 성장 국면은 가장 오래 지속되는 국면인데 가장 애매모호한 결과가 나온다. 이는 부분적으로는 PMI나 ISM과 같이 빈

도표 5.3 미국 경기방어주 대비 경기민감주 연환산 상대 수익률

	절망	희망	성장	낙관
1973-1980	−6%	1%	9%	10%
1980-1987	−31%	34%	−18%	−7%
1987-1990	−14%	6%	−4%	−12%
1990-2000	−17%	7%	17%	70%
2000-2007	−47%	16%	9%	−
2007-2019	−37%	30%	0%	9%
평균	−25%	16%	2%	14%
중앙값	−24%	12%	4%	9%

출처: Goldman Sachs Global Investment Research.

도가 높은 서베이 데이터가 개선되는 미니 사이클이 여러 차례 나타날 수 있기 때문이다(3장 참조). 낙관 국면 역시 일반적으로 더 많은 경기민감주의 수익률이 좋은 국면이며 시장이 더 높은 밸류에이션을 용인하는 시기이기도 하다.

이런 패턴은 전형적인 산업 사이클에서 경기민감산업과 경기방어산업의 상대적 성과를 비교할 때도 분명하게 드러난다. 한 가지 간단한 방법은 이른바 PMI, 미국에서는 ISM 지수를 살펴보는 것이다. 이 지표들은 GDP와 밀접한 상관관계가 있지만 월간 단위로 발표된다는 장점이 있고 따라서 분기 단위로 발표되는 GDP 보다 빈도가 높아서 많은 투자자가 모니터링한다.

PMI나 ISM 지수는 경기 확장 혹은 위축을 나타내도록 조정된다. 일반적으로 50을 하회하면 위축, 50을 상회하면 확장을 나타낸다.

GDP 민감도에 근거하여 산업을 경기민감산업과 경기방어산업 두 그룹으로 나누면, 둘의 상대적인 성과와 이들 서베이 지수 수준 사이에 밀접한 관계가 있음을 확인할 수 있다. 일반적으로 서베이 지수가 오르면 경기민감산업의 성과가 좋은 반면, 서베이 지수가 떨어지거나 둔화되는 시기에는 경기방어산업 섹터가 좋은 성과를 내는 경향이 있다(도표 5.4).

경기민감산업과 경기방어산업 종목의 상대 성과를 움직이는 또 다른 요인은 채권 수익률이다. 도표 5.5에서 보듯이 채권 수익률 하락은 일반적으로 경제 성장세 약화와 부합하며, 경기민감주의 수익률 부진으로 이어지는 경향이 있는 반면, 채권 수익률 상승은 상대적으로 경

도표 5.4 산업 사이클에 따른 글로벌 경기민감주 vs. 경기방어주 상대 성과 추이

출처: Goldman Sachs Global Investment Research.

도표 5.5 채권 금리와 경기민감주 수익률의 관계

출처: Goldman Sachs Global Investment Research.

기민감주에 긍정적이다. 여기에는 두 가지 합리적인 이유가 있다. 첫째, 채권 수익률은 경제 성장세가 강할 때 오르는 경향이 있고, 그럴 때는 안정적인 현금흐름을 가진 기업보다 경기에 민감한 기업의 매출이 더 많이 늘어난다. 둘째, 경기민감산업 기업은 일반적으로 인건비나 감가상각비 같은 고정비 비중이 높은 편이다. 인플레이션(그리고 이와 관련된 높은 채권 수익률)이 나타나면 통상 인플레이션과 함께 늘어나는 매출과 비교해 고정비 비중이 떨어지기에 경기민감산업에 긍정적이다. 그 반대도 사실이다. 하지만 일반적으로 감가상각자산이 있으면 인플레이션이 어느 정도까지는 상당한 도움이 된다. 이는 아마도 인플레이션이 높았던 1973~1980년 절망 국면에서 경기민감주가 이례적으로 좋은 성과를 나타냈던 이유일 것이다.

하지만 투자자는 이런 지표의 절대적인 수준뿐 아니라 변화율에도 민감하다. 지수가 50 아래지만 상승세로 돌아섰는지(소위 2차 도함수의 개선이 나타났는지), 아니면 50이 넘지만 둔화되고 있는지 묻는다.

일을 더 복잡하게 만드는 것은 사이클의 변화 속도와 채권 수익률 간 상호작용이 특히 중요하다는 점이다. 특히 경제가 성장하지만(PMI가 50을 넘지만) 속도가 느려질 때, 채권 금리가 오르는지 떨어지는지에 따라 시장을 주도하는 섹터나 스타일이 달라진다.

따라서 성장 속도와 그 방향(가속 혹은 둔화되고 있는지)으로 측정될 수 있는 경제 사이클과 상승 혹은 하락하는 채권 수익률 간에는 복잡한 상호작용이 나타난다. 여러 가지 조합이 나타날 수 있는데, 경기방어주 대비 경기민감주 수익률에 최악의 조합은 경기 수축기, 즉

PMI가 50 아래고 악화되고 있고 채권 수익률도 하락(이는 인플레이션과 성장이 추가로 악화될 것이라는 전망에 부합한다)하는 것이다.

최고의 조합은 3장에서 살펴보았듯이 시장 전반에 가장 좋은 조합이기도 한 회복기, 즉 경제가 아직 침체 상태에 있지만 성장률이 위쪽으로 방향을 틀거나 덜 나빠 보이기 시작할 때다. 이때가 바로 야성적 충동이 나타나고 투자자의 전망이 개선되기 시작하는 시기다. 이 시기에 채권 수익률이 상승하면(미래 성장에 대한 확신이 강하면), 경기에 더 민감하거나 경기순환적 성격이 강한 종목이 더 방어적이고 경기를 덜 타는 종목을 상회하는 경향이 있다.

도표 5.6은 이러한 조합을 미국 증시 데이터를 이용해 간단히 요약한 것이다. 앞에서 언급한 조합 중 극단적인 사례 하나를 확인할 수

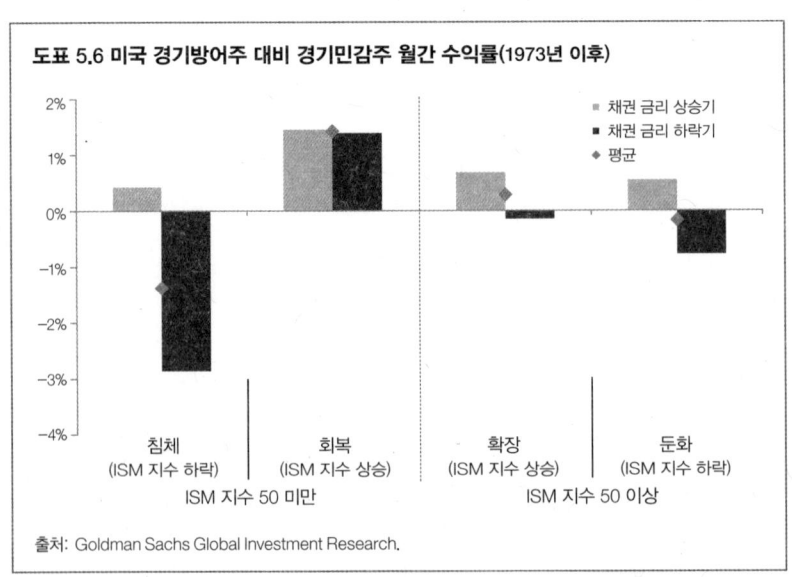

있다. PMI가 50 이상이지만(경제는 성장하고 있지만) 정점에서 떨어지기 시작하고 채권 수익률도 하락하는 경우인데, 이 경우 더 경기방어적인 산업의 평균 수익률이 더 높고 은행, 건설, 미디어, IT 같이 경기침체에 취약한, 수요가 재량적이고 쉽게 이연될 수 있는 산업의 성과가 부진하다.

반대의 경우, 즉 PMI가 50 아래이지만(경제가 아마도 침체 상태에 있지만) 바닥에서 상승하고 있고 채권 수익률도 상승하는 경우에 시장 주도주 패턴도 반대로 나타난다.

가치주 vs. 성장주

경기민감주과 경기방어주의 상대 성과는 꽤 쉽게 이해할 수 있지만, 소위 가치주와 성장주의 관계는 다소 불분명하다. 이는 가치주, 성장주의 정의가 다양한 산업에 속하는 여러 기업에 걸쳐 있기 때문이다. 일반적으로 성장주는 매출이 오랫동안 안정적으로 혹은 빠르게 늘어나고 높은 밸류에이션에 거래되는 종목을 말한다. 가치주는 보통 평균적인 기업보다 낮은 밸류에이션(낮은 P/E 비율 등)에 거래되는 종목을 말한다.

예를 들어 성장주와 가치주를 기반으로 하는 MSCI 지수는 다음과 같은 기준을 포함한다.[1]

MSCI 성장주는 아래 5가지 변수를 기준으로 한다.

- 장기 EPS 성장률 전망치
- 단기 EPS 성장률 전망치
- 현재 내부성장률 internal growth rate*
- 장기 역사적 EPS 성장률 추이
- 장기 역사적 주당매출액 성장률 추이

MSCI 가치주는 아래 3가지 변수를 기준으로 한다.

- 주가순자산비율
- 12개월 선행 주가수익비율
- 배당수익률

이런 팩터들과 경기민감주와 경기방어주를 나누는 기준 사이에는 어느 정도 겹치는 부분이 있다. 일반적으로 가치주는 경기민감주 성격이 강하고 성장주는 경기방어주 종목과 어느 정도 겹친다. 성장주 대비 가치주 수익률과 실물경제 성장 지표 중 하나인 산업 생산 사이의 단순상관계수는 강하지는 않지만 양의 관계를 나타낸다. 경제 성장세가 강해지면 일반적으로 가치주 성과가 좋아지는데, 가치주가 보통 경기민감도 기준으로 경기민감주 성격이 더 강하기 때문이다. 하지만 실제로는 이런 경기민감주/경기방어주 구분보다 더 복잡한데, 이

- 외부로부터 자금을 조달하지 않고 달성할 수 있는 최대 성장률.

는 가치주와 성장주 관계가 시간이 지나면서, 특히 2008년 글로벌 금융 위기 이후 변했기 때문이다.

성장주 대비 가치주 성과를 사이클의 각 국면별 평균치와 비교해보면(도표 5.7), 경기민감주와 경기방어주를 비교할 때보다 패턴이 훨씬 불분명하다. 유일하게 뚜렷하게 나타나는 그림은(적어도 평균적으로 봤을 때) 희망 국면에서 가치주의 상대적 부진이다. 희망 국면에서는 투자자가 가장 자신감에 차 있고 이익 증가세가 둔화되는 데도 밸류에이션이 상승하는 것을 용인한다. 일반적으로 성장주가 가장 강한 상대 성과를 나타내는 것이 이 국면이다.

도표 5.7 미국 가치주와 성장주의 관계는 그리 분명하지 않다

	절망	희망	성장	낙관
1973-1980	–	–	46%	–5%
1980-1987	16%	1%	5%	–2%
1987-1990	3%	3%	5%	–17%
1990-2000	2%	–14%	14%	–37%
2000-2007	39%	12%	18%	–
2007-2019	–17%	4%	–18%	–11%
평균	9%	1%	12%	–15%
중앙값	3%	3%	10%	–11%

출처: Goldman Sachs Global Investment Research.

가치주, 성장주와 듀레이션

도표 5.7은 각 국면별 성장주 대비 가치주의 평균 수익률을 보여주지만, 시간에 따른 상대 성과를 살펴보면 더 명확한 패턴이 있다. 가치주가 장기간에 걸쳐 상당히 지속적으로 성장주를 상회했다는 것이다. 이는 학계 연구에서 기록된 증거와 일치한다. 그레이엄Graham과 도드Dodd가 최초로 발견한[2] 이른바 밸류 프리미엄value premium에 따르면, 일반적으로 가치주라고 불리는 주가 대비 주당순자산 비율이 높거나 주가수익비율(P/E)이 낮은 주식은 평균적으로 주가 대비 주당순자산 비율이 낮은 종목(성장주)보다 수익률이 더 높다. 이는 여러 학계 연구를 통해 입증되었는데, 아마 유진 파마Eugene F. Fama와 케네스 프렌치Kenneth R. French[3]의 연구가 가장 유명할 것이다. 이들은 1975년부터 1995년까지 기간 동안 주가순자산비율을 기준으로 저밸류와 고밸류 주식으로 구성된 글로벌 포트폴리오의 평균 수익률이 연 7.68% 차이가 났으며, 그들이 분석한 13개 시장 중 12개에서 저밸류가 고밸류를 상회했다는 것을 보였다.

가치주와 성장주 간 상대 성과를 움직이는 더 중요한 요인은 각각의 이자율 및 채권 수익률과의 관계이며, 흔히 '듀레이션duration'이라고 한다. 주식 듀레이션의 정의는 맥컬레이Macaulay가 고안한 채권 듀레이션[4]의 정의와 거의 흡사하다.

채권 듀레이션과 마찬가지로 주식 듀레이션은 투자자가 주식에 투자한 금액을 주식에서 발생하는 미래 현금흐름으로 회수하는 데 걸리는 시간을 말한다. 이런 의미에서 듀레이션은 기업의 현금흐름 지표이자 금리 민감도 지표다. 만약 어떤 기업이 현금흐름의 많은 부분을 먼 미래에 창출할 것으로 전망된다면, 그 기업의 주식은 듀레이션이 길다고 할 수 있다. 미래 성장을 위해서 공격적으로 투자하며 그렇게 하는 동안 대체로 배당은 하지 않는 IT 기업이나 IT 섹터 전체가 좋은 예다. 반대로 유틸리티 기업처럼 배당수익률이 높은 성숙 기업의 주식은 듀레이션이 짧다. 듀레이션이 긴 주식은 금리 하락 시 듀레이션이 짧은 주식보다 순현재가치가 더 크게 증가하고, 금리 상승 시에는 더 크게 감소한다.

시간이 지나면서 성장주/가치주 상대 성과와 채권 수익률 간 관계에도 현저한 변화가 나타났다. 도표 5.8에서 보듯이, 1980년부터 2007년 사이에 두 변수 사이에는 대체로 음의 상관관계가 나타났다. 1980~1990년대에 채권 금리 하락은 강한 성장 및 리스크 감소와 관련이 있었는데, 이는 가치주에 유리한 환경이었다. 이후 1990년대 후반 IT 버블에 이르는 기간 동안 성장주로 급격한 전환이 일어났는데, 당시 저금리는 듀레이션이 긴 성장주에 유리하다고 여겨졌다. 또한 IT 기업(및 통신, 미디어 기업)은 '신경제' 기업으로 수요가 성숙 단계에 접어든, 당시 흔히 '구경제'라고 불렀던 전통산업보다 미래 성장률이 훨씬 높을 것으로 전망되었다.

IT 버블 붕괴의 여파로 이들 성장주(특히 기술주) 상당수의 밸류에이션이 유례없이 큰 폭으로 떨어졌다. 실제로 당시 성장주와 가치주의 밸류에이션 격차가 사상 최고 수준에 달해, 성장주의 장기 성장

출처: Goldman Sachs Global Investment Research.

기회에 대한 확신과 그에 기반한 가치가 사라지기 시작하면서 급반전될 위험에 노출되어 있었다.

2000년부터 금융 위기가 시작된 2007년까지 기간은 밸류 프리미엄이 다시금 부각된 시기였다. 투자자가 전반적으로 '구경제'의 가치를 재평가했으며 성숙 산업에 속한 많은 기업 또한 경쟁력과 성장성을 향상하기 위해 구조조정을 했다. 한편 주가가 폭락한 고평가 성장주가 투자자에게 막대한 손실을 안기면서 성장주 유행도 심각한 타격을 입었다.

2007년 글로벌 금융 위기 이후 낮은 금리가 성장주 대비 가치주의 성과 부진과 연관되면서 채권 수익률과 성장주/가치주의 상대 성과 간 관계도 다시 한번 반전된 것으로 보인다. 성장주 대비 가치주의 저조한 성과는 2007~2008년 금융 위기 이후 주식시장에 나타난 가장 눈에 띄는 변화다. 이 주제는 9장에서 보다 상세하게 다룰 예정이다.

대체로 4가지 동인이 가장 최근 투자 사이클에서 스타일별 성과를 좌우했다.

- 기술 기업이 전반적으로 나머지 종목보다 훨씬 나은 이익 성장세를 보였으며, 이는 기술주에 더 많이 투자하는 경향이 있는 성장주 스타일에 도움이 되었다. 그와 동시에 금융 위기의 여파로 은행의 수익률이 저조했다. 이는 전반적으로 저조한 경제 활동과 매우 낮은(많은 경우 마이너스인) 금리 환경이 부분적인 원인이었는데, 후자는 은행이 대출에서 수익을 창출할 수 있는 능력을 저해했다.
- 섹터 편향을 제거하고 각 섹터 내에서 성장주와 가치주를 비교하여 섹터 중립 기준으로 성장주와 가치주를 살펴본 경우에도 성장주의 성과가 좋았다. 이런 현상은 성장이 더욱 희소해진 것을 일부 반영했다. 인플레이션이 낮아지면서 다른 사이클과 비교해 강한 매출 성장을 나타내는 기업이 줄었는데, 이는 매출 성장이 명목 성장과 전반적인 물가의 함수이기 때문이다.
- 금융 위기 이후 할인율을 구성하는 채권 수익률이 끊임없이 하락했다. 채권 수익률이 낮아질수록 듀레이션이 긴 기업에 유리한데, 특히 해당 기업이 성숙 산업의 '혁신기업$_{disruptor}$'이면 더욱 그러하다.

- 할인율의 나머지 부분은 리스크 프리미엄이다. 금융 위기 이후 사이클에서 리스크 프리미엄은 경제 성장, 디플레이션, 지정학적 이슈 그리고 기술 혁신이 경쟁 상황에 미치는 영향 등으로 리스크가 더 커지면서 전반적으로 더 높아졌다.

리스크 프리미엄이 높아지면서 투자자 또한 기업 수익성의 장기적 안정성이나 예측 가능성을 점점 더 중시했다. 이는 합리적이다. 채권 수익률이 엄청나게 낮은 수준으로 떨어졌기 때문에 국채나 회사채 같은 덜 위험한 자산에서 얻을 수 있는 수익률이 너무 낮다면, 투자자가 기대 수익률이 예측 가능하고 상대적으로 안전하며 더 수익률이 높은 자산(배당 혹은 잉여현금흐름 수익률)에 더 많은 돈을 투여할 것이다.

이는 금융 위기 이후 사이클에서 인프라 기업이나 정부 인허가가 필요한 '채권 같은' 주식(예를 들어 고정 계약이나 자본수익률이 인플레이션에 연동되어 있는 일부 유료 도로나 유틸리티)이 강세를 나타낸 이유다.

종합해 보면 투자 사이클과 주식 스타일 사이에는 어느 정도 관계가 있음을 알 수 있다. 아마도 그런 관계 중 가장 일관되게 나타나는 것은 경기민감주와 경기방어주의 상대 성과다.

가치주와 성장주 같은 스타일의 상대 성과에도 사이클이 나타난다는 증거도 있다. 하지만 좀 더 복잡하다. 이들은 경제 사이클 외에도 다양한 다른 요인, 특히 산업 변화, 경쟁과 관련된 장기 추세와 함께 기업 듀레이션의 영향을 받기 때문이다.

대형주 대비 소형주 같은 다른 스타일이나 팩터는 훨씬 더 시기별, 사이클별 일관성이 떨어지는 경향이 있어 강하고 신뢰할 만한 일반화를 하기 훨씬 더 어렵다.

LONG GOOD BUY

제2부

현재의 이해
무엇이 강세장과 약세장을 촉발하고 어디에 주의를 기울여야 하는가?

6장 약세장의 필수 요소: 약세장의 본질과 양상
7장 황소장의 눈: 강세장의 본질과 양상
8장 버블의 형성: 과열의 징후

6장

약세장의 필수 요소
- 약세장의 본질과 양상

약세장은 투자 사이클의 자연스럽고 심지어 불가피한 부분이다. 하지만 약세장마다 지속 기간과 강도는 크게 차이 나는데, 이는 약세장을 촉발한 계기와 밸류에이션을 포함해 약세장이 시작되기 전의 상황에 따라 달라진다. 최악의 경우, 약세장은 굉장히 잔혹할 수 있고, 발생한 손실을 회복하는 데까지 수 년까지는 아니더라도 몇 개월이 걸릴 수 있다. 이는 약세장을 이끄는 요인을 어느 정도 이해하는 것이 투자자에게 무척 중요하다는 것을 의미하며, 특히 장기간 지속되는 구조적인 성격의 약세장의 경우에는 더욱 그러하다.

 약세장을 피하는 것은 충분히 이해할만한 목표지만, '언제'가 중요하다. 약세장을 예상하고 주식을 너무 일찍 매도하면 투자를 온전히 유지하면서 약세장이 시작되기를 기다리는 것만큼이나 비용이 클 수 있다. 예를 들어 평균적으로 약세장의 첫 세 달 동안 손실은 강세장 마지막 한 달 동안 수익과 비슷한 수준이었다. 바꿔 말하면 주식을 너무 일찍 매도하면 약세장이 시작된 후에 매도하는 것과 별반 다르지 않다.

약세장이 모두 같지는 않다

대부분의 투자자는 강세장과 약세장 둘 다 경기순환의 자연스러운 결과라고 본다. 경제 활동의 결과 성장 사이클이 나타난다. 수년간 강한 성장이 나타난 후에는 생산 능력 제약이 인플레이션 압력으로 이어진다. 통화정책 긴축은 자본비용과 할인율을 높이는 동시에 미래 성장 전망치를 끌어내린다. 주가는 미래 성장 전망치 하락을 반영하여 떨어진다. 금리 상승이 약세장을 촉발하는 경향이 있는 것처럼 이런 과정을 되돌리고 미래 현금흐름의 가치를 끌어올리기 위해서는 보통 금리 인하 사이클이 필요하다. 이와 같이 대부분의 강세장과 약세장은, 적어도 부분적으로는, 화폐적 현상monetary phenomenon이다.

하지만 투자자는 약세장을 지나치게 일반화해서 마치 약세장이 대체로 유사한 현상이 나타난 동질적인 그룹인 것처럼 말하는 경향이 있다. 실제로는 계기, 타이밍, 회복의 양상이 현저하게 다르고, 약세장마다 다양한 형태와 규모로 나타난다. 그렇긴 하지만 투자 사이클과 마찬가지로 약세장에도 반복적으로 나타나는 특성이 몇 가지 있다.

대부분의 약세장은 상대적으로 짧으며, 약 2년 동안 지속된다. 하지만 어떤 약세장은 훨씬 더 오랫동안 지속되기도 하는데, 이 경우 사이클의 정점에서 저점까지 도달하는 데 걸리는 기간이 훨씬 더 길고 하락폭도 더 깊다. 이러한 차이점은 보통 경제 사이클의 특성과 그 사이클과 다른 요인의 상호작용과 관련 있다. 대부분의 약세장이 금리 상승과 경제 침체 시작의 결과임에도 모두 그런 건 아니기 때문이기도 하다. 일부는 예상치 못한 충격과 사건을 계기로 일어나고, 어떤 경우에는 경기 침체로 인해 시작되었지만 자산 가격 폭락이나 커다란 경제적 불균형의 붕괴로 상황이 악화되면서 더 오랫동안 지속된다.

약세장을 정의하는 데 있어 또 다른 난관은 그것이 실제로 언제 끝났는지 실시간으로 가늠하기가 상당히 어려울 수 있다는 점이다. 모든 약세장이 강력하고 지속적인 반등과 함께 분명하게 끝나지는 않는다. 약세장이 막바지에 접어들면서 변동성이 커지고 급격히 회복하는 듯하다가 불과 얼마 뒤에 하락으로 반전되는 것은 드문 일이 아니다.

게다가 이런 현상은 약세장의 마지막 저점에 도달하기 전까지 여러 차례 발생할 수 있다.

역사를 돌이켜보면 변동성이 크고 회복이 더뎠던 깊은 약세장 사례를 여럿 찾을 수 있다. 예를 들어 영국에서는 1825년 증시가 고점에 도달한 후 2년 동안 무려 70% 하락했다. 회복과 또 다른 약세장이 뒤따랐지만 100년 이상 1825년 고점을 넘지 못했다. 이 사례는 그저 하나의 긴 약세장일 뿐이었을까, 아니면 장기간에 걸친 구조적인 하락 과정에서 일련의 강세장과 약세장이 나타났던 것일까?

이와 유사하게 S&P 지수는 1929년 9월부터 1932년 6월까지 86%

하락한 후 1933년 7월까지 135% 급등했다. 하지만 1954년이 되어서야 지수가 1929년 9월 수준을 넘어섰다. 총수익률 기준으로도 1945년까지 1929년 이전 수준으로 회복하지 못했다.

일본의 1990년대 약세장은 마지막 저점인 1992년 7월 이후에도 높은 변동성이 지속된 또 다른 사례다. 당초에는 마침내 경기 회복의 징후가 나타나면서 니케이 지수가 40% 가까이 급반등했지만, 이것이 순조롭고 지속적인 회복의 시작은 아니었다. 그때 이후 5번 40% 이상 급격한 상승이 나타났지만 시장은 1989년 고점의 약 절반 수준에서 계속 약세로 돌아섰다. 따라서 이 경우에도 1989년 시작된 약세장이 아직도 진행 중이라고 주장할 수 있다.

다른 약세장은 높은 인플레이션(혹은 디플레이션) 때문에 명목 수익률과 인플레이션을 조정한 실질 수익률이 현저하게 다르기 때문에 날짜를 정확히 짚기 어렵다. 1973~1974년 약세장이 좋은 예이다. 급격한 하락 후 강한 첫 반등은 고점 부근에서 매수한 투자자에게는 그다지 위안이 되지 않는다.

도표 6.1은 지난 50년간 미국에서 약세장을 유발한 주요 트리거를 정리한 것이다. 이 기간 동안 일어난 9번의 약세장 중 6번에서 이후에 경기 침체가 나타났다. 나머지는 정치적 사건이나 다른 계기로 일어났다. 이들 중 2번, 1973~1974년 약세장과 2007~2009년 약세장은 특히 오래 지속되었고 단단히 고착화되어서 탈출하기 어려웠다.

두 번 다 경기 침체와 관련이 있었지만, 두 경우 모두 주가가 평균 이상 하락했고 하락세도 더 오래 지속되었다. 이들 약세장은, 1970년

도표 6.1 약세장은 매번 다른 계기로 촉발되었다

약세장	요인	경기침체?	
1961–1962	케네디 슬라이드Kennedy Slide: 냉전 긴장감 고조에 따른 금리 상승.	X	–
1966	존슨 대통령의 위대한 사회 프로그램 이후 나타난 인플레이션. 연준이 1년 만에 금리를 약 1.5% 인상.	X	–
1968–1970	베트남 전쟁과 인플레이션. 연준이 1968년 초부터 1968년 중반까지 2년 만에 금리를 4%대에서 9%대로 약 3% 인상.	O	1969년 12월 – 1970년 11월
1973–1974	이전 2년에 걸친 브레튼우즈 체제 붕괴, '닉슨 쇼크Nixon Shock', 스미소니언 협정 체결에 따른 달러 위기, 1차 석유파동: 유가가 배럴당 3달러에서 약 12달러로 상승.	O	1973년 11월 – 1975년 3월
1980–1982	"볼커 크래시Volcker crash": 1979년 2차 석유파동 이후 나타난 강한 인플레이션. 연준이 6개월 동안 9%대에서 19%대까지 금리 인상.	O	1980년 1월 – 1980년 7월 1981년 7월 – 1982년 11월
1987	블랙먼데이, 전산화된 "프로그램 매매" 전략이 시장을 휩쓸었음. 환율을 둘러싼 미국과 독일 간 긴장 고조.	X	–
1990	걸프 전쟁, 이라크의 쿠웨이트 침공, 유가 급등 (두배로 상승).	O	1990년 7월 – 1991년 3월
2000–2002	닷컴 버블, IT기업 부도, 엔론 스캔들, 9/11 테러.	O	2001년 3월 – 2001년 11월
2007–2009	부동산 버블, 서브프라임 대출 및 CDS 붕괴, 미국 주택시장 붕괴.	O	2007년 12월 – 2009년 6월

출처: Goldman Sachs Global Investment Research.

대는 인플레이션, 2007년은 미국 주택시장 붕괴 이후 가계의 디레버리징과 주로 관련된 커다란 불균형이 역전되면서 증폭되었다. 분석 기간을 늘려보면, 20% 이상 하락이라는 일반적인 정의 기준으로, S&P500 지수는 1835년 이래 27번, 제2차 세계대전 이후 10번의 약세장을 겪었다. 이 기간 동안 훨씬 더 많은 조정과 하락장이 있었지만, 낙폭이 20% 아래이거나 매우 단기간에 그쳤기 때문에 제외했다.

대부분의 약세장은 세 가지 트리거 중 한 가지(때로는 그 조합)의 결과로 나타났다.

- 경기 침체 우려를 동반한 금리 또는 인플레이션 전망치 상승.
- 불확실성을 증가시켜 요구 리스크 프리미엄이 상승하면서 주가를 끌어내리는 예상치 못한 외부 충격.
- 주요 자산 버블의 붕괴 또는 디레버리징/은행 위기를 야기하는 구조적 불균형의 붕괴.

도표 6.2에서 이 세 가지 트리거를 출발점으로 삼아 각 약세장을 분류해 보았다. 다소 주관적인 분류지만 그래도 시계열 데이터의 유사성에 근거해서 약세장을 각각의 범주로 묶어 보고자 했다. 해당 분류는 아래와 같다.

- 경기순환적 약세장: 일반적으로 금리 상승, 임박한 경기 침체, 이익 전망치 하락의 결과다. 전형적인 경기 사이클의 결과이자 가장 흔한 유형의 약세장이다.
- 이벤트 드리븐 약세장: 전쟁, 오일쇼크, 이머징 위기, 시장의 기술적 사고 등 일회성 충격에 의해 촉발되는데 반드시 경기 침체로 이어지지는 않는다. 하지만 단기간 불확실성 확대로 이어져 주식

도표 6.2 1800년대 이후 미국 증시 약세장

유형	시작	S&P 500 - 약세장 종료	지속 기간(월)	하락폭(%)	전고점 회복에 소요된 시간 명목 기준(월)	실질 기준(월)	변동성 고점→저점	저점→전고점
S	1835년 5월	1842년 3월	82	-56	259	–	13	17
C	1847년 8월	1848년 11월	15	-23	42	–	8	9
C	1852년 12월	1857년 10월	58	-65	67	–	19	25
C	1858년 3월	1859년 7월	16	-23	11	–	21	15
C	1860년 10월	1861년 7월	9	-32	15	–	31	17
C	1864년 4월	1865년 4월	12	-26	48	–	14	8
S	1873년 2월	1877년 6월	52	-47	32	11	11	11
C	1881년 6월	1885년 1월	43	-36	191	17	9	11
C	1887년 5월	1893년 8월	75	-31	65	49	10	12
C	1902년 9월	1903년 10월	13	-29	17	22	9	10
E	1906년 9월	1907년 11월	14	-38	21	250	15	11
C	1909년 12월	1914년 12월	60	-29	121	159	9	12
C	1916년 11월	1917년 12월	13	-33	85	116	12	12
C	1919년 7월	1921년 8월	25	-32	39	14	15	10
S	1929년 9월	1932년 6월	33	-85	266	284	30	20
S	1937년 3월	1942년 4월	62	-59	49	151	20	10

C	1946년 5월	1948년 3월	21	-28	27	73	14	12
E	1956년 8월	1957년 10월	15	-22	11	13	9	9
E	1961년 12월	1962년 6월	6	-28	14	18	15	9
E	1966년 2월	1966년 10월	8	-22	7	24	10	8
C	1968년 11월	1970년 5월	18	-36	21	270	9	10
S	1973년 1월	1974년 10월	21	-48	69	154	15	11
C	1980년 11월	1982년 8월	20	-27	3	8	12	20
E	1987년 8월	1987년 12월	3.3	-34	20	49	45	13
C	1990년 7월	1990년 10월	3	-20	4	6	17	14
S	2000년 3월	2002년 10월	30	-49	56	148	19	11
S	2007년 10월	2009년 3월	17	-57	49	55	32	16
	평균		28	-38	60	90	16	13
	중앙값		18	-32	39	49	14	11
	평균 구조적		42	-57	111	134	20	14
	평균 경기순환적		27	-31	50	73	14	13
	평균 이벤트드리븐		9	-29	15	71	19	10

참고: S: 구조적 약세장; E: 이벤트 드리븐 약세장; C: 경기순환적 약세장
출처: Goldman Sachs Global Investment Research.

리스크 프리미엄(요구 수익률)을 밀어올린다.
- 구조적 약세장: 일반적으로 구조적 불균형 및 금융시장 버블 붕괴에 의해 촉발된다. 종종 디플레이션 같은 가격 충격이 뒤따른다. 가장 깊고 오래 지속되는 유형의 약세장이다.

경기순환적 약세장

경기순환적 약세장은 통화정책 긴축으로 촉발되는 일반적인 경기 침체와 관련 있다. 또한 적어도 부분적으로는 금리 하락의 결과로 끝나는 약세장이기도 하다. 과거의 약세장을 경기순환적이라고 규정하기는 쉽지만, 그 당시에 그렇게 하기는 어렵다. 많은 구조적 약세장 또한 금리 상승 및 경기 둔화와 관련 있다는 점을 감안할 때, 어느 약세장이나 구조적인 요인이 작용할 리스크가 있다. 하지만 여기서 중요한 차이점 하나는 일반적인 경기순환적 약세장에서는 주식(및 채권) 가격이 금리와 경기 선행 지표 하락에 반응한다는 점이다. 금리 하락이 종국에는 구조적 약세장에서 벗어나는 데 도움이 되겠지만, 일반적으로 더 공격적인 정책 전환이 필요하고 시간이 훨씬 오래 걸린다. 종합해 보면 경기순환적 약세장은 첫번째 금리 인하 후 3~6개월 후에 주가가 저점에 도달하는 통화적 현상으로 대략 정의할 수 있다.

대부분의 약세장이 경기 침체가 끝나기 전에 회복되는 이유 중 하나는 금융 시장이 금리 하락의 결과로 경기가 회복될 거라고 전망하기 때문이다. 과거 모든 경기순환적 약세장에서 이러한 현상이 나타낮다는 것을 보여주기에는 금리 데이터가 불충분하지만, 대부분의 경우 일정 기간 금리가 하락한 이후에 증시가 회복되기 시작했다. 초기 금리 하락이 조만간 나타날 경기 회복에 대한 기대를 불러일으키기에 충분하지 않을 수 있기 때문에 때로는 시간이 걸릴 수 있지만, 통화정책 완화는 일반적으로 다시 성장에 시동을 걸고 주가를 밀어올리는 과정에서 중요한 부분이다.

경기순환적 약세장에는 공통적으로 나타난 특징들이 있었다. 과거 사례를 종합해 보면 평균적으로 약 30% 하락이 나타났고 약 27개월 동안 지속되었다. 시장이 이전 고점을 회복하는 데는 명목 기준으로 4년, 실질 기준으로 6년이 넘게 걸렸다(실질 기준 회복 기간은 매우 편차가 컸다). 약세장 기간 동안 변동성은 상대적으로 낮았다(도표 6.2 참조). 경기순환적 약세장에서 고점부터 저점까지 기간 동안 월간 수익률의 변동성은 평균 14%였다. 구조적인 약세장에서는 20%로 훨씬 더 높았다.

경기순환적 약세장 전후에는 다음과 같은 특징이 나타난다.

이전:
- 강한 경제 성장
- 금리 상승

이후:
- 신속한 대응에 따른 금리 인하

- 빠르게 회복되는 이익
- 금리 하락에 반응하는 주식시장

기업 마진 측면에서 보면, 대부분의 경기순환적 약세장에서 수익성 하락이 상대적으로 단기간에 그쳤다. 이익은 약세장이 끝나고 평균 약 10개월 후에 회복되기 시작했다.

이는 부분적으로 기업이 금리 하락에 따른 이자비용 감소 효과를 누리기 시작한 덕분이기도 하지만, 판매량이 회복되면서 영업레버리지가 작동하기 시작한 결과이기도 하다. 경기순환적 약세장은 국가 간 경기 동조화를 고려할 때, 본질은 글로벌한 현상이다(반드시 그런 건 아니지만). 국가 간의 경기와 금리가 항상 동조화되는 것은 아니다. 그래서 증시가 디커플링되어 어떤 나라에서는 약세장이 다른 나라에서는 강세장이 나타나는 경우도 있다. 그 예로 1991년 미국과 유럽 증시의 디커플링을 들 수 있다.

이벤트 드리븐 약세장

대체로 이벤트에 의해 일어났다고 설명할 수 있는 약세장 사례가 여러 차례 있었다. 이런 이벤트 드리븐 약세장은 경기순환적 약세장과 달리 경기 사이클의 진행, 금리 상승이나 미래 성장에 대한 우려로 인해 나타나지 않는다.

대신 일반적으로 정치 이슈나 예상치 못한 충격(예를 들어 유가의 급격한 상승) 같은 예기치 않은 외생적 사건의 결과로 나타난다. 이런 이벤트는 당초 주가가 전반적으로 비싸다고 여겨지지 않았을 때에도 주가를 하락시킬 만큼 요구 리스크 프리미엄을 크게 상승시킨다. 대개 이런 이벤트로 인한 시장 하락은 단기간에 그치고 경제나 기업 상황의 근본적인 변화와 관련이 없다.

이는 이상적인 정의는 아니다. 때때로 예상치 못한 사건(예를 들어 정치적인 충격)으로 시작된 약세장이 적어도 부분적으로는 더 끔찍한 약세장을 촉발하는 원인이 되기도 하기 때문이다. 1973년 오일쇼크가 그 예다. 전적으로 오일쇼크 자체의 결과는 아니었지만, 뒤이은 인플레이션과 금리의 급격한 상승은 이후 여러 해 동안 주식시장의 실질 수익률이 붕괴하는 데 적지 않은 영향을 미쳤다.

이렇게 충격이 종종 불확실성 증가, 투자 감소, 경기 침체까지 연쇄적인 파장을 일으킬 수 있기 때문에 이벤트에 의한 위기가 어디까지인지 인식하는 것은 쉽지만은 않다.

종종 그런 이벤트는, 특히 정신적 외상이 남을 만한 사건인 경우, 회복을 촉진하거나 다른 문제를 일으킬 수도 있는 강력한 정책 대응으로 이어질 수 있다. 예를 들어, 1997~1998년의 아시아 위기와 러시아 모라토리엄 선언은 선진국 내수가 강했던 시기에 글로벌 통화정책 완화로 이어졌다. 자본 비용은 더 떨어졌다. 수입 원가가 급격히 하락했고, 이미 좋았던 마진을 더 끌어올렸다. 초저금리와 기업 이익 호조가 맞물리고 이런 현상이 장기적으로 지속될 수 있다는 기대감이 높아지면서 밸류에이션이 확대됐다. 그리하여 IT버블과 2000년 피할 수 없는 붕괴의 무대가 마련되었다.

이벤트 드리븐 약세장에 대한 정의에 문제가 있긴 하지만, 과거를 살펴보면 어떤 이벤트로 인해 요구 리스크 프리미엄이 일회성으로 상승하면서 증시에 급락이 나타난 사례를 분명히 찾을 수 있다. 이런 이벤트는 많은 경우에 경기 사이클이나 기저의 경제와 이익의 성장 추세를 변화시키지 않기 때문에, 대개 상대적으로 단기간 동안에만 영향을 미친다.

과거 사례를 살펴보면 경기순환적 약세장과 관련하여 몇 가지 중요한 차이점이 있었다. 이벤트 드리븐 약세장의 평균 하락폭은 29%로 경기순환적 약세장의 평균 하락폭 31%와 유사한 수준이다. 하지만 경기순환적 약세장이 평균 2년간 지속되고 회복되는 데 4년이 걸리는데 반해, 이벤트 드리븐 약세장은 평균적으로 고작 9개월간 지속되었고 불과 1년 남짓만에 이전 고점을 회복했다.

이벤트 드리븐 약세장은 일반적으로 상당히 낮은 인플레이션과 함께 나타났다. 디플레이션이 나타난 경우도 있었지만 대단치 않은 수준이었다. 어느 정도는 이렇게 안정적인 통화정책 환경이 이벤트 드리븐 약세장이 장기간에 걸친 구조적 약세장으로 발전하는 것을 방지했다고 할 수 있다.

구조적 약세장

대부분의 구조적 약세장은 금리 상승이나 신용 긴축의 결과로 터지고야 마는 금융시장 버블과 극심한 시장 고평가 뒤에 나타난다. 그리고 종종 가계(또는 기업)을 충격에 취약하게 만드는 민간부문 부채의 현저한 증가 같은 커다란 경제적 불균형을 동반한다. 회복은 단순히 통화정책 완화보다 불균형의 해소에 좌우된다. 구조적 약세장은 경기순환적 약세장보다 훨씬 깊고 가파르며, 회복하는 데 일반적으로 10년 정도 걸린다. 높은 변동성이 회복 기간의 두드러진 특징이다.

구조적 약세장은 경기순환적 약세장 혹은 이벤트 드리븐 약세장보다 훨씬 더 심각한 경향이 있다. 평균적으로 하락폭이 50%를 넘었고 4년 동안 지속됐다. 가장 우려스러운 부분은 명목 및 실질 수익률 기준으로 손실을 회복하는 데 약 8년에서 10년이 걸렸다는 점이다. 회복 국면에서 주가상승률은 구조적 약세장과 경기순환적 약세장이 크게 다르지 않았다. 하지만 회복되는 데 시간이 더 오래 걸리고 변동성이 더 컸다.

구조적 약세장은 일반적으로 잘못된 자원 배분의 결과다. 근본적으로는 새로운 기술 사이클과 자본 비용의 하락이 맞물리면서 나타나는 경우가 많다.

또한 대개 경제를 외부 충격에 취약하게 만드는 저축과 투자의 불균형을 동반한다. 예를 들어 구조적 약세장은 종종 높은 수준의 기업이나 가계 부채와 함께 대규모 경상수지 혹은 재정수지 적자가 발생할 때 나타난다.

2008년 금융 위기 전에도 그랬다. 도표 6.3에서 볼 수 있듯이 미국(그리고 사실 다른 지역에서도) 민간부문 부채는 금융 위기 이전 10여

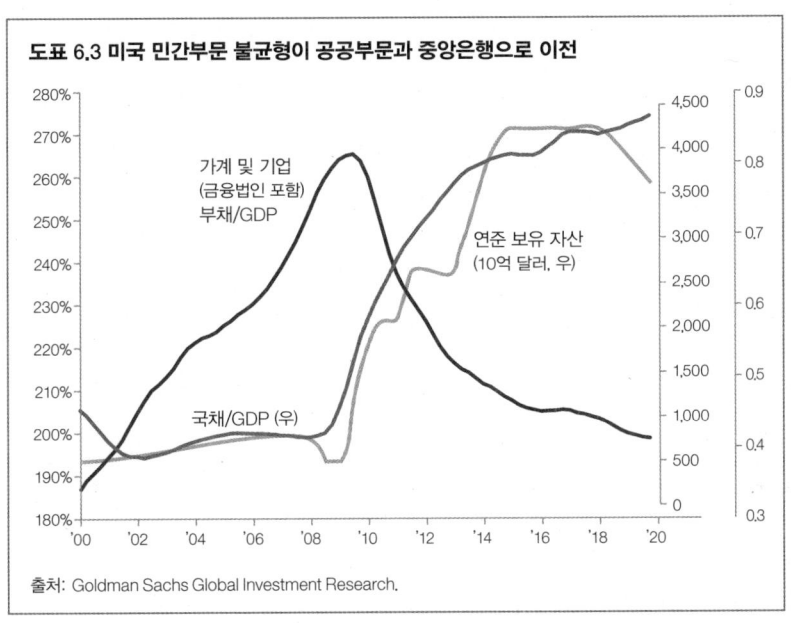

년 동안 급격히 증가했다. 당시 GDP 대비 공공부문 부채 수준은 안정적이었고, 중앙은행의 대차대조표도 그랬다. 하지만 지난 10년간 이 흐름은 완전히 반대로 뒤집어졌다. 부채가 없어지지는 않았지만 주로 민간부문에서 외부 충격에 덜 취약한 공공부문으로 옮겨졌다. 9장에서 정책 및 그 밖의 요인들이 이번 사이클을 과거 사이클과 어떻게 다르게 만들었으며 위험자산의 더 빠른 회복으로 이어졌는지 보다 상세히 다루었다.

일반적으로 경제적 불균형이 해소되는 데는 시간이 오래 걸린다. 현금흐름이 대차대조표 개선에 사용되면서 저축률이 올라야 한다. 이는 구조적 약세장이 경기순환적 약세장보다 오래 지속되는 또 다른 이유다. 대개 이 프로세스의 속도를 높이는 유일한 방법은 어떤 급격한 경제 조정을 통해서 그렇지 않은 경우보다 훨씬 빠르게 불균형을 해소하는 것뿐이다. 예를 들어 영국은 1990년대 초 구조적 약세장의 조건이 많이 갖춰져 있었다. 경제 불균형이 심각했고, 깊은 경기 침체에 빠져 있었으며, 부동산과 주식이 급격한 하락을 겪었다. 조정 과정은 영국이 유럽환율조정매커니즘ERM에서 전격 탈퇴하고 환율이 폭락하면서 더 가속되었다.[1] 이는 영국 같이 상대적으로 작은 개방 경제 국가(스웨덴도 비슷한 경험을 했다)에서는 가능한 옵션이지만, 환율 평가절하의 이점이 불분명한 미국처럼 크고 상대적으로 폐쇄 경제에 가까운 나라에서는 선택하기가 더 어렵다.

종합하면 구조적 약세장은 다음과 같은 특징을 보인다.

- 강도와 지속 기간 측면에서 더 가혹하다.
- 회복이 훨씬 오래 걸린다.
- 경기 순환보다 현재의 구조적 경제 문제와 관련 있다.

구조적 약세장의 혹독함을 고려할 때, 그것이 시작되기 전에 나타나는 공통적인 특징이 무엇인지 알 필요가 있다.

구조적 약세장에서는 금리 인하 효과가 떨어진다

경기순환적 약세장 사례와 달리, 구조적 약세장에서 주가 하락의 계기는 일반적으로 금리 상승이 아니다. 과거 많은 구조적 약세장은 엄청나게 낮은 금리와 인플레이션 이후에 나타났다. 이는 당초 투자 열풍과 주가 강세에 기여한 요소들이기도 하다. 2000년 증시가 정점에 이르기까지의 기간과 2008년 이전에도 그랬다.

일반적으로 금리 상승이 구조적 약세장의 원인이 아니기 때문에, 금리 인하가 치료법이 아니다. 구조적 약세장이 싹을 틔우는 동안에는 금리가 상당히 낮은 경향이 있기 때문에, 금리가 더 낮은 수준으로 떨어짐에도 불구하고 회복은 금리보다 자금의 조달 가능 여부와 자금 수요에 좌우된다.

따라서 구조적 약세장은 대개 투자를 촉진할 만큼 자본수익률이 충분히 상승하고 나서야 끝난다. 물론 사례마다 차이는 있다. 1970년대 초에는 인플레이션의 급격한 상승이 자본의 미래기대수익률을 잠식했다. 내가 확인한 다른 많은 구조적 약세장의 경우, 우선 초과 생산 능력이 해소될 필요가 있었다. 이는 금리가 떨어지는 것보다 오래 걸릴 수 있는데, 경기순환적 약세장이 구조적 약세장보다 빨리 회복되는 한 가지 이유다.

도표 6.4는 구조적 약세장 전후 미국의 금리 인하를 정리했다. 평균적으로 금리는 경기순환적 위기보다 구조적인 위기에서 더 급격히 하락했다.

경기순환적 약세장에서는 금리가 평균 3분의 1 정도 하락했지만, 구조적 약세장에서는 평균 70% 정도 하락했다. 또한 구조적 약세장에서는 금리가 더 오랫동안 지속 하락하는 경향이 있었다. 많은 사례에서 증시가 바닥을 친 후에도 2년가량 금리가 추가 하락했다.

도표 6.4 금리 인하에 대한 시장 반응(미국 구조적 약세장)

시점		금리 인하 기간		첫 번째 금리 인하 후 기간별 증시 수익률			당초 금리 레벨 대비 인하 폭 (%)
고점	저점	시작	종료	3개월	6개월	1년	
1835년 5월	1842년 3월	–	–	–	–	–	–
1873년 2월	1877년 6월	–	–	–	–	–	–
1929년 9월	1932년 6월	1929년 11월	1931년 5월	–8%	–7%	–19%	–67%
1937년 3월	1942년 4월	1933년 4월	1942년 10월	124%	34%	58%	–83%
1973년 1월	1974년 10월	1974년 12월	1976년 11월	–14%	3%	32%	–32%
2000년 3월	2002년 10월	2001년 1월	2003년 6월	–19%	–18%	–15%	–82%
2007년 10월	2009년 3월	2007년 9월	2008년 12월	4%	–6%	–19%	–97%
평균				18%	1%	8%	–72%
중앙값				–8%	–6%	–15%	–82%
표준편차				60%	20%	36%	25%

출처: Goldman Sachs Global Investment Research.

　금융시장의 회복과 그에 따른 경제 성장을 이끌어내기 위한 통화 당국의 노력에도 불구하고, 주가는 첫 번째 금리 인하로부터 1년이 지난 후에도 여전히 마이너스인 경우가 많았다. 이는 경제순환적 약세장과 구조적 약세장의 중요한 차이다.

　금융 위기 이후 가장 최근의 사이클은 통화정책 완화 정도에서 특히 이례적이었다. 위기 이후 경제 활동과 자산 가격 붕괴에 따른 디플레이션을 피하기 위해 정책 금리를 제로로 인하하고 양적완화를 도입한 것이 이번 위기의 두드러진 특징이었다(이는 9장에서 좀 더 상세히 다루었다).

물가 충격

구조적 약세장에서 공통적으로 나타나는 또 다른 주요 특징은 인플레이션이든 디플레이션이든 물가 충격이 나타난다는 점이다. 물론 디플레이션인 경우가 많은데, 특히 기업 부문의 디플레이션은 일반적으로 자본 비용의 하락과 과잉 투자의 부산물이다. 또한 물가 충격은 회복 과정을 지연시키고 기대자본수익률이 경기 회복으로 이어질 만큼 충분히 상승하는 데 걸리는 시간을 늘리는 또 다른 요인이다.

새 시대/새로운 밸류에이션에 대한 믿음

많은 구조적 약세장은 그 전에 금융 버블과 '새 시대new era'에 대한 믿음이 나타난다. 앨런 그린스펀이 1997년 2월 26일 미 의회 증언에서 말했듯이, "유감스럽게도 역사는 결국에는 신기루로 판명된 그런 '새 시대'의 비전으로 가득 차 있다." 이런 군중심리의 강화와 이것이 어떻게 금융 버블 및 '광기'와 관련되어 있는지 8장에서 더 자세히 설명했다.

높은 수준의 부채

투자 열풍은 대개 대규모 부채의 원인이다. 하지만 기업 부채를 비롯해 가계 및 정부 부채의 증가는 종종 구조적 약세장과 관련이 있다. 과거 40년간 34개국의 경험을 체계적으로 분석한 국제결제은행Bank for International Settlement, BIS의 연구에 따르면 부채의 가파른 증가는 금융 위기의 가장 좋은 선행 지표다.[2]

증시 주도주가 줄어든다

1960년대 후반의 '니프티피프티Nifty Fifty' 열풍은 구조적 약세장의 또 다른 특징을 보여준다. 당시에 상위 50개 정도의 기업 주가는 치고 나갔지만 나머지 종목은 이익을 내지 못했다. 하지만 1970년대 초반 약세장이 닥쳤을 때 이 종목들은 시장 전체보다 더 심하게 무너져 내렸다. 니프티피프티 종목들은 1970년대 나머지 기간 내내 시장을 하회했다.

같은 현상이 1980년대 후반 일본에서도 일어났다. 당시에는 은행과 부동산이 시장을 지배했다. 이는 또한 1990년대 후반의 특징이었다. 예를 들어 S&P 지수는 1994년부터 1999년까지 연평균 25%의 상승률을 나타냈지만, 1999년에는 구성 종목의 절반 이상이 하락했다. 1994년부터 1996년까지는 구성종목의 3분의 2가 약 10% 상승했는데, 이는 제2차 세계대전 이후 연평균 상승률에 부합하는 수준이다. 하지만 1997년에는 흐름이 바뀌기 시작했다. 1999년까지 시가총액이 가장 많이 증가한 5개 기업이 전체 시장 시가총액 증가분의 약 42%를 차지했다. 상위 100대 기업은 증가분의 139%를 차지했는데, 1967년 이후 평균은 87%였다.

같은 현상이 유럽에서도 나타났다. 1999년 말까지 시가총액 상위 20개 기업이 전체 시장의 약 30%를 차지했다.

높은 변동성

버블 기간과 그 이후의 붕괴가 적은 수의 종목에 집중되는 경향이 있긴 하지만, 구조적 약세장 기간에는 전반적인 시장 변동성이 상당히 높은 편이다. 구조적인 약세장의 주된 특징 중 하나는 주가 하락기와 회복기에 변동성이 크다는 점이다. 실제 주가 상승률은 경기순환적 약세장의 회복기와 크게 다르지 않지만, 주가 등락과 가짜 반등이 더 많이 나타나는 경향이 있다.

약세장과 기업 이익의 관계

도표 6.5는 1960년대 이후 나타난 약세장과 해당 약세장 기간 혹은 그즈음에 주당순이익EPS의 변화를 정리한 것이다. 사실 1960년 이후 약세장 기간 동안 주당순이익은 평균 5% 정도 증가했다. 하지만 이는 두 가지 요인에 의해 왜곡되었다.

- 일반적으로 이벤트 드리븐 약세장에서는 EPS가 감소하지 않는다(감소하더라도 굉장히 적은 수준에 그친다). 이벤트 드리븐 약세장은 리스크 회피와 이에 따른 밸류에이션의 하락이 핵심이다. 이벤트 드리븐 약세장은 경기순환적 요인의 영향으로 일어나지 않는다.
- 실제로 EPS가 감소하는 기간은 주가가 하락하는 약세장 기간과 정확히 일치하지 않으며, 주식 투자자가 이런 사이클을 예측하기 위해 노력한다는 점을 고려할 때 일치하기를 기대하기도 어렵다. 또한 시장이 저점에 도달한 이후에도 시장이 예상하는 이익 감소는 지속되는 경우가 많다.

도표 6.5 약세장의 EPS

약세장 유형	EPS 감소 기간					EPS 감소				약세장 시작과 시차(월)
	시작	종료	기간(월)	수익률	EPS 증감률(%)	시작	종료	EPS 감소	기간(월)	
E	1961년 12월	1962년 6월	6	-28%	9%	–	–	–	–	–
E	1966년 2월	1966년 10월	8	-22%	5%	1966년 12월	1967년 9월	-4%	9	10
C	1968년 11월	1970년 5월	18	-36%	-2%	1969년 9월	1970년 12월	-11%	15	9
S	1973년 1월	1974년 10월	21	-48%	51%	1974년 9월	1975년 12월	-11%	15	21
C	1980년 11월	1982년 8월	20	-27%	-4%	1981년 9월	1983년 3월	-14%	18	10
E	1987년 8월	1987년 12월	3	-34%	6%	1987년 3월	1987년 9월	-8%	6	-5
C	1990년 7월	1990년 10월	3	-20%	5%	1989년 6월	1992년 3월	-26%	33	-13
S	2000년 3월	2002년 10월	30	-49%	-3%	2001년 1월	2001년 12월	-15%	11	10
S	2007년 10월	2009년 3월	17	-57%	-23%	2007년 9월	2010년 1월	-34%	28	0
중앙값			17	-34%	5%			-13%	15	10
평균			14	-36%	5%			-15%	17	5
평균 (이벤트 드리븐 약세장 제외)			18	-40%	4%			-19%	20	6
평균 (이벤트 드리븐 약세장)			6	-28%	7%			-6%	8	2

참고: S: 구조적 약세장, E: 이벤트 드리븐 약세장, C: 경기순환적 약세장
출처: Goldman Sachs Global Investment Research.

이벤트 드리븐 약세장을 제외하고 EPS 감소 기간이 약세장 기간과 일치하지 않는다는 점을 고려해 EPS 감소폭을 다시 계산하면 EPS가 평균 19% 감소했다. 1960년대 이후 이벤트 드리븐 약세장을 제외한 약세장의 평균 주가 하락률인 40%와 유사한 수치다.

이는 이벤트 드리븐 약세장을 제외한 주식 약세장이 대체로 이익 혹은 주당순이익 감소 때문에 나타난다는 것을 시사한다. 일반적으로 약세장에서 밸류에이션도 하락하긴 하지만 말이다. 이러한 현상은 투자자가 마진 감소를 전망하면 실제로 수익성이 떨어지기 전에 밸류에이션 하락이 시작되기 때문에 나타난다. 강세장은 정확히 그 반대다. 희망 국면은 강한 밸류에이션 확장을 특징으로 하는데, 실제 이익은 부진한 시기에 향후 이익 성장을 예상하고 주가가 오르기 시작할 때 나타난다.

평균적으로(이벤트로 인한 하락을 제외하면) EPS 감소는 약세장이 시작된 지 5개월 뒤부터 나타난다. 바꿔 말하면 주가는 EPS가 하락하기 5개월 전에 떨어지기 시작한다. 하지만 범위가 넓다. 사이클 후반에 기업 이익이 정점을 지났을지도 모르는데 시장이 상승세를 나타내는 경향은 낙관 국면을 반영한다. 이 국면에서는 이익이 이미 정점을 지났다는 증거가 있어도 시장이 계속 상승한다.

약세장 특징 요약

위와 같이 약세장을 구분지으면서 다음과 같은 사실을 발견했다.

- 경기순환적 약세장과 이벤트 드리븐 약세장에서는 일반적으로 약 30%의 주가 하락이 나타난 반면, 구조적 약세장에서는 훨씬 더 큰 약 50%의 하락이 나타났다.
- 이벤트 드리븐 약세장이 가장 짧은 편으로 평균 7개월 동안 지속되었다. 경기순환적 약세장은 평균 27개월, 구조적 약세장은 평균 4년 동안 지속되었다.
- 이벤트 드리븐 약세장과 경기순환적 약세장은 전 고점을 회복하는데 통상 1년 정도 걸렸는데, 구조적 약세장은 평균 10년이 걸렸다.

참고로 이는 명목 기준이다. 1970년대 약세장은 인플레이션이 극히 높았기 때문에 실질 기준으로는 두드러지게 심각했다는 점을 기억할 필요가 있다(도표 6.6).

금융 위기는 구조적 약세장과 어떻게 다른가

2007년 금융 위기와 약세장은 전형적인 구조적 약세장이라고 할 수도 있지만, 아마도 정책 담당자들이 과거의 실수를 되풀이하지 않으려고 했기 때문에, 정책 대응은 이전과 아주 달랐다. 이전 사이클들의 중요한 특징 하나인 불균형의 증가를 비롯해 여러 가지 측면에서 구조적 약세장의 특징이 나타났다. 하지만 주식시장의 투기적 거품이나 '새 시대'의 믿음 같은 현상은 다른 약세장이 형성되는 과정에 비

도표 6.6 **약세장의 특징**

약세장 이전	경기순환적	이벤트 드리븐	구조적
금리 상승	✓	경우에 따라	✓
외부 충격	경우에 따라	✗	경우에 따라
주가의 투기적 상승	✗	✗	✓
경제 불균형	✗	✗	✓
생산성 증가	경우에 따라	–	✓
경제의 이례적 호황	✗	✗	✓
새로운 시대가 온다는 믿음	✗	✗	✓
고점 이후	**경기순환적**	**이벤트 드리븐**	**구조적**
경기 침체/하강	통상	경우에 따라	통상
이익 급감	✓	경우에 따라	✓
금리 하락 및 주가 상승	✓	통상	✗
물가 충격	✗	✗	✓

출처: Goldman Sachs Global Investment Research.

해 덜했다. 적어도 주식시장에서는 말이다.

이 사이클의 버블은 주가보다 미국과 남부 유럽 일부 지역의 부동산시장에서 더욱 뚜렷하게 나타났다.

2007~2009년 약세장을 다른 구조적 약세장과 정말로 차별화하는 것은 정책 대응이다. 급격한 금리 인하와 QE 도입으로 주식을 비롯한 금융자산 가격이 과거 사례에서 보았던 것보다 훨씬 가파르게 반등했다. 무위험이자율이 낮아지면서 채권 같은 명목자산에서 더 높은 수익률을 찾는 현상이 나타나는 한편, 미래 소득 흐름의 현재가치가 상승했다. 매우 낮은 인플레이션에 힘입어 나타난 이 이례적인 상

황은 이후 사이클이 장기간 지속되고 밸류에이션이 올라갈 수 있는 배경이 되었다. 9장에서 이 사이클을 좀 더 상세히 살펴보았다.

약세장 위험을 알리는 지표 찾기

약세장의 유형이 무엇이든, 그것이 투자 수익에 부정적인 영향을 끼친다는 것은 분명하다. 여기서 당연한 질문이 떠오른다. 그렇다면 약세장이 임박했을 때 이를 경고하는 일련의 조건을 식별할 수 있을까? 여기에는 세 가지 문제가 있다.

- 약세장마다 차이가 있다. 약세장이 시작될 때 상황과 낙폭은 비슷하지만, 약세장의 트리거는 완전히 동떨어진 것일 때가 많다.
- 거짓음성false negative이 많다. 몇몇 지표가 과거 한두 번 약세장을 선행했다고 해서 다음에도 그럴 거라 말할 수 없다. 그런 지표가 특정 방향으로 움직였지만 경기 침체가 뒤따라 나타나지 않는 경우도 많다. 따라서 그 지표의 신뢰도는 낮은 편이며, 시그널이 나타난 경우에도 거짓음성인 경우가 많다. 이런 시그널들은 대체로 약세장이 나타날 충분조건이 아니라 필요조건이다. 다시 말해 한 사이클에서 약세장 리스크를 잘 잡아냈던 지표가 다른 사이클에서는 그렇지 않을 수 있고, 어떤 지표는 약세장 전에 특정 방향으로 움직이긴 하지만 그렇게 움직였다고 해서 반드시 약세장이 뒤따라 나타나는 것은 아니다.

- 무엇보다 중요한 것은 주가 자체가 미래를 예측하고 움직이기 때문에 주가보다 선행해서 움직이는 지표를 찾기 어렵다는 점이다.

약세장마다 다르다는 문제는 높은 밸류에이션과 경기 침체 우려 등 몇몇 조건이 같더라도 약세장마다 그것을 촉발한 주요 동인이 다르다는 사실 때문에 더욱 복잡해진다.

즉, 많은 요인이 약세장의 시점과 형태에 영향을 미칠 수 있다. 어떤 요인이 약세장을 예측하는 데 도움이 되는지 테스트하기 위해 우리 팀은 40개가 넘는 변수가 장기간에 걸쳐 어떻게 움직였는지 분석했다. 변수들은 매크로, 시장, 기술적 분석의 세 가지 범주에 걸쳐 선택했으며, 룰베이스 시스템을 적용해서 각 지표가 약세장이 나타나기 전에 주관적이긴 하지만 사전에 결정된 임계치를 충족했는지 여부를 평가했다. 예를 들어 임계치를 충족하기 위해서는 실러 P/E가 높은 수준(70 백분위수)에서 상승하거나 90 백분위수보다 높은 수준에서 시작해야 한다(이는 밸류에이션이 높고 상승하고 있거나 굉장히 높아야 한다는 생각을 충족하는 것을 목표로 한다).

어쩌면 당연하게도(투자자라면 너무 쉽게 짐작할 만한 내용일지도 모르겠지만), 대부분의 변수는 신뢰도가 낮아서 무시해도 무방하다. 이 변수들은 약세장 이전에 일관된 패턴을 나타내지 않았거나, 주식시장을 후행해서 움직였거나, 변동성이 너무 커서 사용할 수 없었다. 그 결과 가능성 있는 지표 리스트가 불과 몇 개의 통계적으로 신뢰할 수 있는 지표로 압축되었다. 그렇게 한 후에도 모든 지표가 기대한 대로 움직여서 시그널을 보낸 약세장은 단 한 번도 없었다. 마찬가지로 어떤 지표도 각 약세장마다 같은 방식으로 움직여서 100%의 적중률을 나타내지 않았다. 가장 일관되게 움직인 유용한 지표는 실업률과 밸류에이션이었다. 우리가 검토한 대부분의 '기술' 지표(예를 들어 포지션이나 센티멘트 설문조사)는 특히나 형편없었다. 시장에 후행하는 경향이 있었기 때문이다.[3]

약세장에 선행하는 특정 조건들

약세장의 가장 일반적인 특징은 밸류에이션이 높은 상황에서 성장 모멘텀의 둔화와 정책 긴축이 동시에 나타난다는 점이다.

시장이 고점을 치기 전에 일관되게 방향을 전환하는 변수는 찾기 어려웠지만, 약세장에 진입하는 과정에서 다른 변수들과 함께 특정 방향으로 움직이는 경향이 있는 변수는 몇 개 있다. 이들 중 일부는 사전에 '위험risky' 수준을 꽤 잘 나타내지만, 정말 유용한 건 이 변수들의 조합이다. 최소한 조합으로는 시장 고점 이후 약세장에서 반등이 나왔을 때 단기 조정인지 아니면 더 큰 하락의 시작인지 중요한 실마리를 제공할 수 있다.

- **실업률**: 실업률 상승은 특히 미국에서 경기 침체의 좋은 지표다. 실업률은 전후 미국의 모든 경기 침체 이전에 상승했다. 문제는 실업률 상승(그리고 물론 경기 침체도)이 주식시장을 후행한다는 점이다. 하지만 엄청나게 낮은 실업률은 대부분의 약세장 전에 일

관되게 나타나는 특징이다. 주식 밸류에이션이 특히 높을 때 실업률이 저점을 친 기간을 뽑으면, 주식시장의 잠재적 리스크를 판별할 상당히 유용한 신호를 얻을 수 있다. 사이클 저점 수준의 낮은 실업률과 높은 밸류에이션의 조합이 나타난 후에는 마이너스 수익률이 나타나는 경향이 있다.

- **인플레이션**: 인플레이션 상승은 과거 경기 침체와 약세장의 중요한 요인이었는데, 인플레이션 상승이 통화정책을 긴축으로 이어지는 경향이 있기 때문이다. 인플레이션은 일반적으로 주식시장을(그리고 종종 경기 사이클을) 후행하기 때문에 시장의 정확한 고점에서는 그다지 유용하지 않다. 하지만 인플레이션 상승은 과거 약세장 이전 환경의 중요한 특징이었고, 1990년대 '대안정기great moderation' 이전에는 더욱 그랬다. 더 나아가, 금융 위기 이후 사이클에서 인플레이션과 기대 인플레이션의 하락은 경기 사이클이 훨씬 더 길어지고 변동성이 낮아지는 데 영향을 미쳤다. 인플레이션 압력이 없으면 통화정책은 훨씬 완화된 상태로 유지되어 경기 침체와 약세장 리스크가 감소한다.

- **채권 수익률 곡선**: 더 긴축적인 통화정책은 종종 채권 수익률 곡선의 평탄화 혹은 역전으로 이어진다. 모두 그런 것은 아니지만 많은 약세장이 통화정책 긴축 기간 뒤에 나타났기 때문에, 역전 전에 평평한 수익률 곡선이 나타나고 나면 낮은 수익률 혹은 약세장이 나타났다는 것을 발견할 수 있다. 최근 수 년 동안 QE의 영향과 기대 인플레이션의 하락(텀 프리미엄) 때문에 이 신호

의 신뢰도가 떨어졌을 수 있다.[4] 그래서 우리는 수익률 곡선의 단기(0-6분기)에 초점을 두고 3개월물과 10년물 금리차를 사용했다. 0-6분기 포워드 스프레드는 기준금리 전망치를 통해, 텀 프리미엄에 의해 왜곡되는 장기구간 지표보다 시장의 단기 전망을 더 명확하게 포착한다. 연준의 연구 결과와 마찬가지로 우리는 단기 0-6분기 포워드 스프레드가 예를 들어 3개월-10년 스프레드보다 조금 더 유의미한 경기 침체 리스크 예측 지표라는 것을 발견했다. 다시 한번 지표와 밸류에이션을 조합해보면, 평평하거나 역전된 수익률 곡선과 높은 밸류에이션의 조합은 약세장의 유용한 지표가 될 수 있다.

- **성장 모멘텀 고점**: 일반적으로 경제 성장세가 강하고 가속되는 기간(주식 투자자에게는 대체로 좋은 시기) 뒤에는 성장세가 둔화되기 시작하면서 수익률이 하락하는 경향이 있다. 도표 6.7은 미국 사례다. 가장 수익률이 높은 시기는 ISM지수가 낮지만 회복되고 있을 때, 가장 수익률이 낮은 시기는 ISM지수가 낮은데 더 악화될 때였다. 경기 모멘텀 지표가 높지만 악화되는 둔화 국면에서는 대체로 수익률이 낮은 경향이 있다. 따라서 경기 모멘텀 지표가 상당히 높이 올라가 있을 때는 이후 지표가 악화되면서 결국 경기 침체 수준 아래로 떨어질 가능성이 상당히 높다. 도표 6.7에서 볼 수 있듯이, 이는 3장에서 논의한 경기 사이클 국면과 상당히 일치한다. ISM지수가 과거와 비교해 상위 25%인 기간 이후에는 수익률이 떨어지는 경향이 있다.

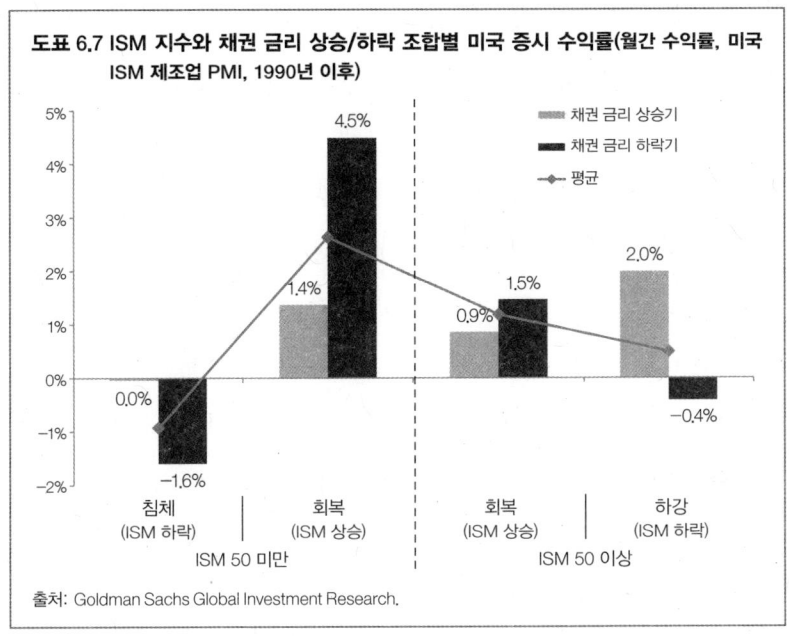

도표 6.7 ISM 지수와 채권 금리 상승/하락 조합별 미국 증시 수익률(월간 수익률, 미국 ISM 제조업 PMI, 1990년 이후)

출처: Goldman Sachs Global Investment Research.

- **밸류에이션**: 높은 밸류에이션은 대부분의 약세장 전에 나타나는 특징이다. 밸류에이션이 시장 하락을 촉발하는 경우는 드물다. 조정이나 약세장이 나타나기 전에 밸류에이션이 장기간 높은 수준으로 유지되는 경우도 흔하다. 하지만 다른 펀더멘털 요인이 밸류에이션과 결합되면 약세장 리스크가 높아진다.
- **민간부문 재정 수지**: 이 지표는 금융 과열 리스크의 척도이며 모든 가계와 기업의 총소득에서 총지출을 차감해서 계산한다. 우리는 경험적으로 입증된 데이터와 민간부문 초과 지출의 포괄적인 지표로서의 직관적인 매력 때문에 대출 증가나 주택 가격 상승 대신 민간부문 재정 수지를 선택했다.[5]

약세장 예측 프레임워크

어떤 지표도 개별로는 믿을 만한 약세장 지표가 되기에 부족했지만, 이 여섯 가지 지표를 결합하면 향후 약세장 리스크를 나타내는 합리적인 지표를 얻을 수 있다. 이 변수들은 모두 서로 관련되어 있다. 타이트한 노동시장은 일반적으로 높은 기대 인플레이션과 연결 지을 수 있다. 이는 결국 정책 긴축과 미래 성장 기대 약화로 이어지는 경향이 있다. 그것과 함께 높은 밸류에이션은 성장 기대가 악화되거나 할인율이 상승할 때, 더 나쁜 경우 이 두 가지가 동시에 나타날 때, 증시가 디레이팅에 취약하게 만든다.

도표 6.8은 이 지표가 1955년 이후 MSCI 월드 지수와 비교해 어떤 흐름을 나타냈는지 보여준다. 음영 부분은 글로벌 증시가 20% 이상 하락(약세장의 일반적인 정의)한 구간이다. 이 지표는 완벽과는 거리가 멀지만 위험(고점에 가까울 때)과 기회(저점에 가까울 때)를 보여준다.

이 지표는 또한 미래 수익률의 가이드 역할을 할 수 있다. 도표 6.8에 해당 지표와 함께 5년 총수익률을 표시했다(과거 이 지표가 특정 값을 기록한 이후 5년 수익률). 수익률은 역축으로 표시했고 오른쪽 축에서 값을 알 수 있다. 이 지표는 상당히 성공적으로 전환점이 나타날 리스크를 포착(극단적인 수준에서 상승 혹은 하락)했고, 또한 향후 5년간 예상되는 수익률에 대한 정보도 제공했다.

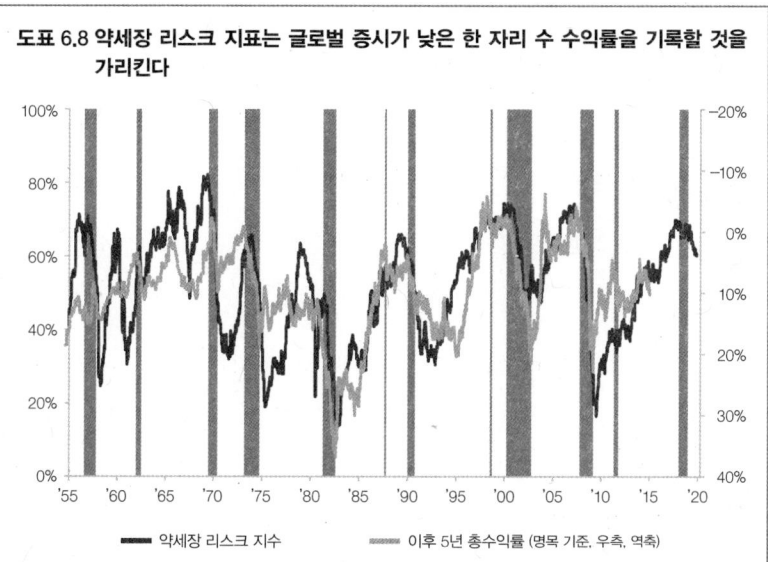

도표 6.8 약세장 리스크 지표는 글로벌 증시가 낮은 한 자리 수 수익률을 기록할 것을 가리킨다

━━ 약세장 리스크 지수   ━━ 이후 5년 총수익률 (명목 기준, 우측, 역축)

참고: 음영 부분은 약세장을 나타내며 1969년 이전에는 S&P 500 지수, 이후에는 MSCI 월드 지수를 사용했다.
출처: Goldman Sachs Global Investment Research.

6장 약세장의 필수 요소 **165**

7장

황소장의 눈
– 강세장의 본질과 양상

약세장과 마찬가지로 강세장도 여러 방법으로 정의할 수 있다. 강세장은 3장에서 논의한 경기 사이클 국면 중에서 지속적인 하락과 관련이 없는 희망, 성장, 낙관 3가지 국면으로 구성된다.

약세장마다 지속 기간과 강도가 다른 것처럼 강세장도 그렇다. 어떤 강세장은 강한 추세가 장기간 지속되고, 이 경우 보통 밸류에이션도 상승한다. 상대적으로 밋밋하거나 추세가 없는 강세장도 있는데, 이 경우 대부분의 수익률이 배당이나 이익 성장에서 나온다.

'슈퍼 사이클' 추세적 강세장

투자자는 리스크가 있고 미래 수익률이 불확실한 주식에 명목 수익률을 미리 알 수 있는 국채 같이 덜 위험한 자산보다 더 높은 수익률을 기대한다. 하지만 수십 년에 걸친 주식시장의 역사를 살펴보면 시장은 단순히 명확하고 안정적인 상승 추세를 중심으로 형성된 일련의 사이클로 구성되어 있지 않다는 것을 알 수 있다. 대부분의 수익률이 희망 국면의 단기 급등에서 발생하는 주가 사이클과 마찬가지로, 주가의 장기 상승 추세도 국면별로 전개되는 경향이 있다.

1900년 이후 S&P500 지수를 로그로 변환한 차트를 보자(최근 지수 수준이 수십 년 전보다 훨씬 높기 때문에 로그를 취함). 시간이 흐름에 따라 주가가 상승했고 상승세가 가팔랐지만 직선으로 상승하지는 않았다는 것을 알 수 있다(도표 7.1). 단순화하면 제2차 세계대전 이후 3번의 긴 '슈퍼 사이클' 또는 추세적 강세장이 있었다고 할 수 있다. 각 강세장은 이따금 급격한 하락과 '미니' 약세장을 겪었다. 예를 들어 1982~2000년의 추세적 강세장에서는 1980년대 초 저축대부조합 사태, 1987년 검은 월요일, 9개월만에 미국채 30년물 금리가 200bp나 오른 1994년 채권 대학살 그리고 1998년 아시아 외환위기가 있었다. 하지만 이 기간들은 여전히 '슈퍼 사이클'이라고 할 수 있는데, 강한 상승세가 몇 가지 아주 특수한 구조적 요인들에 의해 유발됐고 그런 요인들이 조정 기간에도 변함없이 장기간 지속됐기 때문이다.

1945~1968년: 전후 경제 호황

이 시기는 전후 강한 경제 호황이 나타났던 시기로 흔히 '자본주의의 황금기'라 불린다. 마셜 플랜(혹은 유럽 부흥 계획)으로 알려진 미국

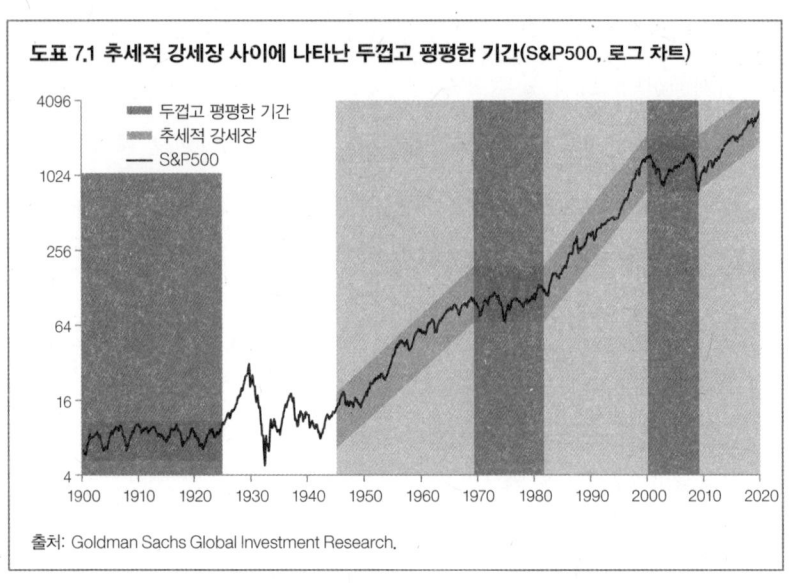

도표 7.1 추세적 강세장 사이에 나타난 두껍고 평평한 기간(S&P500, 로그 차트)

출처: Goldman Sachs Global Investment Research.

의 이니셔티브는 성장을 촉진하고 실업률을 떨어뜨려 이 시기 경제 호황을 뒷받침했다. 생산성 증가도 특히 유럽과 동아시아에서 특히 강하게 나타났고, 전후 베이비붐은 수요를 더욱 강화했다.

경제 환경도 이 시기 주식시장의 강한 상승에 도움이 되었지만, 밸류에이션도 전쟁 직후 수준에서 회복되었다. 다양한 글로벌 시스템 리스크가 사라지면서 주식 리스크 프리미엄이 추세적으로 하락한 결과였다. 새로운 국제기구와 규칙 기반rule-based 글로벌 무역 시스템이 나타났다.[1] 브레튼우즈 체제로 알려진 새로운 국제 지불결제시스템의 일환으로 국제통화기금IMF과 세계은행World Bank을 설립한 것도 불확실성을 완화하는 데 기여했다. 한편 1948년 설립된 관세 및 무역에 관한 일반 협정GATT과 1964년 설립된 유엔무역개발회의UNCTAD 같은 제도적 프레임워크에 힘입어 글로벌 무역 규모가 증가하고 범위도 넓어졌다. 같은 해에 GATT의 제6차 다자간 무역 협상이 시작되었는데, 흔히 케네디 라운드Kennedy Round라고 불린다. 1967년 종결된 협상은 다양한 품목에 걸쳐 관세를 평균 35~40% 인하하는 결과를 낳았고, 당시 "역사상 가장 중요한 무역 및 관세 협상"으로 널리 알려졌다.[2]

또한 1960년대 전반에 걸쳐 빠르게 성장하는 글로벌 기업들이 출현하면서 주식시장, 특히 미국시장의 소위 니프티피프티 종목에 대한 낙관이 강해졌다. 이 종목들에 투자해야 한다는 아이디어의 배경에는 해당 기업들이 강한 실적 성장세를 보이고 있거나 향후 그런 성장을 보여줄 것이 확실하고, 탄탄한 브랜드를 가지고 있기 때문에 밸류에이션을 걱정할 필요가 없다는 생각이 깔려 있었다. 이런 기업들로 구성된 공식적인 주가지수는 없었지만, IBM, 제록스, 텍사스인스트루먼트, 버로우스 같은 많은 선도적인 기술 기업과 머크, 화이자, 일라이 릴리, 아메리칸홈프로덕츠 같은 제약회사를 포함하는 일반적으로 통용되는 성장주 리스트가 있었다. 또한 에이본, 맥도날드, 폴라로이드, 코닥 등 다양한 리테일 기업도 흥미롭고 새로운 성장 기회를 맞이한 것 같았다. 1972년 폴라로이드의 P/E는 90배, 맥도날드는 85배, 월트디즈니는 82배였다. S&P500지수의 평균 P/E는 33배였고, 니프티피프티 기업은 평균 45배였다(1973년 상위 5개 기업의 평균 P/E는 35.5배였다. 9장 참고).

1960년대 들어서 브레튼우즈 체제의 고정환율제하에서 금과 교환 비율이 고정되어 있던 미국 달러가 고평가되는 상황이 벌어졌다. 린

든 존슨 대통령의 '위대한 사회Great Society' 정책과 베트남 전쟁으로 인한 군사비 지출 증가로 재정 지출이 크게 늘면서 브레튼우즈 체제에 추가 부담으로 작용했다. 브레튼우즈 체제는 1960년대 후반 심각한 위협을 받았고, 리처드 닉슨 대통령이 1971년 달러와 금의 교환을 '일시적으로' 중단한다고 선언하면서 마침내 해체되었다.[3] 니프티피프티 버블도 터졌다.

전 세계 대부분의 증시는 그전 15년 동안, 특히 미국과 영국에서 깜짝 놀랄 만큼 상승한 후 1966년경 고점을 찍은 상태였다. 미국은 1968년이 고점이었다. 뒤이어 나타난 약세장은 구조적인 성격을 띠고 있었고, 미국 시장은 1966년부터 1982년까지 실질 수익률 기준 75% 하락했다. 하지만 1930년대와 1940년대 약세장에서 그랬듯이, 당시 약세장은 최소 두 개의 약세장이 하나로 합쳐진 것이었다. 이번에도 정치적, 경제적 충격이 주요한 특징이었다. 1973년 미국의 워터게이트 스캔들은 시장 불확실성을 증가시켰고, 그해 10월 아랍-이스라엘 전쟁은 OPEC의 석유 금수 조치, 산업 불안과 더불어 시장 불안을 더욱 부추겼다.

1970년대 말 증시는 가파른 상승세를 보였다. 미국에서는 1980년 11월 대통령 선거에서 로널드 레이건이 지미 카터를 물리치고, 공화당이 상원을 장악한 것이 시장에 호재로 작용했다. 1976년 이후 처음으로 다우존스지수가 1000을 넘어섰다. 하지만 열기는 오래가지 않았다. 연이은 급격한 금리 인상(연준이 할인율을 사상 최고치인 14%까지 인상)으로 증시가 다시 급락하고 전 세계 대부분의 경제가 경기 침체에 들어갔다. 1981년에는 인플레이션, 높은 실업률, 장기 침체로 전 세계 주식이 저점을 갱신했다.

1982~2000년: 디스인플레이션의 시작

학계에서는 1982년 이후 추세적 강세장을 이끈 주요 요인 중 하나로 인플레이션 하락에 주목해 왔다. 특히 일부 학자는 1970년대 그레이트 인플레이션 이후 투자자가 '화폐 환상money illusion'을 갖게 됐다고 주장했다. 화폐 환상은 두 가지 오류로 이어졌다. 첫째, 투자자들이 실질 이자율이 아니라 당시 굉장히 높았던 명목 이자율로 미래 수익을 할인했다. 둘째, 투자자들이 명목 부채의 실질 가치가 감소함에 따라 발생하는 이익을 고려하지 못했다.[4] 확실히 1970년대 인플레이션의 급격한 상승은 주식시장과 채권시장 모두 밸류에이션이 급락하는 데 기여했다.

금융시장에 큰 타격을 주었던 이 인플레이션 시대는 이른바 볼커 신용경색Volker credit crunch(1977년부터 시작된 연준의 긴축 사이클에 의해 야기된 경기 침체 기간)으로 막을 내렸는데, 이 기간 미국 연방기금금리(기준금리)는 약 10%에서 20%에 조금 못미치는 수준까지 인상됐다. 그때 이후 전 세계적으로 인플레이션이 떨어지기 시작했고, 경제가 깊은 경기 침체에서 벗어나 활기를 띠기 시작하면서 자산 밸류에이션과 함께 투자자들의 자신감이 솟아오르기 시작했다. 1982년 8월부터 1999년 12월까지 다우존스 산업평균지수의 실질 복리수익률compound real return은 연 15%로 장기 평균 수익률이나 해당 기간 동안의 이익 또는 장부가치의 증가폭을 훨씬 상회했다.[5] 따라서 이 기간 추세적 강세장의 대부분은 밸류에이션 확장에 의한 것인데, 이런 현상은 주식과 채권 수익률을 동시에 밀어올렸다.

또한 1980년대에 미국은 레이건, 영국은 대처 정부하에서 각각 광범위한 규제 완화, 개혁, 민영화가 이루어졌다. 미국에서는 1981년 경제회복법Economic Recovery Act을 통해 중대한 조세 개혁이 이루어졌고, 그 결과 소득세 최고세율이 1980년 70%에서 1986년 28%로 떨어졌다. 비국방 지출 또한 급격히 감소했으며, 항공 운송, 금융 부문을 포함한 여러 산업의 규제가 완화됐다. 1933년 제정된 글래스-스티걸법이 부분적으로 폐지되면서 금융기관이 은행, 증권, 보험 사업을 결합하는 것을 가로막았던 장벽이 제거됐다. 유사한 개혁이 영국에서도 시행됐는데, 유틸리티를 포함해 광범위한 자산의 대대적인 민영화 프로그램이 포함되어 있었다. 그 영향은 지대했다. 1979년 영국 GDP에서 공기업이 차지하는 비중은 12%에 달했지만 1997년에는 약 2%에 불과했다.[6] 1990년대 중반까지 민영화 추세는 유럽 나머지 지역으로 퍼져 심지어 프랑스 리오넬 조스팽Lionel Jospin의 사회당 주도 정부에까지 영향을 미쳤다. 리오넬 조스팽 정부는 1997년 71억 달러 규모로 프랑스텔레콤France Telecom 기업공개IPO를 추진했는데, 불과 1년 뒤에 기술주 버블이 확산되면서 통신사 투자 열풍이 불자 104억 달러 규모의 유상증자를 실시했다.

이런 증시의 장기 상승 추세는 1987년 급격하지만 단기간에 그친 폭락으로 잠시 중단되었지만, 이후 저금리와 지속적인 경제 성장으로 증시가 사상 최고치를 갱신했다. 1989년 베를린 장벽 붕괴와 얼마 뒤 소련 해체는 주식의 지속적인 리레이팅에 박차를 가했다. 독일 주식시장을 대표하는 DAX 지수는 1989년 10월부터 1990년 7월까지 30%나 급등했다. 1990년대에 글로벌 경제는 더욱 긴밀하게 통합됐다. 1990년대 내내 주식시장 할인율이 하락했다. 전 세계적인 고인플레이션이 해소되면서 금리가 낮게 유지되었을 뿐만 아니라 냉전이 종식되면서 주식 리스크 프리미엄이 추가 하락했다.

이 강력한 추세적 강세장은 1998년 아시아 외환위기로 다시 한번 흔들렸지만, 과감한 정책 대응으로 유동성이 풀리면서 1990년대 후반 IT버블이 일어나는데 영향을 미쳤다. 이 IT버블이 결국 터지자 1982년 시작된 추세적 상승세도 막을 내렸다.

2009년 이후: QE의 시작과 '대완화기'

9장에서 금융 위기 이후 기간의 구체적인 특징을 상세히 살피겠지만, 이번 강세장은 특히 강하고 길었다. 2007년 고점에서 57% 하락한 후 시작된 S&P500 지수의 강한 회복세는 역사상 가장 긴 강세장으로 이어졌다. 이 시기 회복세가 강했던 이유 한 가지는 1990년대 초반과 마찬가지로 직전에 경제와 시장이 겪었던 충격이 너무나 컸기 때문이었다. 특히 미국에서는 주택시장의 붕괴가 막대한 가계 자산 손실로 이어졌다. 서브프라임 모기지 대출 잔액이 1조 달러가 넘었기 때문에 경제와 금융기관 전반에 걸쳐 어마어마한 손실이 발생했다. 그와 동시에 당시 연준 의장인 벤 버냉키Ben Bernanke에 따르면, "대마

불사 금융기관들은 위기의(유일한 것은 아니었지만) 근원인 동시에 이를 억제하려는 정책 담당자들의 노력을 방해하는 주된 장애물이었다."[7] 2007년부터 2010년 사이에 미국 가계 자산의 중앙값은 44% 감소해서 1969년 수준 아래로 떨어졌다.[8]

하지만 위기를 억제하기 위해 취한 조치는 전례 없는 수준이었다. 2009년 3월 연준은 금리를 더 낮추기 위해 1조 달러를 새로 발행해서 국채와 모기지 채권을 사들이는 양적완화 정책을 발표했는데, 이는 주식시장이 반등하는 결정적인 계기가 됐다.

이 강세장에 기여한 두 번째로 중요한 요인은 대형 기술 기업의 부상이었는데, 이들 기업은 특히 미국 증시에서 가장 큰 섹터가 됐고 엄청난 수익을 기록했다(11장에서 더 자세히 다룬다).

경기순환적 강세장

시장에는 어떤 특수한 조건에 의해 나타나 높은 연환산 수익률을 기록하는 매우 긴 상승세가 나타나기도 하지만, 이런 추세 안에도 사이클이 존재한다. 하지만 '전형적인' 주가 사이클을 살펴볼 때도, 한 사이클을 어떻게 정의할 것인지의 문제가 있다. 예를 들어 2009년 금융 위기 이후 시작된 가장 최근의 강세장은 현재 계속 진행 중이라고 볼 수도 있고, 2018년 10월 시장이 20% 가까이 하락했을 때 끝났다고 볼 수도 있다. 이 기간 동안 여러 증시가 20% 넘게 하락했지만, 미국 S&P 지수는 19% 하락 후 반등했다.

만약 이를 두 개의 개별적인 강세장이라고 하면 수치가 약간 달라진다. 하지만 경험적으로 미국의 경우 1900년 이후 강세장에서 주가는 평균 5년이 조금 안 되는 기간 동안 160%(배당을 포함한 총수익률 기준으로는 243%) 넘게 상승해 연환산 기준으로 약 25%의 수익률을 기록했다. 미국에는 1900년 이후 이런 사이클이 18번 있었다. 기간을 바꿔 전후 시대만 놓고 보면 앞서 논의한 추세적 강세장은 3번밖에 없었지만 경기순환적 강세장은 11번 있었다.

도표 7.2는 (미국 증시를 기준으로) 가장 최근의 주요 강세장과 각 강세장의 연환산수익률을 표시한 것이다.

몇 가지 주요 발견은 다음과 같다.

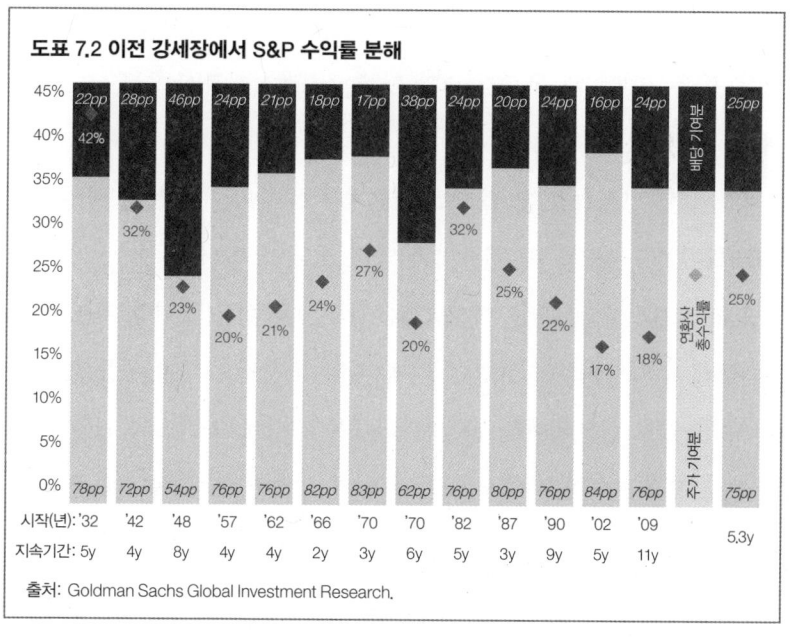

7장 황소장의 눈   175

- 강세장은 평균 25%의 연환산 수익률을 기록했다.
- 연환산 수익률은 17%부터 42% 사이에 분포했다. 연환산 수익률이 가장 높은 기간은 보통 가장 심각한 약세장 이후에 나타났다.
- 평균적으로 강세장에서 주식 총수익률의 75%는 주가에서, 25%는 재투자된 배당에서 나왔다. 배당의 비중은 16%에서 46%로 나타났다(도표 7.2).

하지만 도표 7.3에서 보듯이, 강세장 별로 크게 차이가 났다.

강세장 지속 기간

도표 7.3에서 보듯이 강세장마다 길이에 상당한 차이가 있다. 가장 짧은 것은 2년이 채 못 되었지만 가장 긴 것(현재 진행 중)은 10년 넘게 지속되었다.

미국에서 강세장은 평균적으로 56개월 동안 지속되었고, 중앙값은 49개월이었다. 하지만 변동폭이 상당히 컸다(도표 7.4).

또한 강세장마다 구성, 다시 말해 강세장을 이끈 요인에 차이가 있다. 주식 투자자의 수익률은 이익에 따라 움직이는 주가 변동에서 나올 수도 있고 밸류에이션 변동에서 나올 수도 있는데, 이는 투자자가 미래에 기대하는 이익에 지불할 용의가 있는 멀티플(예: P/E 비율)이 변하기 때문이다. 투자자가 낙관적이거나 금리 수준이 낮아지면 밸류에이션이 올라가고 밸류에이션 변동이 투자자 수익률에서 차지하는

도표 7.3 미국 강세장 사례

시작	종료	기간(월)	기간(년)	주가수익률	총수익률	연환산 총수익률
1903년 10월	1906년 9월	34	2.8	60%	–	–
1907년 11월	1909년 12월	25	2.1	65%	–	–
1914년 12월	1916년 11월	22	1.8	39%	–	–
1917년 12월	1919년 7월	19	1.6	40%	–	–
1921년 8월	1929년 9월	96	8.0	371%	–	–
1932년 6월	1937년 3월	56	4.7	321%	413%	42%
1942년 4월	1946년 5월	49	4.1	150%	208%	32%
1948년 3월	1956년 8월	100	8.3	259%	477%	23%
1957년 10월	1961년 12월	49	4.1	86%	114%	20%
1962년 6월	1966년 2월	43	3.6	80%	101%	21%
1966년 10월	1968년 11월	25	2.1	48%	58%	24%
1970년 5월	1973년 1월	31	2.6	74%	89%	27%
1974년 10월	1980년 11월	73	6.1	126%	201%	20%
1982년 8월	1987년 8월	60	5.0	229%	303%	32%
1987년 12월	1990년 7월	31	2.6	65%	81%	25%
1990년 10월	2000년 3월	113	9.4	417%	546%	22%
2002년 10월	2007년 10월	60	5.0	101%	121%	17%
2009년 3월	2020년 1월	130	10.8	392%	517%	18%
평균		56	5	162%	248%	25%
중앙값		49	4	94%	201%	23%
최저		19	2	39%	58%	17%
최고		130	11	417%	546%	42%

출처: Goldman Sachs Global Investment Research.

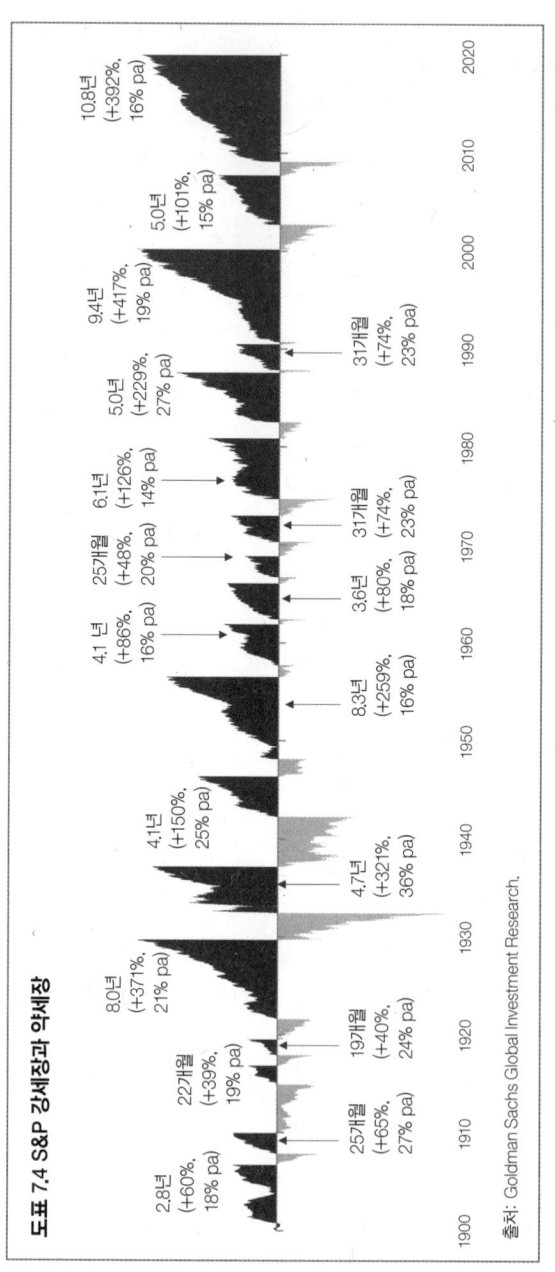

도표 7.4 S&P 강세장과 약세장

출처: Goldman Sachs Global Investment Research.

비중이 커진다. 마찬가지로 투자자가 불안해하거나 금리 수준이 높아지면 밸류에이션이 떨어지는 경향이 있다.

강세장마다 수익률을 이끈 요인이 어떻게 달랐는지 도표 7.2에서 확인할 수 있다. 총수익률(마름모꼴로 표시했다)이 요인별로 다양한 조합으로 분해되어 있다. 따라서 우리가 강세장을 논할 때는 길이와 강도뿐만 아니라 주가수익률과 총수익률의 차이도 중요하다. 또한 이익 성장에서 나온 부분이 얼마나 되고 밸류에이션 변화에서 나온 부분이 얼마나 되는지 주가수익률의 동인도 중요하다.

일반적으로 강세장은 다음과 같은 특징이 있다.

- 경제 사이클이 변동성이 적고 오래 지속될수록 강세장도 오래 지속된다.
- 금리가 낮고 안정적일수록 강한 강세장으로 이어지고, 수익률에서 밸류에이션이 차지하는 비중이 높아진다.
- 통상 미래 투자를 위해 현금흐름을 사내에 유보하기보다 배당으로 지급하는 것을 선호하는 성숙 산업의 비중이 커서 배당수익률이 높은 시장일수록 수익률의 많은 부분이 배당에서 나온다.

추세 없는 강세장

장기적인 구조적 강세장과 좀 더 일반적인 경기순환적 강세장 외에 상대적으로 밋밋한 수익률을 나타내는 기간도 있다. 아주 흔하지는 않지만 이렇게 딱히 시장 추세가 없는 기간은 흔히 경제와 이익 성장은 더딘데 밸류에이션이 높을 때 나타난다. 이런 시장은 다음과 같은 두 가지 유형으로 나눌 수 있다.

- **좁고 평평한 시장(낮은 변동성, 낮은 수익률)**: 주가가 좁은 범위에서 벗어나지 못하고 변동성이 낮은 평평한 시장.
- **두껍고 평평한 시장(높은 변동성, 낮은 수익률)**: 지수는 거의 오르지 않지만 중간에 강한 랠리와 조정(혹은 미니 강세장과 약세장)이 나타나는 변동성이 높은 시장(대개 상당히 오래 지속된다).

대부분의 강세장 및 약세장과 달리 좁고 평평한 박스권 시장은 꼭 짚을 만한 고점/저점이 존재하지 않는다. 정의상 알아채기 어렵고, 언제 시작됐고 끝났는지 정확한 날짜를 꼽기도 힘들다. 그렇긴 하지만 상대적으로 평평하고(수익률이 낮고) 상대적으로 좁은(2년내 25% 이상 강세장도 약세장도 없는) 박스권 장세는 예닐곱 번의 좋은 사례가 있다. 제2차 세계대전 이후 미국 증시에는 이 기준에 대체로 부합하는 기간이 7번 있었다. 이 기간 동안 미국 증시가 전 세계에서 가장 높은 수익률을 기록했다는 사실을 고려하면 미국 외 지역에는 더 많은 사례가 있었을 것이다. 약세장을 제외하고 나면 나머지 기간의 대부분은 명백한 강세장이었다.

도표 7.5는 대략적인 시작일, 종료일과 함께 좁고 평평한 박스권 시장의 리스트를 정리한 것이다.

이런 기간은 정확하게 식별하기 어렵고 각 사례마다 상황에 차이가 있지만, 그래도 다음과 같은 몇 가지 사항을 발견할 수 있다.

- 좁은 범위에서 등락하는 박스권 기간은 그렇게 드물지 않다. 미국 증시는 1945년 이후 기간의 약 20%가 이런 국면이었다(유럽의 경우 같은 기간 동안 이런 유형의 시장 환경이 조금 더 흔하게 나타났고 전체 기간의 약 30%를 차지했다. 차이는 아마도 미국 증시가 대체로 더 강한 이익 성장에 힘입어 더 많이 상승했다는 사실로 설명할 수 있다).
- 상대적으로 짧은 편이며 1년에서 3년간 지속된다.
- 이 기간에는 대체로 경제가 강한 성장세를 나타내 평균 3~4%의 성장률을 기록한다. 이에 저수익률 환경에서 강한 이익 성장이 나타나면서 10-15%의 디레이팅이 일어난다.
- 마지막으로 보통 이 기간 동안 금리가 상승하지만 강한 이익 성장이 금리 상승과 밸류에이션 하락 영향을 완화하는 버퍼 역할을 한다. 따라서 시장은 하락하기보다는 횡보한다.

도표 7.5 미국의 좁고 평평한 시장(S&P500)

시작	종료	기간(년)	수익률(%)	연환산 수익률(%)	최대 변동폭(%)	연환산 EPS 성장률(%)	최초 LTM P/E (배)	최종 LTM P/E (배)	LTM P/E 변동(%)	평균 GDP 성장률(%)	미국채 3개월 물 금리 변동(%p)
1946년 9월	1948년 5월	1.7	-0.5	-0.3	-14.7	51.1	17.7	8.7	-50.6	-3.7	0.6
1951년 8월	1954년 1월	2.4	7.7	3.1	19.0	-2.2	8.7	9.9	13.7	5.4	-0.2
1955년 10월	1957년 10월	2.0	0.4	0.2	-17.7	0.4	12.1	12.0	-0.5	3.4	1.4
1958년 12월	1961년 1월	2.0	8.5	4.1	-13.9	6.3	18.6	17.8	-4.2	4.9	-0.6
1983년 4월	1985년 1월	1.7	6.7	3.8	-14.4	15.6	11.7	9.7	-17.1	6.1	-0.4
1992년 1월	1994년 12월	2.9	5.9	2.0	22.2	9.7	19.4	15.7	-19.1	3.2	1.9
2004년 2월	2006년 7월	2.4	6.6	2.7	24.7	16.5	22.7	16.7	-26.4	3.6	4.1
중앙값		2.0	6.6	2.7	-13.9	9.7	17.7	12.0	-17.1	3.6	0.6
평균		2.2	5.0	2.2	0.8	13.9	15.8	12.9	-14.9	3.3	1.0

출처: Goldman Sachs Global Investment Research.

8장

버블의 형성
— 과열의 징후

금융 버블이 터지면 심각한 구조적 약세장의 원인이 될 수 있고, 광범위한 자산시장과 경제 모두에 치명적일 수 있다. 버블이 특정 산업이나 자산군에 국한되어 나타날 수도 있어서 반드시 전반적인 구조적 약세장으로 확대되는 것은 아니지만, 어떤 버블은 상당히 넓은 범위에 걸쳐 형성돼 시장 전반은 물론 그 이상에까지 영향을 미칠 수 있다. 따라서 버블의 원인과 일반적인 특성을 어느 정도 이해하는 것은 투자자에게 상당히 유용한데, 버블에서 회복하는 데 오랜 시간이 걸릴 수 있기 때문이다.

강세장, 약세장과 마찬가지로 버블도 정확한 정의가 없다. 버블을 만족스럽게 탐지하기 어렵다는 것은 경제학계에 널리 알려져 있다.[1] 모 전직 연준 부의장이 주장했듯이, "사후적으로 알려진 과거 사례에서 버블의 존재를 확인하고자 한 통계적 검증은 유의한 결과를 보이지 않았다."[2]

합리적인 실무상 정의는 '미래 성장과 수익에 관한 비현실적인 주장에 기반한 주가와 밸류에이션의 급격한 가속' 정도로 할 수 있다. 이 정의의 두 번째 부분이 중요한데, 가격의 강력한 상승이 반드시 버블로 이어지는 것은 아니기 때문이다. 문제는 급격한 주가 상승이 겉보기에는 선순환을 일으켜 새로운 투자자를 끌어들이고 결국 과잉 투자로 이어질 때 시작된다. 시장이 거의 무한한 수익을 제공한다는 통념은 종종 '소외될 수 있다는 공포'를 낳는다. 어떤 테마가 더 많이 언급되고 더 많은 주목을 받을수록 투자자의 관심도 커진다. 테마나 자산에 대한 확신이 커지면서 밸류에이션이 미래 수익으로 설명될 수 없는 수준으로 상승한다.

군중 심리, 좀 더 구체적으로는 좋은 기회를 놓칠지 모른다는 생각 그리고 다들 그렇게 생각하니 안전하다고 느끼는 현상은 시장 버블에서 뚜렷하게 나타난다. 찰스 맥케이는 17세기와 18세기 초기 버블에 관한 포괄적인 연구에서 "인간은 … 집단적으로 사고한다. 집단적으로 광기에 휩쓸렸다가, 한 사람 한 사람씩 천천히 제정신으로 돌아온다"고 했다.

이와 유사한 관점은 로버트 실러의 《비이성적 과열》에서 확인할 수 있다. 그는 특히 버블과 강력한 내러티브의 결합을 강조했다. 거기서 실러는 버블을 "가격 상승 뉴스가 투자자를 열광에 몰아넣고, 이러한 열광에 한 사람 두 사람 심리적으로 전염되는데, 그 과정에서 가격 상승을 정당화할 수 있는 내러티브가 강화되면서 투자 대상이 진정 그만한 가치가 있는지 의구심을 가지고 있음에도, 한편으로는 다른 이들의 성공에 대한 부러움으로 다른 한편으로는 도박꾼의 흥분으로 점점 더 많은 투자자가 뛰어드는 상황"이라고 설명했다.

투자자가 매수하는 자산의 밸류에이션이나 그 밸류에이션이 내포하는 수익률에는 관심 없이 어떤 테마에 열광하면서 시장으로 몰려가는 경향이 버블이 형성될 때 나타나는 가장 중요한 특징이다.

최근 사례는 2008년 서브프라임 위기 이전 미국 주택시장에서 찾아볼 수 있다. 케이스와 쉴러의 2003년 연구는 당시 주택 매수자들이 미래 주택 가격을 지나치게 낙관적으로 전망하고 있었음을 보여준다. 2003년 주택 매수자의 83%에서 95%가 향후 10년 동안 주택 가격이 장기 평균보다 훨씬 높은 연 9%의 상승률을 나타내리라 기대했다.[3]

이 장에서는 오로지 역사적으로 반복되는 패턴, 특성, 행동을 식별하려는 목적에서 버블을 다룬다. 4세기가 넘는 기간 동안 많은 유명한 버블이 상세히 문서로 기록되었다. 딱 하나를 꼽긴 어렵지만 그중 가장 눈에 띄는 것은 다음과 같다.

- 1630년대: 네덜란드 튤립 광풍
- 1720년대: 영국 남해 버블과 프랑스 미시시피버블
- 1790년대: 영국 운하 광풍
- 1840년대: 영국 철도 버블
- 1873년: 미국 철도 버블

- 1920년대: 미국 주식 붐
- 1980년대: 일본 토지 및 주식 버블
- 1990년대: 글로벌 IT 버블
- 2007년: 미국(과 유럽의) 주택/대출 버블

이들 버블과 그 붕괴를 검토한 결과, 많은 다양한 산업과 전혀 다른 상황에서 시작됐음에도 이들을 관통하는 몇 가지 공통적인 맥락 혹은 특성을 발견했다. 단순화를 위해 각기 다른 버블 기간에 공통적으로 나타난 몇몇 유사점과 주제를 정리해 중요한 경고 신호를 찾으려는 투자자에게 가이드를 제시하고자 했다. 더 상세한 연구를 찾는 사람에게는 에드워드 챈슬러Edward Chancellor의 저작[4]을 비롯해 과거 버블 사례를 다룬 훌륭하고 더 깊이 있는 연구가 많이 있다.

어마어마한 가격 상승 그리고 붕괴

금융시장 버블의 가장 중요한 특징은 대개 버블이 일어나는 동안 가격과 밸류에이션이 극단적인 수준까지 급격하게 상승한다는 점이며, 이는 결국 미래에 발생할 수 있는 수익을 과대평가하는 밸류에이션으로 이어진다. 사실 모든 버블의 가장 중요한 특징은 가격 상승은 물론 열광과 투기의 어마어마한 규모다. 문서에 기록된 가장 오래된 버블인 1630년대 튤립 광풍은 금융시장 '광기mania'와 동의어가 되었다. 이는 버블 기간 동안 나타난 엄청난 가격 상승뿐만 아니라 열광이 그것을 뒷받침하는 펀더멘털 없이 순전히 탐욕과 투기에 기반한 것으로 보이기 때문에 더욱 흥미롭다.

이후 튤립 광풍의 범위와 영향에 의문이 제기됐지만[5], 그럼에도 그것이 역사적인 규모의 붐이었음은 의심의 여지가 없다. 1636년 11월부터 1637년 2월까지 일부 튤립 구근의 가격은 20배나 올랐고 버블이 절정에 달했을 때 구근 한 개 가격은 중심가 고급 주택과 맞먹을 정도였다.

1637년 2월 마침내 시장이 무너졌을 때, 역사상 많은 다른 사례에서 그러했듯이, 하락은 그 이전의 상승만큼이나 극적이었다. 또한 이후의 많은 버블과 마찬가지로 무엇이 최종적인 붕괴를 유발했는지는 명확하지 않다. 아마도 많은 요인들이 영향을 미쳤을 것이다. 붐이 한창이던 1636년과 1637년 초 수요가 최고조에 달했을 때, 구근은 여전히 땅 속에 묻혀 있었고 다음 봄까지 물리적으로 인도될 수 없었다. 금융 혁신도 가격이 오르고 또 오르는 데 부분적인 역할을 했다. 매도자가 특정 품질과 무게의 튤립을 미리 매도할 수 있는 구근 선물 시장이 형성되었다.

이런 계약 대부분이 어음으로 지불되면서 리스크가 가중되고, 시스템이 붕괴와 전염에 취약해졌다. 결국, 봄이 되면 계약에 따라 구근을 인도해야 하지만 그중 많은 수가 인도될 수 없을 지도 모른다는 두려움이 시장이 무너지는 데 일조했다. 폭락 이후 시장 회복은 더뎠고, 특히 낮은 품질의 평범한 구근은(희귀한 구근이 너무 비싸서 버블이 절정에 달했을 때 많은 소액 투기꾼들을 끌어들였다) 한 번도 낙폭을 회복하지 못했다.

거의 한 세기가 지난 1720년의 두 거대한 버블은 튤립 광풍과 몇 가지 비슷한 점이 있었다. 영국의 남해회사The South Sea Company는 매우 짧은 시간 동안 주가가 극적으로 상승했다. 1720년 1월 회사의 주가는 128파운드였다. 그해 6월 영국 국회는 모든 주식회사가 왕실 인가를 받도록 요구하는 버블법the Bubble Act을 통과시켰고, 남해회사는 이를 받는데 성공했다. 왕실 인가는 회사의 신뢰도를 높이고 투자자를 안심시켜 더 많은 사람들의 관심을 불러일으켰다. 1720년 6월 말 주가는 1,050파운드까지 상승했다. 7월 초 투자자들이 확신을 잃어버리기 시작했을 때 주가가 하락하기 시작했고 그해 9월 175파운드로 폭락했다.[6] 비슷한 시기 프랑스의 미시시피 회사도 유사한 버블과 붕괴를 겪었다. 주가가 무려 6,200%나 올랐다가 결국 99% 하락했다.

투기는 다음 버블인 19세기 중반 영국의 철도산업 버블이 나타나는 데 중요한 역할을 했다. 이 버블은 철도의 급격한 성장과 기술 변화에 고무된 것이었다. 어마어마한 주가 상승 후 1850년까지 철도주는 고점에서 평균 85% 하락했고 시가총액 합계는 투자된 자본의 절반에도 못 미쳤다(Chancellor 2000). 영국 철도 버블의 경험에도 불구하고 불과 20여 년 뒤에 비슷한 패턴이 미국에서 반복되었다. 주가 폭락과 뒤이은 투자 감소 규모가 너무 심각해서 대규모의 구조적 약세장과 '장기 불황Long Depression'으로 알려진 경기 침체로 이어졌는데 이는 1930년대 대공황 전까지 역사상 최악의 경기 침체로 기록되었다. 1873년 공황 이후 7년 동안 미국 공장의 약 절반이 문을 닫았고 실업률이 급격하게 상승했다. 주가는 곤두박질쳤고 철도주 주가는 1873년에서 1878년까지 60% 하락했다. 프로이센-프랑스 전쟁* 이후 확대된 유럽의 불확실성으로 상황이 더욱 악화되었다. 버블이 터진 후 투자가 회복되는 데 10년이 걸렸고, 10년이 지나서야 철도 투자가 다시 살아났다.

유사한 패턴이 1920년대 주식 붐과 1929년 증시 폭락에서 반복되었는데, 이때는 그 영향이 더 광범위하고 더 오래 지속되었다. 다우존스산업지수는 9월 초 이후 검은 월요일(10월 28일) 전까지 이미 6% 하락했는데 그날 13%나 하락했고, 그 후에도 며칠 동안 12% 추가 하락했다. 뒤이은 구조적 약세장이 너무 심각해서 다우존스지수는 1954년 11월까지 이전 고점을 회복하지 못했다(Ferguson 2005). 저점에서 다우존스지수의 배당수익률은 9.5%에 달했다. 이전까지는 각광을 받던 기업이 철저히 외면당했다. 뉴욕증권거래소 회원 자격은 1929년 호황이 절정일 때 650,000달러였는데, 폭락 이후 17,000달러에 팔렸다.

1980년대 일본의 전설적인 버블은 어떤 기준으로 보아도 이례적인 주가와 토지 가격의 상승으로 이어졌다. 금리 하락(일본은행Bank of Japan이 1987년 초 금리를 5%에서 2.5%로 인하)과 1987년 플라자합의(수출을 가격을 낮춰 미국 경상수지 적자를 줄이기 위해 엔화 대비 달러의 평가절하를 유도)로 자산 가격이 장기간 동안 꾸준히 상승했다. 일본 기

---

* 1870년 7월 19일부터 1871년 5월 10일까지 통일 독일을 이룩하려는 프로이센과 프랑스 제2제국 간에 벌어진 전쟁. 보불전쟁이라고도 불린다.

업들은 가치가 상승한 자국 통화를 사용해 뉴욕 록펠러 센터, 하와이와 캘리포니아의 골프장 등 해외 자산을 마구 사들였다.

특히 부동산시장의 열기가 뜨거웠다. 도쿄 황궁 땅값이 프랑스나 캘리포니아 전체보다 비쌌다. 1988년 일본 땅값을 시세대로 계산하면 미국 전체 땅값의 4배가 넘었다. 미국이 25배나 더 넓은데도 말이다.[7] 도쿄 긴자 거리에 떨어진 1만 엔짜리 지폐보다 그 지폐로 덮인 땅값이 더 비싸다고 할 정도였다.[8] 이 버블이 어찌나 컸는지, 주식과 부동산을 합친 자본 이익이 1986~1989년 기간에는 명목 GDP의 452%에 달했다가 이후 1990~1993년 기간에는 손실이 명목 GDP의 159%에 이르렀다.[9] 주가 급등으로 일본 기업이 전 세계에서 가장 큰 기업 순위에 올랐다. 미쓰이물산, 스미토모상사, 미쓰비시상사, 이토추상사 모두 미국 최대 기업인 제너럴모터스GM보다 많은 매출을 올렸다.[10]

시장이 확신에 차 결국 과도한 밸류에이션으로 이어진 좀 더 최근의 사례는 1990년대 후반 기술주 버블 붕괴 전에 나타났다. 이 버블이 터지기 전까지 새로 등장한 기업들의 주가가 기하급수적으로 상승했다. 1996년 4월 인터넷 기업 야후Yahoo!가 상장됐을 때, 주가가 하루만에 13달러에서 33달러로 올라 기업 가치가 두 배 넘게 증가했다. 이런 일이 이후 여러 차례 반복되어 익숙한 패턴이 되었다. 예를 들어 1999년에 퀄컴 주가는 2,619%나 올랐는데 당시에는 이 정도 주가 상승이 흔한 일이었다. 13개 주요 대형주가 모두 1,000% 이상 올랐고, 다른 7개 대형주도 각각 900% 이상 상승했다.[11]

나스닥지수는 1995년부터 2000년까지 5배 올라 종내에는 P/E 밸류에이션이 200배에 달했는데, 이는 일본 버블 경제 기간 니케이지수가 기록한 P/E 70배에 비해서도 현저하게 높은 것이었다(Hayes, 2019). 2000년 4월 고점을 찍은 지 한 달 만에 나스닥은 34% 하락했고, 그 후 1년 반 동안 수백 개 기업 주가가 80% 이상 하락했다. 프라이스라인Priceline 같은 기업은 주가가 94% 하락하기도 했다. 2009년 10월 마침내 바닥을 쳤을 때 나스닥지수는 거의 80% 하락한 뒤였다(McCullough 2018).

2002년 주식시장 침체가 끝날 무렵 증시는 직전 고점 대비 시가총액이 5조 달러 감소했다. 2002년 10월 9일 저점에서 나스닥100 지수는 1,114로 떨어져 직전 고점 대비 78% 하락했다.

'새로운 시대'에 대한 믿음, 이번에는 다르다

물론, 극적인 가격 상승과 붕괴는 투자자가 미래에 유사점을 발견하는 데 도움이 되는 공통의 원인, 유사한 특성 또는 인식 가능한 행동 패턴이 있는 경우에만 관심의 대상이 된다. 역사를 살펴보면 버블의 가장 중요한 요소와 특성은 가격 상승과 이후의 하락을 제외하면 대개 새로운 기술, 혁신 또는 성장 기회 같은 무언가가 변했다는 믿음이다. 오스트리아의 저명한 경제학자 조지프 슘페터Joseph Schumpeter는 이런 믿음이 강력한 내러티브를 구성하는 요소가 되며 투자에 관심을 불러 일으킨다는 것을 발견하고 투기는 흔히 새로운 산업이 시작될 때 발생한다고 주장했다. 좀 더 최근에는 1997년 2월 26일 당시 연준 의장 앨런 그린스펀은 의회 증언에서 "유감스럽게도 역사는 결국에는 신기루로 판명된 '새 시대'의 비전으로 가득하다"고 했다.

데이터 사이언스 분야의 최근 연구 결과에 따르면 1825년에서 2000년 사이에 일어난 51개의 주요 혁신 중 73%의 사례에서 주가 버블이 뚜렷하게 나타났다. 또한 버블의 규모는 혁신이 급진적이고, 간접적인 네트워크 효과를 일으킬 수 있는 잠재력이 크며, 대중이 상용화 시점을 가깝게 볼수록 커지는 경향이 있었다.[12]

튤립 광풍의 경우 혁신이 계기가 되었는지 불분명하지만, 1720년 영국 남해회사와 프랑스 미시시피회사 버블은 혁신이 중요한 역할을 했다고 할 수 있다.

이들 버블이 관련 기업 주식의 광적인 투기와 가격 상승을 수반했고 한 세기 전 튤립 광풍만큼이나 비합리적으로 보일지 모르지만, 보다 최근의 해석은 혁신과 신기술이 버블이 형성되는 데 일조했다는 것이다. 또한 많은 버블 기간에 흔히 그러했듯이 강력한 내러티브가 당시 예상되는 미래 수익의 증가를 정당화하는 데 기여했다.[13] 프레헨Frehen, 괴츠만Goetzmann, 기어트 루웬호스트Geert Rouwenhorst(2013)는 "금융 버블은 투자자들의 낙관론을 정당화할 수 있는 그럴싸한 이야기를 필요로 한다"고 주장했다. 예를 들어 버블 초기 두 회사는 주식을 발행해 정부 부채와 교환해 줬는데, 이는 국가 부채를 자본으로 전환할 수 있는 수단을 만든 혁신이었다. 이들 기업은 그 대가로 담배나 노예 무역 같은 자원을 개발할 수 있는 독점적인 권리를 가졌고, 그럼으로써 막대한 이익을 누릴 수 있는 가능성이 열렸다.

정부 부채와 주식의 교환은 한 가지 혁신이었다(지속되지는 않았지만). 또 다른, 아마도 더 중요한 혁신은 처음으로 누구나 주식을 거래할 수 있는 보험회사를 설립했다는 것이었다. 이들 보험회사는 투기 리스크를 줄이고자 한 버블법 제정의 결과로 설립되었다.

일반 대중의 투자를 받지만 법적인 책임은 투자한 금액 한도로 제한된 보험회사의 탄생은 위험 분담의 성격을 바꾸어 놓았고, 이에 따라 위험한 시도에 자금을 대려는 성향이 현저하게 강해졌다.

한편, 기술 변화(예를 들어 해상 항법 기술)는 대서양 무역로 개통을 가능하게 했고, 이는 게임의 판도를 바꾸는 변화였다. 부분적으로는 새로운 위험 분담 수단이 등장한 결과 자금을 조달할 수 있었던 유럽, 아프리카, 카리브해를 잇는 새로운 무역로는 19세기 초까지 지배적인 무역 시스템이 되었고 최초의 세계화로 이어졌다고 할 수 있다. 높아진 위험 감수 성향, 자금 조달 여건, 매력적인 수익을 제공하는 투자 수단과 새로운 기회를 잡을 수 있게 해 준 항법 기술의 발전은 투기가 성행할 수 있는 비옥한 토양이 되었다.

기술 발전은 또한 1770년대 영국 운하 붐의 핵심이었다. 왜냐하면 새로운 더 빠른 운송 수단의 탄생은 석탄, 섬유와 농산물을 나를 수 있는 더 싸고 더 빠른 운송로의 가능성을 열었고, 그 결과 큰 관심을 불러 일으켰기 때문이다. 최초의 운하는 1767년 브리지워터 공작에 의해 개통되었는데 맨체스터 북서쪽에 있는 그의 탄광에서 새 직물 공장이 지어진 맨체스터 남서쪽까지 이어졌다. 처음 건설된 운하는 높은 자본이익률을 올렸고, 이는 새로운 투자자와 사업가를 운하

산업으로 끌어들였으며, 또 한 번 익숙한 패턴의 호황과 버블이 나타났다. 운하 붐은 1793년 프랑스 혁명이 시작되면서 정점을 찍었다. 1800년대 운하의 자본이익률은 버블 이전 최고치인 50%에서 불과 5%로 떨어졌고, 25년 후에는 전체 운하의 겨우 25%만이 배당을 지급할 수 있었다(Chancellor 2000).

다음 기술의 큰 물결은 1840년대 영국의 철도 시대와 함께 왔고, 그와 함께 커다란 버블이 일어났다. 철도는 기발한 방법으로 대중의 상상력을 사로잡았는데, 철도 전문 신문과 잡지의 확산이 이 기술에 대한 대중의 관심과 매혹을 부채질했다. 이들은 철도 시장의 발전을 주로 다루었는데, 대개 새로운 노선을 홍보하고 광고 매출을 통해 높은 수익을 올렸다. 비슷한 현상이 한 세기 전 운하 붐 시기에도 나타났었다.

많은 유명 인사들과 정치인들도 철도주의 투자자가 되었다. 그들 중에는 존 스튜어트 밀, 찰스 다윈, 벤자민 디즈라엘리 같은 주요 사상가 및 정치인들뿐만 아니라 브론테 자매도 있었다.[14] 그들만 그런 것도 아니었다. 조지 1세도 남해회사의 투자자였고(Chancellor 2000), 아이작 뉴턴 경 또한 그러했는데 그는 시장이 붕괴됐을 때 2만 파운드, 현재 가치로는 약 300만 파운드의 손실을 본 것으로 알려졌다.[15]

이런 폭넓은 관심으로 점점 더 많은 사람들이 철도주가 '확실한 베팅'이라고 믿게 되었다. 1845년 '성공적인 주식 투자자'로 알려진 어떤 이는《철도 투기에 관한 짧고 확실한 가이드: 철도주로 안전하게 이익을 내는 몇 가지 간단한 규칙》이라는 책을 내기도 했다. 그는 그 책에서 "적절하게 행해진다면 철도 투자보다 자본과 지성이 명예롭고 안전하게 사용될 수 있는 대상은 없다. … 이 나라(영국)의 자본이 이렇게 유익하게 사용된 적은 없었다"고 주장했다. 이때는 영국 철도 버블이 붕괴되기 직전이었다.

약 한 세기 반 뒤에 나타난 기술주 버블과 마찬가지로 투자자들은 최근에 일어난 혁신이 가져올 변화의 영향을 제대로 파악했지만 결과적으로 그러한 혁신이 가져올 잠재적 수익을 과대평가했다. 철도망이 급격히 확대되고 기반시설이 구축되면서 철도산업의 극적인 성장은 의심의 여지가 없었다. 예를 들어 영국의 철도는 1830년 98마일에서 1860년 104,333마일로 늘어났다. 하지만 최종적인 투자 수익은 그러한 높은 기대에 미치지 못했다.

비슷한 일이 1870년대 미국 철도 붐 시기에도 일어났다. 남북전쟁이 끝나면서 미국은 강력한 성장기를 맞이했고 철도 관련 지출과 투자가 크게 증가했다. 1868년부터 1873년까지 철도망 확장과 관련된 은행 대출은 예금보다 7배 빠르게 증가했다.[16]

1920년대 미국의 붐은 기술적, 사회적 변화에 의한 것이었다. 이 시기는 새로운 소비재 산업이 큰 관심을 받으면서 성장한 때였다. 특히 라디오 수요가 기하급수적으로 증가했다. 1920년대 말까지 미국 가정의 거의 3분의 1이 라디오를 구입했다. RCARadio Corporation of America 주가는 5달러에서 500달러로 치솟았다. 하지만 1929년 대폭락이 닥치자 라디오 주식도 곤두박질쳤다. 대부분의 라디오 제조업체가 망했다. RCA 주가는 다른 많은 종목들과 마찬가지로 1929년부터

1932년까지 98% 하락했다. 그리고 그 후 30년 동안 직전 고점을 회복하지 못했다.

통신 섹터도 당시 기술 주도 성장 낙관론에 기름을 부었다. 이 빠르게 성장하는 산업의 중심이었던 미국전신전화회사American Telephone and Telegraph는 가파른 성장을 나타냈고 1913년에는 독립 전화 회사들이 회사의 장거리 전화망에 접속할 수 있도록 허용하는 대신 미국 정부로부터 독점을 인정받았다. 회사는 4,000명 이상의 과학자를 고용했으며, 이 기간 동안 특허가 급증했다. 그들의 첫 전화통화로부터 거의 40년이 지난 1915년, 벨 박사와 토마스 왓슨은 뉴욕과 샌프란시스코 간 3,400마일을 가로질러 최초로 대륙횡단 전화통화에 성공했다. 사람들은 기술 발전과 그것이 가져올 시장 성장 가능성에 더욱 흥분했다.

1920년대 낙관주의 시대에 경제에 대한 자신감에는 신기술뿐만 아니라 "미국식 노사 관계 시스템"이 생산성을 높이고 수요를 증대시키리라는 믿음도 있었다. 노동자에 대한 접근 방식이 대립 구도에서 협력 구도로 전환되면서 노조와 성공적으로 협상하는 노사 관계 모델이 내러티브의 일부를 이루었고, 금주법이 알코올 중독을 줄이고 노동생산성을 높이는 데 도움이 된다고 믿어졌다. 이러한 발전으로 임금 상승과 그에 따른 수요 성장에 대한 기대가 강해졌다. 생산성 향상이 새로운 기술 분야에 대한 투자로 이어지는 선순환이 나타났다.

1920년대 미국 호황의 많은 특징들은 1980년대 일본에서도 찾을 수 있었다. 이 버블은 생산성이 향상되었다는 믿음과 더불어 지나치게 완화적인 통화정책에 의해 야기되었다.[17] 쉽게 조달할 수 있는 자금, 낮은 금리, 강한 경제 성장에 힘입어 선순환이 나타났다. 1981년 초부터 1990년까지 니케이지수는 연평균 20% 상승했다(5배 상승). 자본 비용이 급락하면서 기업은 막대한 양의 자금을 조달할 수 있었고, 이는 투자 및 생산성 붐으로 이어졌다. 1990년대 후반 미국의 경우와 같이 강한 환율이 인플레이션 압력을 완화하는 데 도움이 되었다. 일본은행은 일본 경제의 생산성과 잠재성장률이 높아졌고 통화정책 긴축이 필요하지 않다고 믿었다.

혁신과 신기술이 광범위한 이익을 가져올 것이라는 열광은 20세기 후반 여러 차례 나타났고 1980년대에는 생명공학 부문과 PC혁명에서 뚜렷하게 나타났다. 1981년 컴퓨터 산업의 선도 기업이었던 IBM은 개인용 컴퓨터를 널리 상용화시켰다. PC 수요가 급증했고 1980년대 초 수백 개의 회사들이 PC를 제조하기 시작했다. 그러나 1983년 아타리, 텍사스인스트루먼트, 콜레코를 비롯한 여러 회사들이 PC 사업 실패의 결과로 적자를 기록했다. 얼마 뒤 산업 전체가 붕괴되면서 코모도어, 컬럼비아 데이터 시스템즈, 이글컴퓨터 등 많은 PC 회사가 파산했다. 19세기 철도 붐 이후 나타났던 패턴대로 살아남은 기업들도 주가가 회복되는 데 수년이 걸렸다.

1980년대 일본의 버블도 새로운 시대에 대한 믿음을 반영했는데, 그것은 일본이 세계 최대 경제대국으로 성장할 수 있는 잠재력이었다. 그 당시 가장 인기있었던 책은 에즈라 보겔Ezra F. Vogel 하버드대 명예교수가 쓴 《일등국가 일본: 미국에 주는 교훈Japan as Number One:

Lessons for America》이었다. 이 책은 일본이 어떻게 세계에서 가장 경쟁력 있는 '초강대국'으로 발전했으며 미국과 다른 서구 경제가 직면하고 있는 많은 문제를 피할 수 있었는지 설명했다. 일본 경제의 부상에 관한 언론의 관심도 점점 높아지고 있었다. 서방의 극성 부모는 자녀를 일본어 수업에 등록시키고 변화하는 세상에서 유용한 기술을 배우길 바랬다. 내가 구직 초기 받았던 일자리 제의 중 하나는 당시 일본의 일류 은행에서 받은 것이었는데, 사람들에게 그 얘기를 하면 대부분의 사람들은 글로벌 금융의 최첨단에 서 있는 일본 은행에서 일하면 내 미래가 탄탄대로일 것이라고 생각했다.

흥미롭게도 최근 초점이 중국의 지배로 옮겨지면서 이런 현상은 더 강해졌다. 베스트셀러는 당시의 시대 정신을 포착한다. 2009년 베스트셀러인 마틴 자크Martin Jacques의 《중국이 세계를 지배할 때: 서방 세계의 종말과 새로운 글로벌 질서의 탄생When China Rules the World: The End of the Western World and the Birth of a New Global Order》 또한 그 시대의 관심이나 그에 수반되는 위험과 기회와 함께 세상이 변화하고 있다는 믿음을 반영했다. 그런 미래가 올 것이라는 기대감이 쌓이다가 꺼지면서 일본 증시가 가파르게 상승했다가 무너졌듯이, 정도는 덜했지만 중국에서도 비슷한 패턴이 나타났다. 낙관적인 전망이 만연하면서 상해종합주가지수는 2013년 6월부터 2015년 6월까지 165%(연환산 61%) 상승했다. 이후 글로벌 성장세가 둔화되고 미국이 금리를 올릴 거라는 우려가 높아지면서 2016년 3월까지 48% 폭락했다.

1990년대 후반 많은 나라에서 형성된 기술주 버블은(묶어서 흔히

TMT라고 불렸다) 기술, 통신, 미디어 산업 전반에 걸쳐 광범위하게 나타났고 관련 기업에 활력을 불어넣었다.[18] 강한 경제 성장세와 낮은 금리도 도움이 되었지만 기술 혁신에 대한 매혹과 열광이 핵심이었다. 1915년 최초의 대륙횡단 통화 이후 더 빠른 통신이 가능해질 거라고 흥분했던 것과 마찬가지로, 1990년대에는 이전 어느 때보다 통신 속도가 급격하게 빨라지면서 통신 비용이 급격히 하락할 거라는 기대가 높아져 당시와 유사한 결과로 이어졌다. 뉴욕에서 런던으로 전화를 걸어 3분간 통화했을 때 통화료는 2000년 달러 가치를 기준으로 1990년 4.37달러에서 2000년 0.40달러로 떨어졌다.[19]

규제 완화와 금융 혁신

최소 규제light touch regulation* 혹은 규제 완화는 종종 금융 버블 형성의 재료가 된다. 예를 들어 19세기 초 영국의 철도 붐에서 1720년 남해회사 버블이 터진 후 도입된 버블법의 폐지(1825년)는 중대한 진전이었다. 신규 기업 설립을 통제하기 위해 버블법은 주식회사joint stock company 투자자 수를 다섯 명으로 제한했다. 버블법을 폐지하면서 정부는 더 쉽게 기업을 설립하고 등록할 수 있도록 만들었다. 또한 새로운 기업에 점점 더 열광하던 다수 대중이 투자하기가 훨씬 쉬워졌다. 한편, 앞서 언급한 바와 같이, 새로운 보험회사의 금융 혁신은

* 원칙만 정하고 세세한 것은 정하지 않는 규제 방식

위험을 감수하기에 더 좋은 환경을 제공했다.

19세기 중반 영국에서 철도 붐이 일어나는 동안 신규 철도 건설을 위한 허가 신청 절차가 완화되었다. 절차를 더 빠르게 진행하기 위해서 1845년에는 신청서가 바로 하원 특별 위원회 앞으로 보내졌다. 하지만 많은 국회의원이 철도 투기에 연루되어 있는 이해 당사자였다. 그 결과 엄청난 수의 허가가 내려졌고 투기에 더욱 기름을 부었다. 1846년까지 272건의 철도회사 신설 법안이 통과되었다.

규제가 완화되고 새로운 제도가 잘 작동할 것이라는 자신감이 커지면서 1920년대 붐이 일어나는데 일조했다. 1913년 연방준비제도의 설립은 1990년대 중앙은행 독립의 물결과 마찬가지로 투자자의 더 큰 신뢰로 이어졌고, 캘빈 쿨리지 대통령의 당선은 반독점법 완화와 기업 인수합병 물결의 길을 열었다.

1980년대 일본 버블 또한 부분적으로는 규제완화 과정에 의해 야기되었다. 예를 들어 1981년 일본 재무성은 자국 기업이 런던 유로본드 시장에서 신주인수권부사채를 발행할 수 있도록 허용했다. 신주인수권은 매수자가 만기일 이전에 지정된 가격으로 회사의 주식을 매수할 수 있는 권리다. 급격한 주가 상승세로 신주인수권 가치가 높아져서 일본 기업은 엄청나게 낮은 금리에 신주인수권부사채를 발행할 수 있었다. 더 많은 기업이 낮은 금리에 자금을 조달하고 신주인수권사채를 발행할수록 일본 주식을 매수하려는 수요가 더 커졌다. 달러로 발행할 수 있었다는 것은 신주인수권부사채를 발행할 또 다른 이유가 되었다. 1985년 플라자합의 이후 달러 가치가 거침없이 하락했기 때문에 투자자들은 채권 만기까지 엔화가 달러 대비 상승할 것으로 전망했고 이는 선순환을 낳는 듯했다.

1984년 일본 재무성은 기업이 특별 계정, 소위 '토킨Tokkin 계정'을 만들어 주식을 보유할 수 있도록 허용했는데, 이는 이익이 나도 어떤 세금도 내지 않고 주식을 매매할 수 있는 제도였다. 1980년대 중후반까지 기업이 주식 투기에서 벌어들인 이익이 가파르게 늘어나면서 대부분의 업체가 뛰어들었다. 많은 기업이 이익의 절반 이상을 토킨계정에서 벌어들였는데, 전체 이익은 1985년 2,400억 엔에서 1987년 9,520억 엔으로 증가했다(Chancellor 2000). 가계 부문의 부채도 증가했다. 1989년 도쿄에 있는 일본신용상담협회에 도움을 요청한 사람 중 거의 절반이 11개에서 20개의 신용카드를 가지고 있었다.[20]

1990년대 기술주 버블 또한 금융상품 혁신이 기름을 부었다. 파생상품시장의 성장이 버블의 중요한 동인이었다. 1994년부터 2000년까지 금리 및 외환 관련 파생상품의 명목 금액은 457% 증가했는데, 이는 2001년부터 2007년 사이에 기록한 452%에 뒤지지 않았다.[21]

2000년대 파생상품 시장이 호황을 누리는 동안 주택시장에서는 또 다른 혁신이 나타났는데, 이는 서브프라임 붐과 이후 나타난 2007~2008년 은행산업과 주식시장 붕괴의 핵심 원인으로 작용했다. 이 버블은 전반적인 증시 밸류에이션에서 딱히 그렇게 뚜렷이 나타나지 않았지만, 버블이 터지자 주가가 엄청나게 하락했다. 금융기관 최소 규제는 금융상품 혁신과 함께 붕괴 전에 나타난 주택시장 붐의 중요한 요인이었다. 카를로타 페레즈Carlota Perez(2009)가 말했듯이,

"2000년대 중반 '우주의 지배자들masters of the universe'라는 용어는 끝없는 번영을 설계한 것만 같았던 금융 천재들을 가리키기 위해 종종 사용됐으며, 그들이 리스크를 금융 우주의 광대한 복잡성 속으로 분산시켜 어찌어찌 마법처럼 증발시킨 강력한 혁신가로 여겨졌다는 것을 보여준다."

1990년대 호황기에 은행은 막대한 양의 고위험 주택담보대출을 주택저당증권(MBS)과 부채담보부증권(CDO) 형태로 유동화해서 금융시장에서 팔 수 있었다. 이러한 혁신을 통해 투자 기관은 주택담보대출 상환금에서 수익을 얻는 동시에 기초자산의 신용위험에 노출되었다.

문제는 주택시장이 무너지기 시작하자 악순환이 일어났다는 점이다. 은행들이 파산하고 전 세계 기관으로 분산된 신용리스크가 자산시장 전체의 약세로 이어졌다. 많은 CDO[22] 상품이 '시가평가' 기준으로 평가됐기 때문에 가격이 하락하면서 채권시장이 붕괴되었고 그 결과 시장 유동성이 말라붙었다. 은행들은 막대한 규모의 자산을 상각해야 했다.[23]

손쉬운 대출

그 이후의 많은 다른 버블과 마찬가지로 1873년 미국 철도 버블에서 신규 진입자의 급격한 증가를 촉진한 것은 손쉬운 대출과 철도회사 주식을 담보로 대출을 제공한 새로운 은행의 등장이었다. 점점 더 많은 철도회사가 개인투자자가 증거금만 내고 주식을 청약하는 것을 허용했는데, 개인투자자는 보통 10%만 예치하고 나머지 금액은 철도 회사가 이후에 언제든지 요구할 수 있는 권리를 가졌다(물론 이 권리는 나중에 실제로 행사되어 사태를 더욱 악화시켰다).

대출의 증가가 철도 확장에 자금을 공급했다. 1865년부터 1873년까지 미국 철로는 35,000마일에서 70,000마일로 증가했는데, 1873년 한 해에만 18,000마일이 깔렸다. 다른 많은 버블에서 그러했듯이, 철도주 밸류에이션이 빠르게 확장되었다. 1872년 364개의 철도회사 중 194개만 배당금을 지급했다. 규제가 강화되면서 철도 사업가들은 빠른 성장을 지속하기 위해 더 많은 자본을 확보해야 했다. 당시 이름난 금융회사였던 존크룩컴퍼니John Crooke and Company는 두 번째 북태평양철도Northern Pacific Railway를 건설하려다 지나치게 무리를 하고 말았다. 정부로부터 거액의 대출을 받은 후 회사의 채권은 물론 회사 상황이 좋지 않은 것 같다는 우려가 퍼졌고, 결국 1873년 회사가 파산을 선언하자 증시가 폭락하기 시작했다. 이는 결과적으로 연쇄 부도로 이어졌다. 다수의 중개업자가 도산했고 그해 뉴욕거래소는 시장 붕괴를 막기 위해 12일 동안 문을 닫았다.

존 케네스 갤브레이스John Kenneth Galbraith(1955)는 신용 거래의 폭발적인 증가 또한 1929년 폭락의 중요한 원인이었다고 주장했다. 이는 1987년 폭락에서도 중요한 요인이었지만, 손쉬운 대출은 일본 버블에서도 핵심이었다. 매우 낮은 금리와 자본비용 덕분에 일본 은행은 자산을 마구 늘릴 수 있었다. 1988년 세계 10대 은행이 모두 일본 은행이었고, 이들은 자본비용상 이점을 이용해 세계 시장 점유율을 높일 수 있었다. 당시 일본 은행은 국제 금융시장에서 가장 큰 대출 기관이었으며 전 세계 시장 점유율이 20%를 넘었다. 일본 은행의 눈부신 성장과 시가총액 증가로 1980년대 후반 일본에서 가장 큰 13개 은행의 시가총액 합계는 이들을 제외한 글로벌 상위 50개 은행 시가총액 합계의 5배가 넘었다.[24] 반면 오늘날에는 자산 기준 상위 4개 은행이 중국 은행이다.

낮은 금리와 쉬운 대출은 1990년대 후반 닷컴 버블의 특징이기도 했다. 1997년 기록적인 금액의 자본이 나스닥으로 유입되었다. 1999년까지 전체 벤처캐피털 투자액의 39%가 인터넷 기업으로 흘러 들어 갔다. 그 해 총 457건의 IPO 중 295건이 인터넷 관련 기업이었고, 다음해에는 1분기에만 91건에 달했다(Hayes 2019).

새로운 밸류에이션 방법

역사상 많은 버블이 '이번에는 다르다'는 믿음으로 불이 붙었고, 그렇게 믿은 투자자들은 기업가치를 평가하는 새로운 방법을 찾아 정당화하려고 했다. 예를 들어 1920년대에 몇몇 학자들은 주식이 채권보다 더 위험하지 않고 잠재적 수익은 더 크다고 주장했다.[25] 또한 많은 연구에서 주식의 복리 효과가 강조되었다.[26]

다른 사람들은, 찰스 다이스Charles Dice가 《주식시장의 새로운 지평 New Levels in the Stock Market》[27]에서 주장했듯이, 1920년대 후반 주가가 너무 낮았다고 말했다. 그 주장에 따르면 시장은 아직 미국 산업의 가치를 높이고 있는 생산, 유통, 금융 분야의 3가지 혁명을 가격에 반영하지 못하고 있었다.

이와 유사한 열광이 1950, 1960년대 증시 호황기, 특히 미국에서 두드러지게 나타났다. 벤저민 그레이엄Benjamin Graham은 《현명한 투자자The Intelligent Investor》(1949)[28]에서 연준이 매우 낮은 금리로 불황을 피하려고 노력하면서 경제의 성장 잠재력이 증가했고 그에 따라 주식 가치도 올라갔기 때문에 "낡은 가치평가 기준이 더 이상 쓸모가 없게 되었다"고 주장했다.

높은 밸류에이션을 정당화하려는 시도는 1990년대 일본 버블 기간에도 만연했다. 1980년대 말부터 1990년대 초까지 주식 P/E 비율 급등은 주식 수익률 스프레드equity yield spread*의 상승으로 이어졌다. 오키나Okina, 시라카와Shirakawa, 시라츠카Shiratsuka(2001)에 의하면 일반적으로 사용되는 할인율 가정하에 1990년 주식 수익률 스프레드로부터 계산한 명목 GDP 기대성장률은 약 8%에 달했다. 이는 낮은 인플레이션과 인구 구조 변화를 고려할 때 당시(물론 그 이후에도)에 좀처럼 상상하기 어려운 수준이었다. 따라서 다른 많은 버블 사례와 마찬가지로 당시 주가는 장기적으로 지속될 수 없는 낙관적인 기대의 고조를 반영하고 있었다.

영국 《이코노미스트Economist》는 1989년 4월 15일에 다음과 같이 썼다. "일본 투자자는 자국 우량 기업이 구조조정을 통해 수익원을 완

---

* 기대성장률과 리스크 프리미엄의 차이

전히 바꿨음을 깨달았다. 이로 인해 이익이 너무 불안정해지면서 P/E 비율 같이 경직된 잣대에 의미를 부여하기 어려워졌다. 대신에 투자자는 기업이 보유한 전체 자산의 가치를 살펴보고 해당 기업의 미래 현금흐름을 평가하기 시작했다. … 이는 주가가 저평가되었을 수 있다는 것을 의미한다."

버블 기간 동안 어떤 테마가 진짜라는 투자자들의 확신 또한 밸류에이션이 올라가는 데 영향을 미쳤다. 이러한 현상은 1870년대 철도 버블 기간에도 일어났고, 1990년대 닷컴 버블에서도 반복되었다. 닷컴 버블 당시 주가를 분석한 후 쿠퍼Cooper, 티미트로프Dimitrov, 라우Rau(2001)는 1990년대 후반 인터넷이나 IT 관련 용어로 이름을 바꾼 기업 주가가 발표 이후 평균 53% 상승했다는 것을 발견했다. IT 산업과 관련이 거의 없거나 IT 산업에 속해 있지 않은 경우에도 말이다.[29]

회계 부정과 스캔들

버블이 터진 후 회계 부정이 드러나는 것은 역사를 통틀어 반복되는 버블의 또 다른 특징이다.

영국 철도 버블 3년 후인 1848년, 아서 스미스Arthur Smith는 《세기의 버블 혹은 철도 투자, 회계, 배당의 오류The Bubble of the Age; or, the Fallacy of Railway Investment, Railway Accounts, and Railway Dividends》[30]라는 제목의 책을 썼다. 영국 철도 버블과 관련해 흥미로운 점은 버블이 터지자 회계 부정이 일어났었다는 폭로가 광범위하게 나타났다는 것이다. 아서 스미스는 그 전 몇 년 동안 일어난 철도주 붐이 광범위한 회계 부정을 초래했다고 주장했다. 그는 "기관차 도입 이후 모든 철도회사 배당금이 자본금 일부를 수익으로 인식하는 방법으로 지급되었다. 이것은 사실상 자본금으로 배당을 지급하는 것과 다름없었다. 철도회사들은 지점 신설이나 철도망 확장과 무관하게 항상 결의한 배당금보다 많은 추가 출자를 요구했다"고 했다. 그러한 작전 중 하나는 영국 하원의원인 조지 허드슨George Hudson에 의해 주도되었는데, 그가 자본금에서 배당을 지급하는 사기 행각에 연루되면서 실패로 끝났다(남해회사 버블에서도 비슷한 일이 일어났다).

벤저민 그레이엄과 데이비드 도드David Dodd는 1934년 저작 《증권 분석Security Analysis》에서 "1928, 1929년 전까지 온갖 문제에도 불구하고 지켰던 규제가 전면적이고 재앙적으로 완화됐다. 이에 질이 떨어지는 증권 발행이 크게 증가했는데, 부분적으로는 다분히 미심쩍은 공시 방법의 덕을 본 것이었다. 시장이 전반적으로 하락하자 이렇게 불건전하고 발행한지 얼마 안 된 물건이 특히 심각한 타격을 입었는데, 그 결과 많은 투자자가 놀랄 만큼 끔찍한 손실을 입었다"고 썼다.

1990년대 일본 버블에서는 '재테크' 혹은 토킨계정이 생겨나면서 기업이 많은 자산을 조작할 수 있게 되었고, 이는 결국 회계 스캔들로 이어졌다. 1991년 여름 이와 관련된 사건이 줄줄이 터졌다. 그 중 하나는 일본에서 가장 큰 증권사들로부터 소수의 비밀 고객에게 10억 달러가 넘는 금액을 비밀리에 송금하는 일이 엮여 있었다. 이는 1987년과 1990년 시장 하락에서 고객이 입은 매매 손실을 보상하기 위한 것이었다. 당시 세계 최대 증권사였던 노무라증권이 도큐 주식회사Tokyu Corp. 주가를 조작했다는 혐의가 제기되기도 했다.[31]

하지만 스캔들로 인한 비난이 지속되었고 토카이은행Tokai Bank과 교와사이타마은행Kyowa-Saitama Bank을 비롯해 많은 은행이 파산했는데, 이들 은행은 가짜 예금증서를 고객에게 발급해 부동산 대출 담보로 사용하도록 해 지탄을 받았다.[32]

그레이엄과 도드(1934)는 "새로운 시대는 기존에 확립된 기준으로 시장을 판단하는 대신 시장 가격에 기반해 가치를 판단했다"고 했다.

1990년대의 기술 버블 또한 적지 않은 스캔들과 부정이 드러났다. 아마도 가장 유명한 것은 엔론Enron 사태일텐데, 《포춘Fortune》은 이 회사를 1996년부터 2001년까지 6년 연속으로 미국에서 가장 혁신적인 기업으로 선정하기도 했다.[33] 2001년 12월 2일 엔론이 파산을 신청하자 외부감사를 받은 재무제표가 회사의 장기차입금을 250억 달러 과소계상하고 있다는 사실이 명백하게 드러났다. 월드컴Worldcom은 버블이 낳은 또 다른 스캔들이었다. 당초 38억 달러의 비용을 자본적 지출로 회계처리했다고 알려졌는데, 이후 충당금 조작과 관련된 33억 달러의 부정이 추가로 드러났다.

요약하면 이 장에서 논의한 사례마다 분명히 차이는 있지만 버블 혹은 광기의 기간에서 공통적으로 나타나는 특징은 다음과 같다.

- '새 시대' 혹은 기술에 대한 믿음
- 탈규제와 금융 혁신

- 손쉬운 대출과 좋은 금융 조건
- 새로운 밸류에이션 기준의 정당화
- 회계 스캔들과 비리의 발생

이것들은 강세장이 버블로 바뀌고 있으며 버블이 터지면 심각한 구조적 약세장으로 전환되거나 적어도 시장 일각에 상당한 손실이 나타날 수 있다는 경고 신호다.

LONG GOOD BUY

제3부

미래를 위한 교훈
금융 위기 이후, 무엇이 변했고 그 의미는 무엇인가?

9장 금융 위기 이후 사이클은 어떻게 다른가?
10장 제로 아래: 초저금리의 영향
11장 기술이 사이클에 미친 영향

9장

금융 위기 이후 사이클은 어떻게 다른가?

사이클마다 차이가 있지만, 2007~2009년 글로벌 금융 위기 이후의 상황은 특히나 이례적이다. 경제와 금융시장 사이의 많은 전통적인 패턴과 관계가 바뀌었고 어떤 경우에는 무너진 것처럼 보인다. 이런 변화를 이해하면 금융 위기 이후 우리가 봐 온 시장 움직임의 맥락을 파악하고 향후 사이클이 어떻게 변화할지 전망하는 데 도움이 된다.[1]

2007~2009년 금융 위기와 그 여파는 위험자산 가격 폭락과 글로벌 경제에 미친 영향 두 가지 모두 대단히 충격적이었다. 글로벌 경제에 미친 충격은 10조 달러 이상으로 추산되었는데, 이는 2010년 한 해 세계 경제 규모의 6분의 1에 달하는 규모다. 금융기관 자산은 2조 달러 이상 상각됐다. 어떤 애널리스트들은 금융 위기의 영향이 그보다 훨씬 컸을 가능성도 제시한다. 그런 연구 중 하나는 금융 위기로

미국 총생산이 영구적으로 약 7%p 감소했다고 추정하면서, 이는 모든 미국 시민이 현재가치 기준 7만 달러의 생애 소득 손실을 입은 것과 마찬가지라고 했다.[2] 당시 영국 중앙은행 총재였던 멜빈 킹Mervyn King 경은 "이번 위기는 역사상 가장 심각한 금융 위기는 아닐지 모르지만 1930년대 이후 가장 심각한 금융 위기임에는 분명하다"고 했다.[3]

주식시장 또한 엄청나게 하락했다. 미국 증시가 57%, 전 세계 증시(MSCI월드지수)가 59% 하락하여 이 기간은 6장에서 제시한 정의에 따라 보기 드문 구조적 약세장으로 확실하게 구분할 수 있다.

시장이 위기에 들어가고 약세장이 시작되는 패턴 측면에서는, 깊은 경기 침체가 시작될 무렵 상당히 전형적인 시장 사이클이 나타났다. 하지만 저점을 찍은 후 회복 국면은 과거 패턴이 깨졌는데, 이는 위기의 2차 효과가 전 세계로 퍼져 나가면서 연이어 발생한 충격파에 의해 사이클이 전형적인 경로에서 크게 이탈했기 때문이다. 위기의 진앙지는 서브프라임 모기지 시장이 붕괴되고 그와 관련해 신용 및 은행 문제가 일어난 미국 주택시장이었음에도, 그 영향은 유럽 은행들로까지 뻗어나갔다. 이 은행들은 당시에 레버리지가 엄청나게 높았고, 큰 손실을 보고 있던 남유럽 부동산 익스포저가 컸다. 그 결과, 유럽에 재정위기가 나타났다(2010~2012년). 세 번째 충격파는 주로 아시아에서 나타났는데 중국이 성장률 하락에 대응해 2015년 8월 미국 달러화 대비 위안화를 평가절하하면서 시작됐다. 원자재 가격이 폭락했는데, 브렌트유 가격은 2014년 여름 배럴당 100달러 부근에서 2016년 1월 46달러로 절반 이상 하락했다.

금융 위기의 세 차례 파도

이들 충격파는 각각 다른 지역에서 터져나온 스트레스 원인과 관련지어 설명할 수 있다.

미국에서 터진 첫 번째 충격파는 주택시장 붕괴와 함께 시작되어 광범위한 신용경색으로 확산되었고 리먼브라더스 파산 신청, 부실자산구제프로그램$_{TARP}$ 및 양적완화$_{QE}$[4] 정책의 시작과 함께 끝났다.

유럽에서 시작된 두 번째 충격파는 유럽 은행의 미국 익스포져가 레버리지로 인해 대규모 손실로 이어지면서 시작돼 유럽 재정위기로 확산되었는데, 유로존의 부채 공유 매커니즘 부재도 한 가지 원인으로 작용했다. 유럽 재정위기는 그리스 국가부채 위기와 그리스 국채를 보유한 민간 투자자의 손실 분담$_{bail-in}$ 협상에서 절정에 달했다. 유럽 재정위기는 ECB의 무제한 국채매입$_{Outright\ Monetary\ Transactions,}$ $_{OMT}$[5] 프로그램 도입, 유로화를 지키기 위해 '무엇이든$_{whatever\ it\ takes}$' 하겠다는 약속, 그리고 QE 실행으로 끝이 났다.

이머징 시장에서 시작된 세 번째 충격파는 신흥국 증시를 강타한 원자재 가격 붕괴 및 경제 활동 침체와 함께 나타났는데, 2013년 6월부터 2016년 초까지 지속되었다.

이 세 차례 충격파가 미국, 유럽, 이머징 증시에 미친 영향을 도표 9.1에 음영으로 표시했다. 미국에서 시작된 충격파는 전 세계 신용시장과 은행 재무상태표를 손상시키면서 순식간에 글로벌 충격으로 확대되었다. 모든 주요 증시가 동반 하락했는데, 상대적으로 베타가 높

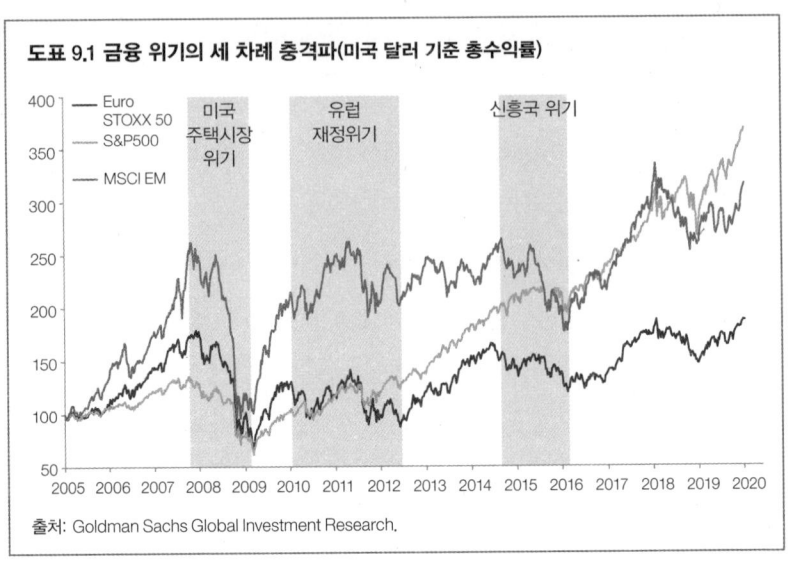

도표 9.1 금융 위기의 세 차례 충격파(미국 달러 기준 총수익률)

출처: Goldman Sachs Global Investment Research.

고 세계 무역 성장세 둔화에 가장 취약한 신흥국 증시가 가장 큰 폭으로 하락했다. 제로금리와 양적완화 정책 시작으로 촉발된 반등 또한 전 세계에 영향을 미쳤는데, 당초 가장 크게 하락했던 신흥국 증시가 강하게 반등했다.

하지만 위기가 유럽으로 확산되면서 회복이 중단됐다. 은행의 높은 레버리지와 유로존 재정 시스템의 제도적 취약점이 조합돼 유럽 재정 위기와 또 한 번의 심각한 하락으로 이어졌다. 그러나 이 기간에 미국 경제와 증시는 다른 나라와 디커플링되어 가파른 상승세를 이어갔다.

반면 유럽은 영향이 심각했고 2012년 7월 말에는 유로존 금융 시스템이 중대한 위기에 처했다. 2012년 여름 스페인 10년 만기 국채 수익률은 7.5%를 넘었고 2년 만기 국채 수익률은 7%에 근접했다. 스페인 국채 금리가 만기 불문하고 정부 재정이나 거시경제가 지속 불가능한 수준까지 상승하자 국채시장이 마비될 위기에 처했다. 스페인 금융 시스템의 광범위한 작동에 국채시장이 핵심적인 역할을 하고 있었기 때문에(그리고 은행과 정부가 긴밀히 연결되어 있었기 때문에) 스페인 은행 산업도 위기에 내몰렸다. 다른 주변국으로 급격하게 전염이 일어나면서 이탈리아 국채 수익률도 7%까지 치솟았고, 유로화와 유로존이 실존적 리스크existential risk에 직면했다는 생각이 널리 퍼졌다.

ECB의 적극적인 정책 개입과 유로화를 지키기 위해 '필요한 일이라면 무엇이든' 하겠다는 구두 약속 이후 리스크 프리미엄이 하락하고, 마침내 전 세계 증시가 반등에 성공하면서 다시 한번 시장의 기대를 좌지우지하는 중앙은행의 힘을 확인할 수 있었다. 무엇이든 하겠다는 발언 이후 ECB 총재 마리오 드라기는 2012년 9월 기자회견에서 무제한 양적완화 프로그램OMT을 발표했다. 유로안정화기구European Stability Mechanism, ESM에 포함된 조건을 수용한 유로존 회원국이 시장에서 국채를 발행할 수 있는 경우, ECB가 무제한으로 단기 국채를 매입할 수 있는 프로그램이었다.

하지만 상황이 진정되는 것 같던 바로 그때, 원자재 시장과 신흥국 증시의 현저한 약세가 세 번째 충격파를 촉발했는데, 중국이 그 중심에 있었다. 유럽은 이머징 시장 익스포져가 커서 또 한 번 타격을 입었지만, 미국 증시는 조정 폭이 상대적으로 적고 조정 기간도 짧아 다시 한번 상대적으로 안전한 피난처로 여겨졌다.

상대수익률에 현저한 차이가 있긴 했지만, 2016년 중반 이후 주식시장과 채권시장이 동반 상승했다. 공격적인 통화정책 완화와 양적완화 정책은 금융시장 밸류에이션을 밀어 올리는 데 큰 영향을 미쳤다. 많은 학계 논문에서 QE가 채권 가격에 미친 영향, 특히 QE 발표 이후 영향을 확인할 수 있었다. QE가 주식시장에도 유의미한 영향을 주었다는 것을 보여 주는 논문들도 나왔는데, 영국 FTSE 전 종목 지수UK FTSE All-Share Index와 미국 S&P500 지수의 경우 "비전통적 정책 수단의 채택이 최소 30%의 상승을 일으켰다"는 추정도 있었다.[6]

전 세계 모든 증시가 동반 상승하면서 마침내 금융 위기의 충격을 모두 떨쳐 버렸다. 꼬리에 꼬리를 물고 일어난 위기에서 2016년은 중요한 전환점이었는데, 지역간 동조화된 강한 경제 성장과 정치적/시스템적 리스크의 감소로 전 세계 증시가 동반 상승했다. 성장세가 강해지고 이익이 증가하면서 금융 위기 이후 사이클에서 처음으로 주가 상승의 대부분이 밸류에이션 확장이 아니라 이익 성장에서 나왔다.

당연하게도 글로벌 증시가 급등했는데, MSCI 글로벌 지수MSCI AC World 지수는 위험조정 기준으로 1980년대 중반 이후 가장 높은 수준의 수익률을 기록했다.

금융시장과 경제의 이례적인 격차

2009년 이후 사이클의 '전형적인' 국면들이 앞서 언급한 문제들로 인해 왜곡되기도 했지만, 몇 가지 근본적인 측면에서 사이클의 성격과 형태가 달라지기도 했다.

특히 금융 위기 이후 기간은 경제 사이클이 유달리 길고 성장세가 훨씬 약했다는 점에서 이례적이다. 미국을 예로 들면, 이 글을 쓰는 지금, 지난 150년을 통틀어 가장 긴 확장 국면이 지속되고 있다. 비록 미국 경제가 최근 몇 년 동안 아시아와 유럽보다 강한 회복세를 나타냈지만, 여전히 '일반적인' 경기 침체에서 벗어날 때와 비교해 회복세가 느리다. 도표 9.2는 2009년 경기 침체 이후 경제 성장 경로를 과거 50년 경기 침체에서 벗어날 때 평균적인 회복세와 비교한 것이다.

금융 위기 이후 저성장의 고착화는 세계 다른 지역들, 특히 국가부채 및 은행 위기의 영향이 더 컸던 유럽에서 더 뚜렷하게 나타났다.

하지만 금융 위기 이후 나타난 경제 활동의 느린 회복과 낮은 인플레이션의 조합은 주택 혹은 은행 부문 붕괴로 발생한 과거 경기 침체 이후 회복기의 특성과 일치한다. 금융 위기 이전 레버리지 수준을 감안할 때 이는 그다지 놀라운 일이 아니다. 많은 연구 결과에 따르면 큰 레버리지 사이클 뒤에 나타나는 경기 사이클은 회복이 느리고 약한 경향이 있다. 예를 들어 샌프란시스코 연방준비은행은 1850년 이후 약 200번의 경기 침체 사례 연구[7]에서 경기 침체 이후 회복 기간 특성이 경기 침체 이전 상황에 크게 의존한다는 것을 발견했다. 좀 더 구체적으로 말하면 "금융 위기 정점 이후 나타나는 경기 침체와 회복 경로는 일반적인 경기 정점 이후 나타나는 것보다 훨씬 길고 고통스러운 경향이 있다"는 것이다. 다른 연구에서도 결과는 비슷했다.[8]

과거 전 세계의 금융 스트레스 사례에 대한 연구도 마찬가지로 큰 폭의 반영구적인 총생산 손실을 가리킨다. 크리스티나 로머Christina

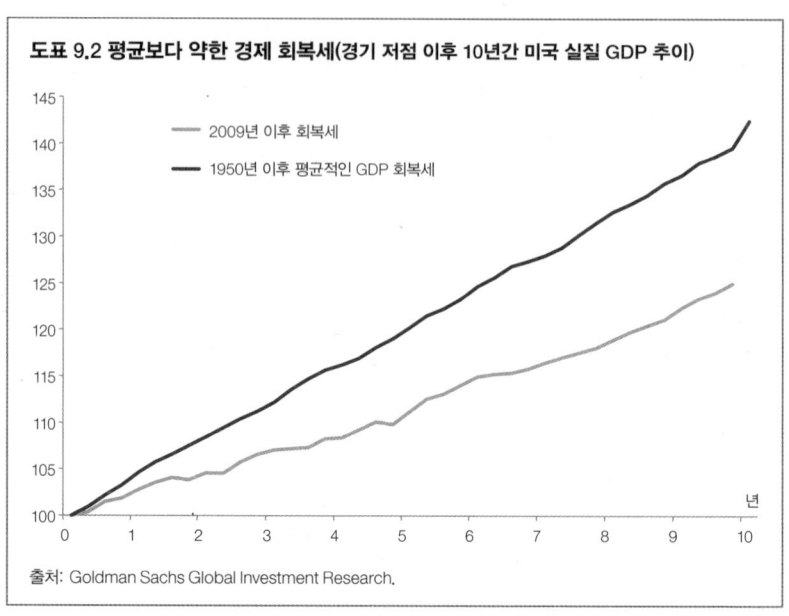

Romer와 데이비드 로머David Romer는 경제협력개발기구OECD 회원국 패널 연구를 통해 심각한 금융 위기 이후에는 국내총생산이 통상 9%p 정도 감소한다는 것을 발견했다.[9]

흥미롭게도 2008년 경기 침체 이후 미국 경제의 회복 속도는 1980년대 말 은행과 부동산시장 붕괴 이후 1990년대 초 일본 경제의 회복 속도와 매우 비슷한 수준이었다. 비록 일본의 회복 속도가 보다 최근에 미국이 달성한 수준에는 미치지 못했지만 말이다.

금융 위기 이후 사이클에서 놀라운 점은 주가 반등의 강도였는데, 약한 경제 회복세를 고려할 때 더더욱 그렇다. 도표 9.3에서 볼 수 있듯이, 경제 회복세가 1990년대 일본과 비교적 유사한 특성을 나타냈

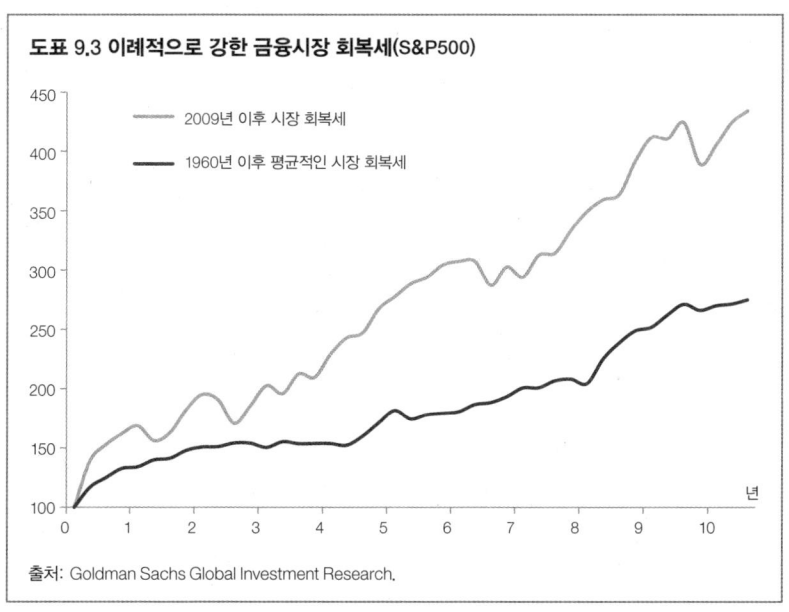

도표 9.3 이례적으로 강한 금융시장 회복세(S&P500)

출처: Goldman Sachs Global Investment Research.

지만 미국 주식시장은 경기 침체 이후 '평균적인' 회복기보다 훨씬 강했고 1990년대 일본의 약세장 이후 회복기와 비교해서도 훨씬 강했다(도표 9.4). 이번 사이클의 성공은 그 지속 기간이었다. 금융 위기 이후 주식 사이클은 S&P500 지수를 기준으로 10년 이상 호황을 누리며 역사상 가장 긴 강세장을 기록했다.

바꿔 말하면 금융 위기 이후 잇따라 충격파가 밀어닥쳤지만 증시는 2009년 저점을 찍은 이후 전반적으로 강했다. 증시 회복 중 얼마만큼이 느슨한 금융 상황, 제로 금리, QE의 결과인지 구분하기는 어렵지만, 이번 사이클 증시 회복세가 과거 유사한 수준의 약세장이 나타났을 때보다 훨씬 가팔랐다는 것은 분명한 사실이다.

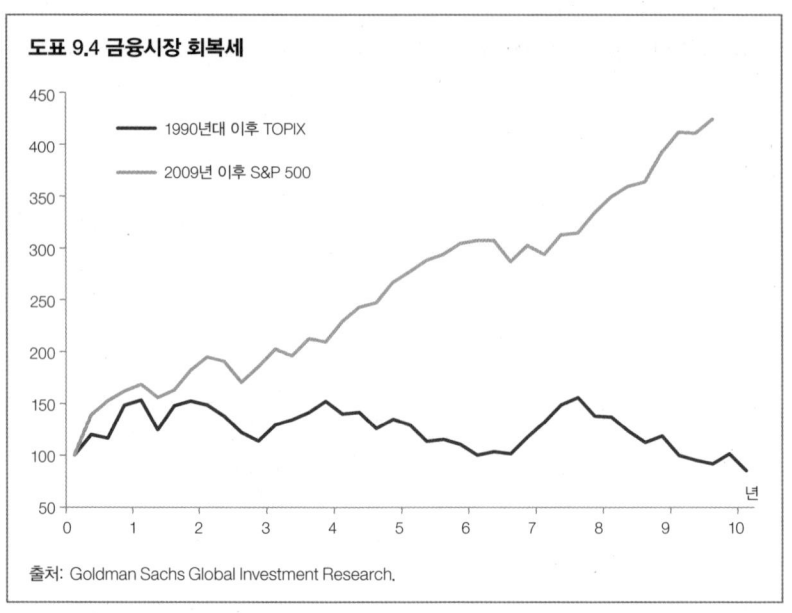

도표 9.5는 주요 약세장 이후에 손실 회복 기간을 보여준다. 이번 사이클은, 적어도 미국에서는, 1929년 미국과 1990년 일본의 붕괴 이후보다 훨씬 빨랐다. 이번 사이클에서는 위기 발생 후 4년 이내에 직전 고점을 회복했지만, 1929년 이후 미국과 1990년 이후 일본 사이클에서는 같은 시기 직전 고점의 50%를 회복하는 수준에 그쳤다.

모든 보트가 유동성 파도에 떠올랐다

지난 10년간 모든 금융자산의 성공은 부분적으로 무위험수익률 하락이라는 한가지 공통 요인에 의해 이루어졌으며, 이는 밸류에이션

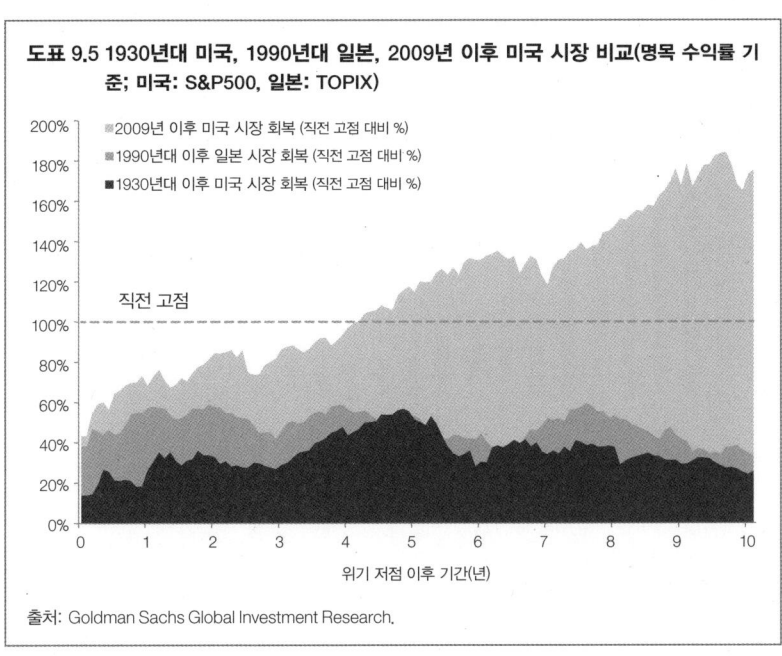

도표 9.5 1930년대 미국, 1990년대 일본, 2009년 이후 미국 시장 비교(명목 수익률 기준; 미국: S&P500, 일본: TOPIX)

출처: Goldman Sachs Global Investment Research.

상승의 원인이었다. 비록 주식이 채권보다 높은 수익률을 거두긴 했지만, 완화적인 통화 정책의 영향은 모든 자산군에서 감지되었다.

위기 이후 공격적인 완화 정책은 자산 수익률에 유의미한 영향을 미쳤다. 실제로 실물 경제에서 측정한 '인플레이션'과 금융자산 인플레이션 간 차이가 이번 사이클에서 두드러지게 나타났다(도표 9.6). 금융자산은 상당한 인플레이션을 경험했는데, 그중 대부분은 금리가 무너져 내리면서 밸류에이션이 상승했기 때문이었다.

그 결과 금융 위기 이후 기간은 표준적인 '혼합balanced' 포트폴리오(여기서는 60%를 미국 주식, 40%를 미국 국채로 편입하는 포트폴리오)가 가장 길고 가장 강력한 강세장을 기록한 기간이었다.

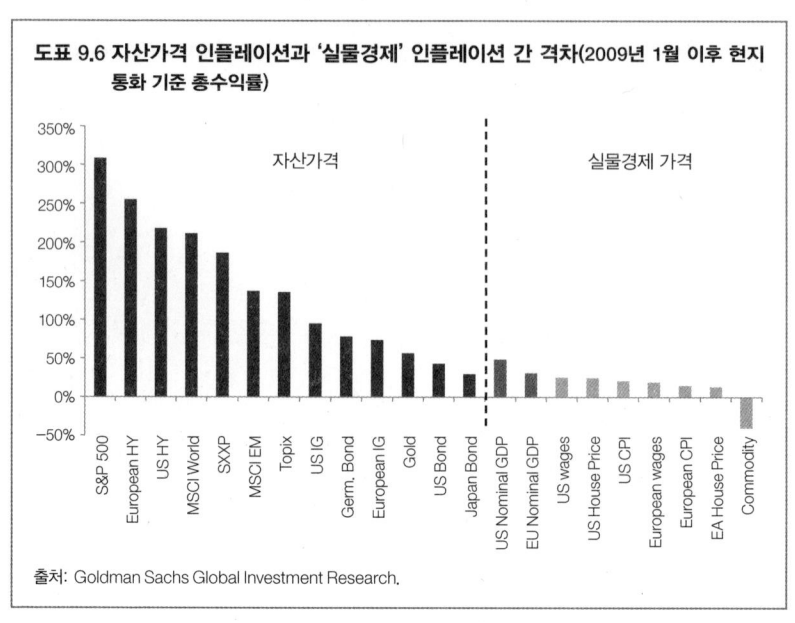

보기 드문 수익률 상승 동인

밸류에이션 상승이 수익률에 기여한 정도는 시장마다 다르지만, 도표 9.7에서 보듯이 금융 위기 이후 기간은 적어도 과거 평균적인 강세장과 비교해 수익률의 더 많은 부분이 밸류에이션 상승에서 나왔다. 특히 유럽 시장에서 그랬다. 이익 증가세가 상대적으로 강했던 미국 주식시장에서도 밸류에이션이 시장 수익률에서 차지하는 비중이 과거 평균적인 사이클과 비교해 3배로 컸다. 약 3분의 1의 수익률이 밸류에이션 상승에서 나왔는데 이전 사이클에서는 비슷한 기간 동안 평균 10%를 조금 넘는 수준이었다. 마진 상승 또한 이전 사이클에

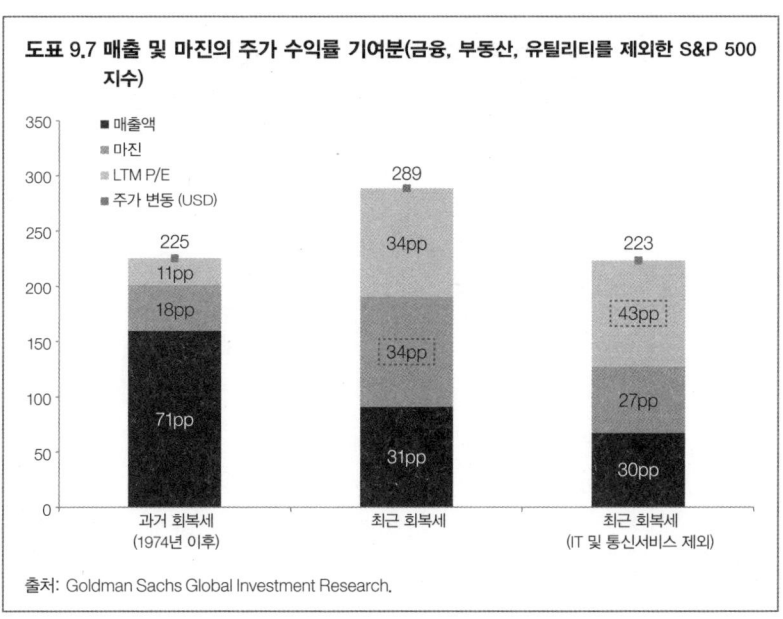

비해 수익률의 더 많은 부분에 기여했다(부분적으로는 IT산업의 마진이 급격히 상승했기 때문이었다). 한편, 일반적으로 수익률의 약 절반을 차지하는 매출 성장은 약했는데, 전반적으로 훨씬 낮은 인플레이션이 한 가지 원인이었다.

낮은 인플레이션과 이자율

금융 위기 이후 또 다른 중요한 변화는 금리와 채권 수익률에서 나타났는데, 이 주제는 10장에서 더 자세히 논의할 것이다.

도표 9.8 10년 만기 채권 수익률 − 인플레이션

출처: Goldman Sachs Global Investment Research.

하락한 것은 명목금리와 인플레이션만이 아니었다. 장기실질금리 (명목금리 − 인플레이션) 또한 크게 하락했다(도표 9.8).

여기에는 여러 가지 이유가 있다. 한 가지 설명은 투자 규모를 초과하는 과잉 저축이 균형 실질 금리를 끌어내렸다는 것이다. 통화 정책이나 재정 지출 변화가 사실 금리의 가장 중요한 동인이 아니었다는 주장이다. 예를 들어 서머스Summers(2015)는 구조적 장기 침체secular stagnation 가설에서 만성적으로 부진한 총수요와 초저금리 정책으로 균형 저축desired saving이 투자 규모보다 커지고 자연 이자율natural rate* 이 시장 이자율 아래로 내려갔다고 했다. 글로벌 저축 과잉(Bernanke

* 거시경제가 장기 균형상태에 있을 때 실질 이자율

2005)과 안전자산 공급 부족(Caballero and Farhi 2017)[10]이 신흥국 경제의 과잉 저축으로 이어져 이들 국가의 경상수지 흑자가 증가하고, 선진국 경제로 유입된 자금이 그곳의 실질 금리를 끌어내렸다는 것이다. 그러나 다른 이들은 경제 성장 둔화와 인플레이션 하락(이는 부분적으로는 인구구조 변화와 파괴적 기술 혁신의 영향을 반영한다)이 원인이라고 주장했다.

이유가 무엇이든 선도시장forward market에 반영된 인플레이션도 이전 사이클에 비해 하락했다. 과거에는 노동시장이 타이트해지면 크고 지속적인 인플레이션 압력이 발생해 중앙은행이 금리를 급격히 인상하고 그에 따라 경기 침체 리스크가 증가하는 경우가 많았다. 하지만 2000년대 이후 중앙은행이 포워드 가이던스를 좀 더 효과적으로 사용하고 필립스곡선(실업률과 인플레이션 사이의 관계)**이 평탄해지면서 인플레이션이 낮은 수준에서 안정적으로 유지되었고 기대 인플레이션 안정성 또한 높아졌다.[11] 어느 정도는 QE의 영향도 있었다.[12] 10장에서 기대 인플레이션과 초저금리의 영향을 좀 더 자세히 다루었다.

전 세계 성장 전망 하락세

금리와 기대 인플레이션도 떨어졌지만 금융 위기 이후 장기 성장률도 크게 떨어졌다. 이는 장기 경제 전망과 기업 매출 및 주당순이

** 실업률과 인플레이션 간 역의 관계를 나타내는 곡선. 과거와 달리 실업률이 하락해도 인플레이션이 낮은 수준에 그치자 필립스곡선이 평탄해졌다고 평가했다.

익 전망에 반영되었다. 도표 9.9는 유럽, 미국, 세계 증시의 매출 성장을 10년 이동평균으로 계산한 것이다. 낮은 인플레이션과 약한 경기 회복세로 기업 매출 성장도 전반적으로 부진했다. 이 차트는 또한 선진국의 10년 평균 매출 성장률이 1980년대 후반 자산버블 붕괴 이후 일본이 경험한 수준으로 수렴했음을 보여준다.

실업 감소와 고용 증가

필립스곡선 변화와 전반적으로 더딘 경제 성장에도 노동시장은 금융 위기의 여파 속에서 많은 사람이 예상했던 것보다 훨씬 강했다. 저성장 기간이 굉장히 높은 실업률을 초래할 것이라는 우려가 있었고, 가장 심각하게 위기의 타격을 받은 일부 나라, 특히 남부 유럽에서는 그것이 사실이었지만, 꼭 그런 건 아니었다. 미국, 영국, 독일, 일본에서는 실업률이 지난 40, 50년 동안 볼 수 없었던 수준으로 떨어졌다.

동시에 고용 증가는 이전 사이클과 비교해 인상적이었다. 도표 9.10에서 보듯이, 이 글을 쓰는 시점까지 미국 고용은 단 한 차례의 감소도 없이 사상 최장 기간 증가세를 지속했다. 여기에는 여러 가지 설명이 가능하다. 취약한 복지제도와 낮은 세금 때문에 많은 사람들에게 취업이 더 매력적인 선택이 되었고, 여성의 경제활동참가율[13] 또한 큰 폭으로 상승했다. 노조 협상력 약화와 단체 교섭 감소 또한 노동시장 신규 진입 증가를 촉발시켰을 수 있고, 인구 고령화도 종종 이

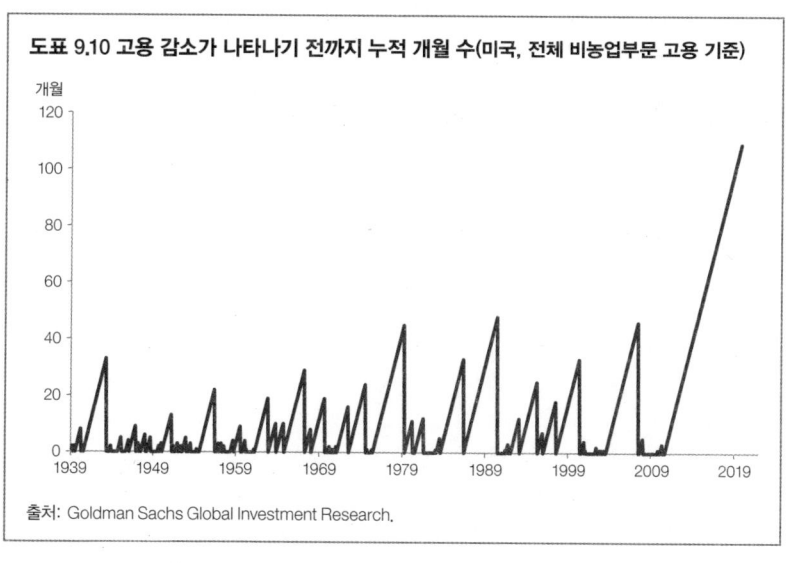

유 중 하나로 꼽힌다. 아마도 가장 놀라운 것은 위기 이후 고용 증가가 기술이 극적으로 발전하면서 로봇과 기술이 일자리를 빼앗는다는 우려 속에서 일어났다는 점이다. 하지만 최근 기술 혁신은 많은 면에서 노동시장이 성장하고 더 유연해지는 데 기여했다. 이코노미스트지에 따르면 지난 10년간 결원을 충원하는 데 드는 비용이 80%나 감소했다.[14] 최근의 한 연구에 따르면 인터넷을 이용해 일자리를 찾는 사람들은 실직 기간을 최대 25% 단축했다.[15]

금융 위기 이후 나타난 또 다른 이례적인 현상 중 하나는 고용 증가에도 임금과 인플레이션이 매우 낮게 유지되었다는 점이다.

이에 따라 금융 위기 이후 나타난 또 다른 큰 변화는 GDP에서 노동소득 비중이 지속 하락하고 기업이익 비중이 상승했다(도표 9.11).

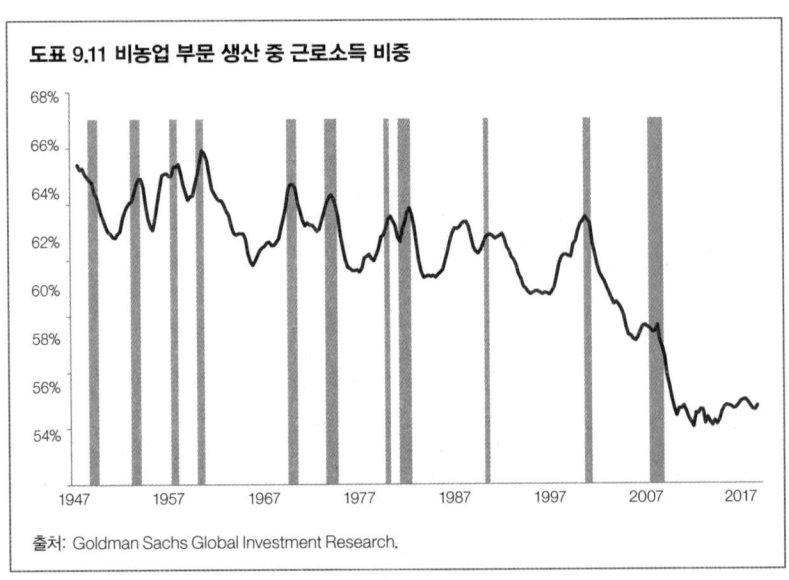

도표 9.11 비농업 부문 생산 중 근로소득 비중

출처: Goldman Sachs Global Investment Research.

이익 마진 상승

금융 위기 이후 기업 마진의 끊임없는 상승은 매출 성장 둔화의 영향을 상쇄하는 데 분명히 도움이 되었다. 기업 마진이 급격히 증가한 데는 여러 가지 원인이 있다. 기술의 영향력 증대에 따른 노동자 협상력 약화나 고속 성장하는 테크 기업의 급격한 마진 상승도 부분적인 원인이다. 또한 세계화 추세도 중요한 원인이었다. 독일 임금 상승률은 낮은 실업률에 불구하고 최근 몇 년간 낮은 수준에 머물렀는데, 이는 부분적으로 노동자들이 더 높은 임금을 요구할 경우 이러한 고임금 일자리가 독일 경제와 밀접하게 연결된 중부 유럽 등지로 이동할 가능성이 더 커졌기 때문이다.

하지만 이런 마진이 지속 가능하지 않을 리스크가 있다. 미국에서는 경제 전체 기업 마진과 증시에 상장된 기업 마진 간 격차가 점점 더 벌어지고 있다(도표 9.12). 이는 2017년 세금 인하 영향으로 부분적으로 설명할 수 있는데, 특히 대규모 다국적 기업이 많은 혜택을 누렸다. 이는 또한 부분적으로는 섹터 비중 차이 때문이기도 했다. 미국 증시는 경제 전체와 비교해 시장점유율과 마진이 빠르게 상승하는 대형 테크 기업이 훨씬 더 큰 비중을 차지했다. 하지만 이제 임금 상승이 마진을 갉아먹기 시작했고, 이는 증시에도 영향을 미치기 시작할 수 있다. 경기 사이클 성숙 국면에서 흔히 그렇듯이 앞으로 밸류에이션이 상승을 멈추고 마진이 정점을 친다면 매출 성장 둔화는 이익 성장률 하락과 그에 따른 수익률 하락으로 이어질 것이다.

도표 9.12 미국의 GDP 대비 기업 이익 비중과 S&P 500 기업 순이익률

출처: Goldman Sachs Global Investment Research.

거시경제 변수 변동성 감소

장기 경제 성장 전망치가 하락하고 기업 매출 증가세가 둔화되었지만 성장률 변동성 또한 완화되었다(도표 9.13).

이러한 현상은 대체로 중앙은행 독립과 1990년대 후반 소련 붕괴 이후 세계화 붐과 함께 나타났는데 금융 위기 이후 재차 강화되었다. 안정적인 성장과 낮은 인플레이션 때문에 흔히 '대안정기Great Moderation'라고 불리었던 1990년대는 그 세기 말 기술주 버블의 결과로 막을 내렸다. 하지만 그때 이후 거시경제 변동성은 다시 감소했다. 금융 위기 이후 특정 산업 붕괴, 오일쇼크, 인플레이션 과열 같은 과

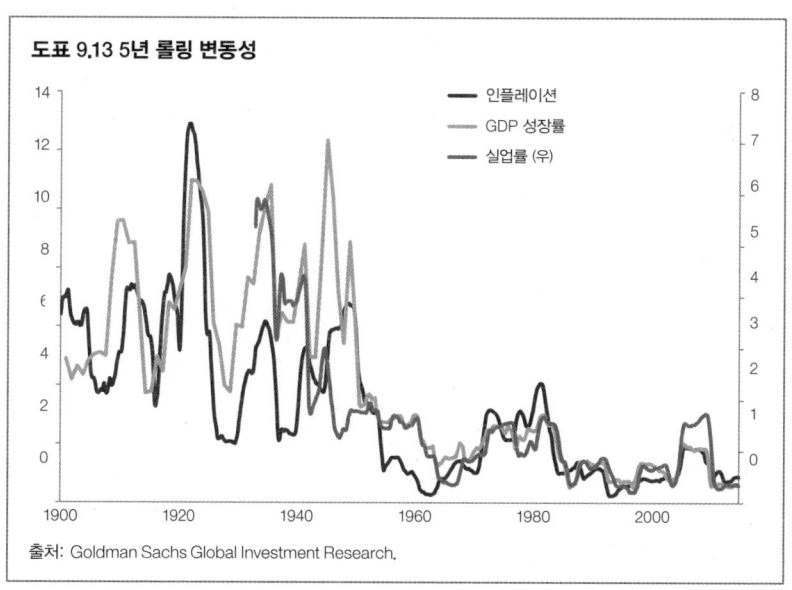

도표 9.13 5년 롤링 변동성

출처: Goldman Sachs Global Investment Research.

거 경기 침체를 유발한 전형적인 동인의 위협은 줄었다. 따라서 금리 상승, 금융시장 버블 또는 거시경제 불균형이 현저하게 나타나지 않는다면 현재 사이클은 더 오래 지속될 수 있다.

기업 매출 성장세가 느려졌지만 이익(혹은 EBITDA)[16] 변동성이 떨어졌다는 점도 놀랍다(도표 9.14).

과거 사이클에서 이익 성장은 경기순환적이어서 경제 성장기, 특히 회복 초기 국면에 급격히 증가하는 경향이 있었다. 금융 위기 이후에는 이익증가율이 상대적으로 낮았지만 훨씬 안정적이었다(도표 9.15).

금융 자산의 변동성이 낮으면 그러한 변동성이 유지되는 한 사이클의 예측 가능성이 높아진다. 또한 낮은 인플레이션과 저금리가 고착화되면 사이클이 더 오래 지속될 수 있다. 또 다른 긍정적인 요인은

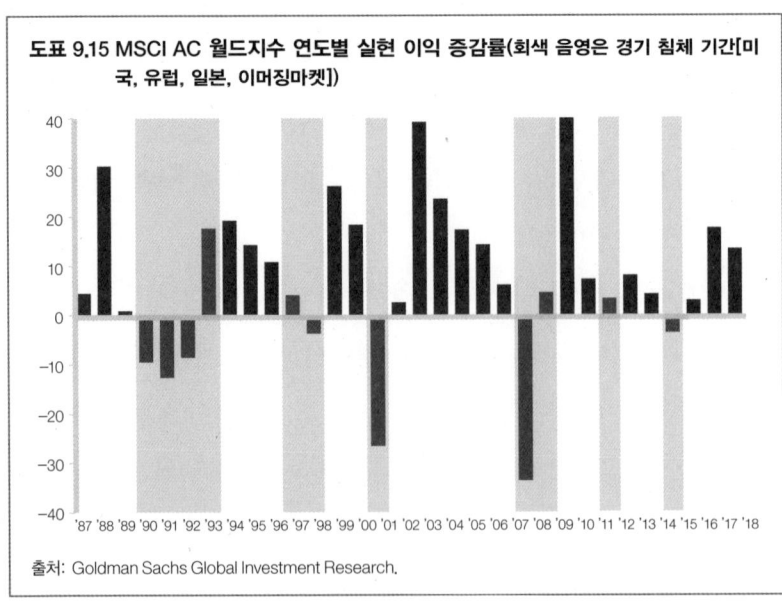

민간 부문의 불균형이 금융 위기 이전보다 훨씬 작아 충격이 발생하면 빠르게 회복될 수 있기에, 민간 부문이 디레버리징에 들어갈 리스크가 감소했다는 점이다.

기술의 영향력 증가

금융 위기 이후 주식시장 사이클 진화에 영향을 미친 또 다른 중요한 변화는 기술 충격과 그것이 수익률에 끼친 영향이다. 일부 기술 기업 혹은 새로운 기술을 이용해서 소매 유통, 식당, 택시, 호텔, 은행 같은 전통 산업을 혁신하는 기업이 급격히 성장하면서 과거 사이클과 비교해 일부 기업이 전체 수익 중 더 많은 부분을 차지하는 이익 집중 현상이 강해졌다. 도표 9.16에서 보듯이 기술 섹터 이익은 금융 위기 이후 급격하게 증가했다. 2016년 글로벌 경제가 회복되면서 기술 섹터를 제외한 기업 이익도 크게 개선되었지만, 이제야 막 금융 위기 이전 수준을 회복했을 뿐이었다. 한편 기술 섹터는 같은 기간 동안 주당순이익이 급증했다.

11장에서 더 자세히 논의할 테지만, 이런 극적인 변화는 주식시장 성과 측면에서 상대적인 승자와 패자 간 수익률 차이가 더 커지는 현상으로 이어졌다.

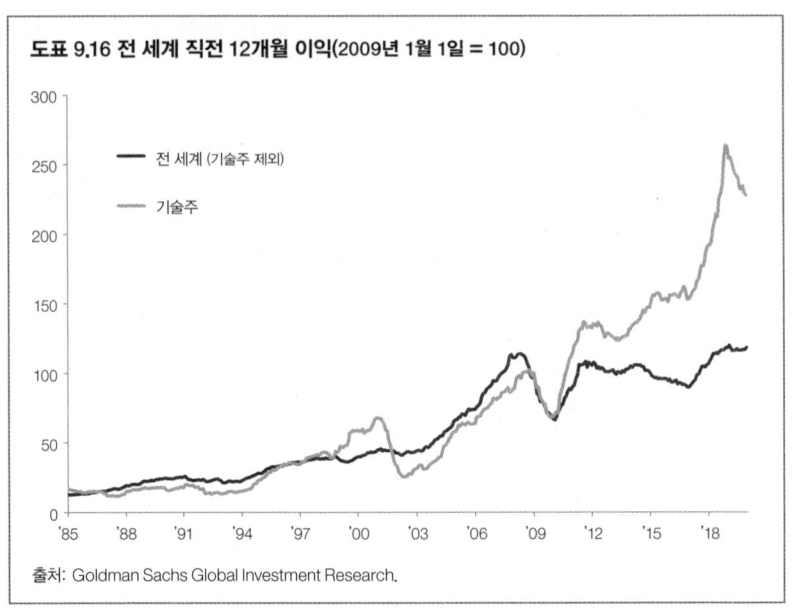

성장주와 가치주의 이례적인 격차

5장에서 경기 사이클이 일반적으로 투자 스타일별 성과에 어떤 영향을 주는지 다루었지만, 금융 위기 이후 환경 변화로 과거에 보았던 것보다 훨씬 뚜렷하게 반복적이고 지속적인 상대 성과 패턴이 나타났다. 특히, 전 세계적으로 가치주(일반적으로 밸류에이션이 낮은 기업)가 소위 성장주(미래 성장 전망치가 높은 기업)보다 현저하게 낮은 성과를 보였다(도표 9.17).

여기에는 특히 이번 사이클의 고유한 특성과 관련된 몇 가지 이유가 있다. 첫째로 성장이 귀해지면서 높은 밸류에이션을 받았다. 금융 위기 이후 이미 매출 성장이 둔화되는 추세가 나타났지만, 대부분의 주식시장에서 높은 성장세를 보이는 기업 비중 또한 감소했다. 도표 9.18은 전 세계적으로 고성장 기업과 저성장 기업 비중이 시간에 따라 어떻게 변했는지 보여준다. 여기서 고성장 기업은 향후 3년간 연 8% 이상 매출이 성장할 것으로 예상되는 기업으로, 저성장 기업은 4% 미만의 성장률을 보일 것으로 예상되는 기업으로 정의했다.

둘째로 성장주 '듀레이션'이 더 길고 그에 따라 금리민감도가 더 높았기 때문에 채권 금리 하락은 가치주 대비 성장주 가치를 증가시켰다. 이는 5장에서 좀 더 상세히 다루었던 포인트다. 채권 금리와 성장주 대 가치주 상대 성과 사이의 관계는 도표 9.19에 나타나 있다.

셋째로 채권 금리 하락은 경기민감주 대비 경기방어주 가치를 높였다. 이는 성장주 대 가치주와 유사한 주제다. 경기민감 섹터는 대부분 P/E가 낮은 반면 경기방어 섹터는 성장성이 상대적으로 우수하거나, 성장의 예측 가능성이 더 높다(도표 9.20).

넷째로 채권 금리 하락은 변동성이 낮고 재무 상태가 우수한 기업은 물론, 흔히 '퀄리티' 기업의 가치를 높였다. 경제적, 정치적 불확실성이 높은 환경으로 인해 이러한 투자 스타일이 선호되면서, 미래 매출 흐름 안정성이나 예측 가능성이 높은 기업에 프리미엄이 붙었다(도표 9.21).

다섯째로 가치주 대비 성장주를 선호하는 변화는 또한 세계 여러 지역의 상대 성과에도 의미 있는 영향을 미쳤다. 특히 금융 위기 이후 미국 증시가 다른 증시를 상회하는 추세가 지속되었고, 이는 유럽 증

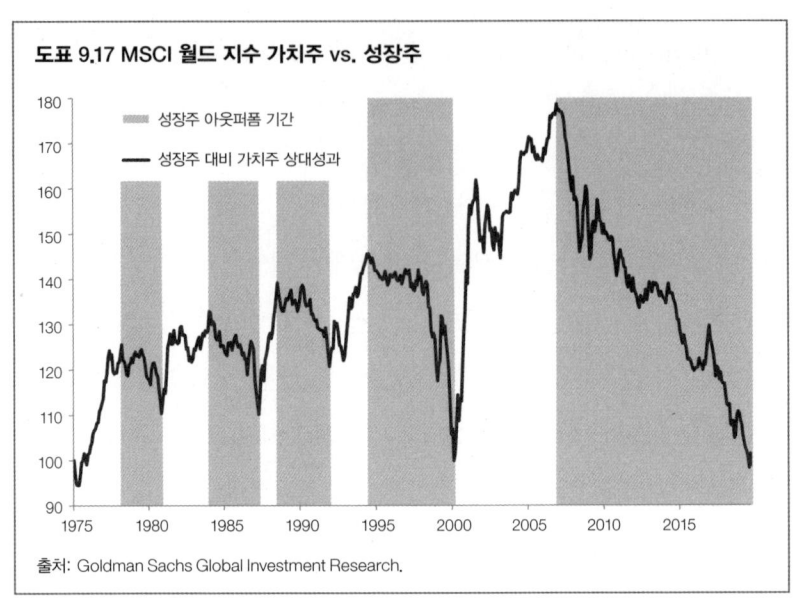

도표 9.19 채권 금리 하락은 가치주 상대 성과에 부담으로 작용할 수 있다

도표 9.20 경기방어주 대비 경기민감주의 상대성과도 채권 금리와 동행

9장 금융 위기 이후 사이클은 어떻게 다른가?

도표 9.21 미국 증시 대비 유럽 증시의 상대 성과는 성장주 대비 가치주 상대 성과를 거울처럼 반영한다

― 미국채 10년물 금리
― STOXX 600 저변동성 주식의 지수 대비 상대성과 (우, 역축)
― S&P 500 저변동성 주식의 지수 대비 상대성과 (우, 역축)

출처: Goldman Sachs Global Investment Research.

도표 9.22 미국 증시 대비 유럽 증시의 상대 성과와 성장주 대비 가치주의 상대 성과

구조적 변화: S&P 500이 성장 팩터의 상징이 되었다.

― SXXE vs. S&P 500
― MSCI US 성장주 vs. 가치주 (우)

출처: Goldman Sachs Global Investment Research.

시와 비교할 때 더 분명하게 드러난다. 도표 9.22는 S&P500 지수와 유로스톡스600 지수(유로 지역 주식의 주요 벤치마크) 상대 성과가 시간에 따라 어떻게 변했는지 보여준다. 1990년부터 2007년 사이에는 뚜렷한 추세가 없었다. 이들 시장 사이의 상대적인 성과는 상당히 경기순환적이었다. 때로는 미국이 상회했고 때로는 유럽이 상회했다. 반면 금융 위기 이후 기간에는 미국 증시의 상회 추세가 지속되었다.

흥미로운 점은 이러한 상대 성과 추세가 가치주 대비 성장주 상대 성과와 깊은 관련이 있다는 점이다. 미국은 빠르게 성장하는 기업들이 밀집해 있는 성장 시장으로 여겨지는 반면, 유럽 시장은 그 반대다. 상대적으로 성숙한 산업에 속하는 '밸류에이션이 낮은' 저성장 기업 비중이 높고, 고성장하는 기업이 시장에서 차지하는 비중은 낮다.

금융 위기 이후 나타난 지역별 주식시장 성과의 현저한 차이는 또한 주요 증시마다 주당순이익 성장률이 크게 차이가 났다는 사실을 반영한다. 예를 들어, 도표 9.23에 나타난 바와 같이, 미국 증시 EPS는 금융 위기가 시작되기 직전에 기록한 정점 대비 거의 90% 증가했다. 이 중 상당 부분은 기술 섹터에서 나왔다. 같은 방법으로 계산하면 일본 증시 EPS는 12% 증가했고, 유럽 증시는(여기서는 스톡스600 지수로 표시) EPS 총증가율이 고작 4%에 불과했다. 미국 증시와 마찬가지로 이들 증시의 산업별 비중이 중요하다. 미국 증시는 기술 기업 비중이 높아 주당순이익이 급증했지만, 유럽 증시는 이익이 전반적으로 감소한 은행 비중이 높았다. 유럽 증시가 미국 증시와 섹터 비중이 동일했을 때 EPS 성장이 어땠을지 보기 위해 유럽 증시 수치를 조정

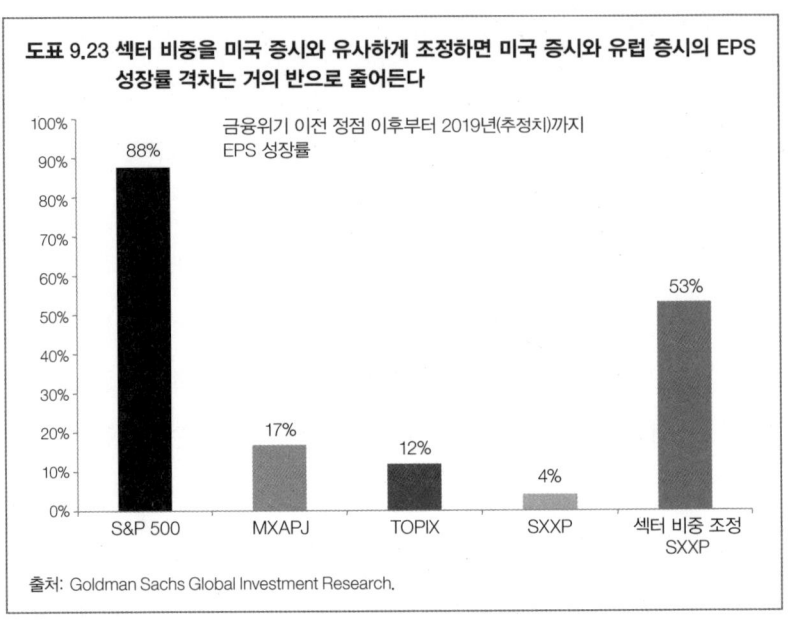

하자 주당순이익 증가세가 훨씬 더 강력하여 50% 가까이 되었을 것으로 나타났다.

일본의 교훈

금융 위기 이후 많은 나라에서 지배적인 현상으로 나타난 저성장, 저인플레이션, 저금리는 전례가 있다. 일본은 1980년대 말 버블 붕괴 이후 마찬가지로 주식시장 붕괴와 금리의 거침없는 하락에 따른 채권시장 붐을 경험했다. 결과적으로 버블 붕괴 이후 일본의 경험은 금융 위기 이후 나타난 추세가 얼마나 지속될 수 있을지에 대한 몇 가지 단서를 제공한다. 확실히 1990년 이후 일본과 2008년 이후 다른 나라들의 금융 사이클 간에는 중요한 차이가 있다. 우선, 일본의 경우 부동산 버블 규모가 훨씬 더 컸다. 토지 가격 급등은 8장에서 다룬 바 있다. 토지 가격, 기업 이익, 주가가 서로를 끌어올리면서 니케이지수가 후행 P/E 기준 약 60배까지 상승했는데, 금융 위기가 형성되고 있었던 2007년에는 이보다 훨씬 낮았다.

하지만 금융 위기 이후 환경과 마찬가지로 성장의 희소성 이슈가 확실히 일본 주식시장에 영향을 미쳤다. 일본의 경우 성장주가 가치주를 상회하지는 않았지만(가치주 대비 성장주 지수는 일본에서 2007/2008년 직전까지 성장주 성과가 저조했다는 것을 분명하게 보여 준다) 여기에는 몇 가지 특별한 이유가 있다. 첫째로 일본의 채권과 주식 두 시장 모두 수익률이 낮아 고배당 주식이 2007년 이후 대부분의 시장에서 그랬던 것보다 더 매력적인 투자처로 부상했다. 둘째로 일본에서는 주주 친화적인 기업이 상대적으로 적었기 때문에 배당 지급이 주주 친화적 기업이라는 좋은 시그널이 되었다. 셋째로 지난 20, 30년 동안 일본에서 성장과 가치 팩터 성과는 이들 팩터의 글로벌 성과와 유사했으며, 1990년대 초중반에는 다른 나라에서도 가치 팩터가 성장 팩터를 상회했다.

다시 말해 성장의 희소성은 일본 증시 상대 성과에 큰 영향을 미쳤으며, 상대적으로 경기가 좋은 해외시장의 강한 수요를 누릴 수 있었던 수출업체가 은행과 비교해 지속적으로 우수한 성과를 나타냈다(도표 9.24). 이런 패턴은 지난 10년 동안 유럽 시장에서도 뚜렷하게

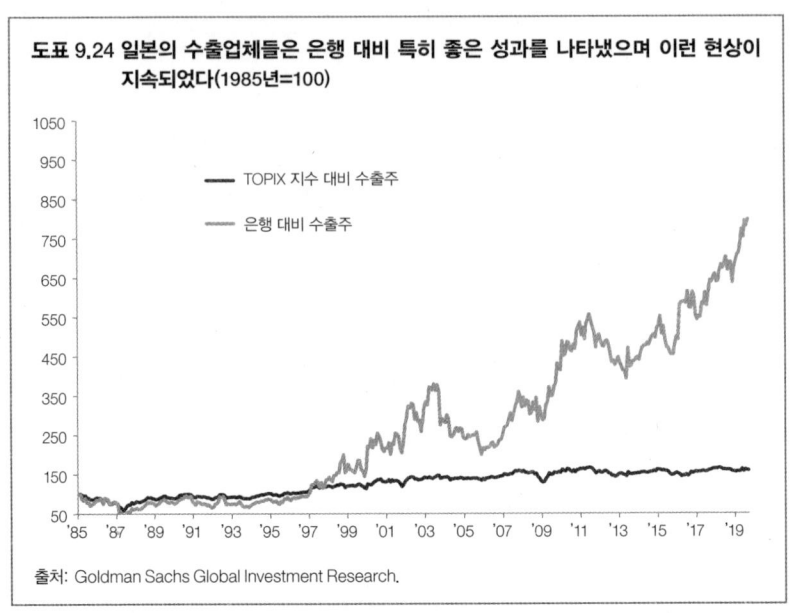

나타났다. 국내 수요 부진과 해외 시장 성장이 해외 수요 비중이 높은 기업에게는 득이 된 반면, 국내 수요 비중이 높은 기업에게는 불이익으로 작용했다. 일본 사례에서 특히 놀라운 점은 적어도 초기의 엔화 강세에도 이러한 경향이 나타났다는 것이다.

예상 밖의 경제 성장률 변동에 상대적으로 민감도가 낮은 경기방어주 또한 1990년대 이후 일본 시장에서 상회했고, 그중에서도 '성장방어주growth defensive'(필수소비재와 헬스케어)가 가장 좋은 성과를 기록했다(도표 9.25). 마찬가지로 지난 10년간 유럽 시장에서도 그러했다. 바꿔 말하면 일본에서는 규제를 받거나 배당수익률이 높은 방어주는 뚜렷하게 성과를 내는 경향이 나타나지 않았고, 유럽에서는 규

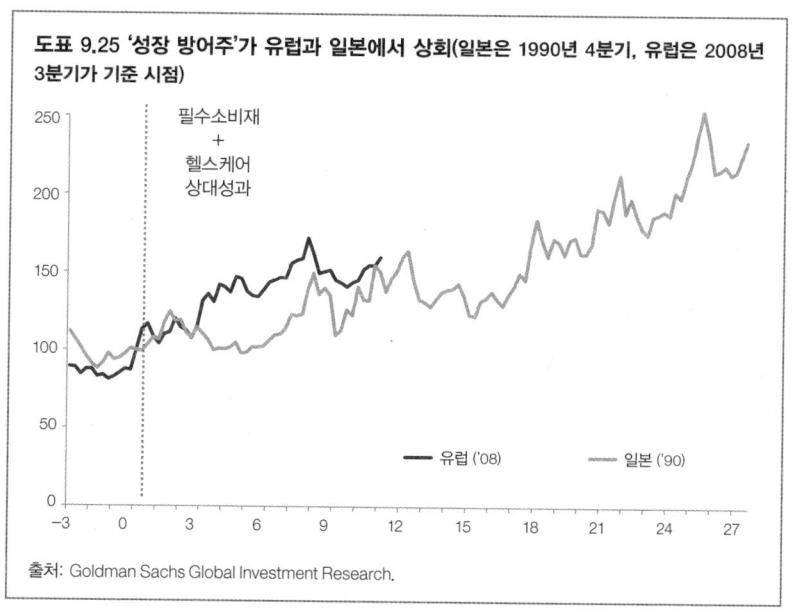

제나 가격 결정력 부족이 대체로 이런 종목의 저조한 성적으로 이어졌다.

금융 위기 이후 최근 유럽 시장과 1990년대 이후 일본 시장의 또 다른 공통점은 은행주 성과 부진이다. 실제로 하방 압력이 가장 강했던 이탈리아에서는 은행주가 버블 붕괴 이후 일본에서보다 훨씬 더 낮은 수익률을 기록했다.

결론적으로 전후 평균적인 사이클의 경험과 비교해 몇 가지 구조적인 변화가 금융 위기 이후 나타났다.

- 경제 사이클이 이례적으로 오래 지속됐다(150년 내 최장 기간).

- 명목 및 실질 GDP 성장률 기준으로 상대적으로 경제 회복세가 부진했고, 이는 이례적으로 공격적인 통화정책 완화 및 양적완화 정책 도입으로 이어졌다.
- 금리 인하에도 불구하고 장기 성장률 전망치가 하락했고 서방 경제 기업 부문 전반에 걸쳐 매출 성장이 둔화되었다.
- 경제 및 이익의 평균 이하 성장세에도 금융시장은 채권시장(정책 금리와 인플레이션이 하락), 주식시장 및 크레딧시장(금리 하락에 따른 밸류에이션 상승) 모두 보기 드물게 강했다.
- 기간 프리미엄과 기대 인플레이션이 주저앉았고 채권 금리가 글로벌 시장과 많은 개별 국가에서 기록적인 수준으로 떨어졌다.
- 저성장과 기록적으로 낮은 금리는 소득과 성장이 상대적으로 희소하다는 것을 의미했다. 그 여파는 상대 성과의 추세적 변화로 이어졌는데, 주식시장 내에서는 저변동성, 퀄리티, 성장 자산 그리고 자산군별로는 하이일드 채권처럼 조금이라도 높은 수익률을 창출하는 자산의 상대 성과가 높아졌다.
- 금융 위기와 그 이후 회복기는 또한 기술의 거대한 추세적 변화 혹은 슈퍼사이클과 시기가 겹쳤다. 이로 인해 상대적으로 적은 수의 거대 기업에 매출과 이익이 빠르게 집중되었는데, 이들 대부분이 미국 기업이었다. 이는 국내 경제 호조와 함께 미국 증시가 우수한 상대수익률을 기록하는데 도움이 되었다.

10장

제로 아래
– 초저금리의 영향

9장에서는 이전 사이클과 비교해 금융 위기 이후 나타난 몇 가지 주요한 구조적 차이를 논의했고 그중에는 전 세계 금리와 채권 수익률 하락도 있었다.

장기 시계열 데이터가 존재하는 미국과 영국 모두에서 나타난 장기 국채 금리 하락은 역사적 기준으로 볼 때 이례적이다. 영국은 1700년 이후, 미국은 1880년대 이후 최저 수준으로 떨어졌다(도표 10.1).

일부 사례에서는 극단적인 채권 금리가 나타나 전 세계 국채 약 25%가 마이너스 금리를 기록했다. 바꿔 말하면 국채를 매수하고자 하는 투자자가 자기 돈을 빌려가라고 정부에 대가를 지불하는 꼴이 됐다. 심지어 투자 등급 회사채(재무 상태가 매우 우수한 기업이 발행)의 4분의 1이 금리가 마이너스로 떨어졌다. 돈을 빌려주려고 대가를 지

도표 10.1 1700년 이후 영국 국채 금리

출처: Goldman Sachs Global Investment Research.

불한다는 건 이상한 일이다. 왜 이런 일이 나타났고 이런 현상이 주식 수익률과 사이클에 의미하는 바는 무엇일까?

채권 금리가 제로에 근접하거나 어떤 경우에는 그 아래로 떨어진 데에는 여러 가지 이유가 있다. 첫째, 중앙은행 정책의 결과다. 글로벌 금융 위기는 금리를 빠르게 낮추려는 전 세계적인 노력을 촉발시켰는데, 이는 경제 충격을 완화하고 이전 금융 위기(특히 1980년대말 일본이나 1930년대 미국) 때처럼 대응이 너무 늦지 않도록 하기 위해서였다. 중앙은행에 의한 장기 금리 '안정화anchoring'는 이후 양적완화 프로그램을 통해 더욱 공고해졌다.

일반적으로 양적완화는 '신호 효과signalling effect'를 통해 미래 기준 금리 전망치를 낮추어 시장 금리에 영향을 미친다고 한다. 중앙은행의 국채 매입이 목표 금리를 낮게 유지할 거라는 신호를 시장에 주기 때문이다. 또한 중앙은행이 국채를 매입하면 목표 수익률을 달성하기 위한 투자자의 위험자산 수요가 증가해 다른 채무 증권, 예를 들어 회사채 혹은 더 위험하거나 더 만기가 긴 채권 금리를 내리누른다는 주장도 있다.[1] 양적완화가 채권 수익률에 미친 직접적인 영향에 대한 추정치는 다양하지만, 대부분 연구는 연준의 양적완화(대규모 자산 매입) 프로그램이 미 국채 수익률에 경제적, 통계적으로 유의미한 영향을 미쳤다고 결론 내렸고 다른 나라 사례에서도 유사한 결론에 도달했다.[2]

둘째, 금융 위기 이후 경제 성장률 하락과 함께 기대 인플레이션의 하락 또한 채권 금리 하락을 정당화했다. 물론 양적완화와 경제 성장률 하락이 기대 인플레이션 하락에 미친 영향을 분리해내기는 어렵다. 예를 들어 한동안 일본의 기대 인플레이션을 끌어내린 것은 경제 성장률 하락이 확실하지만, 일본은행이 2016년 마이너스 금리 정책을 도입하자 시장의 중기 인플레이션 전망 또한 하락했다.[3]

기대 인플레이션은 21세기 초 기술주 버블 붕괴 이후 크게 하락했고 그 이후 안정적으로 유지됐다. 도표 10.2는 미국 사례를 보여준다.

일본과 유럽은 최근 몇 년간 기대 인플레이션이 특히 크게 하락한 지역이고 두 지역 모두 전 세계 마이너스 금리 채권 중 큰 비중을 차지하고 있다. 일본과 마찬가지로 유럽이 최근 몇 년 동안 마이너스 금리정책을 지속하면서 미국을 포함한 다른 나라 채권시장에 파급효과를 미쳤다(도표 10.3).

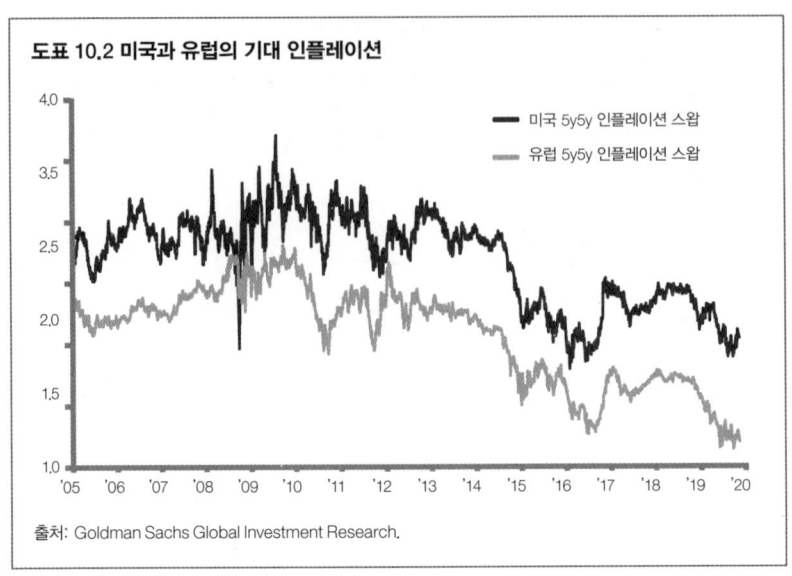

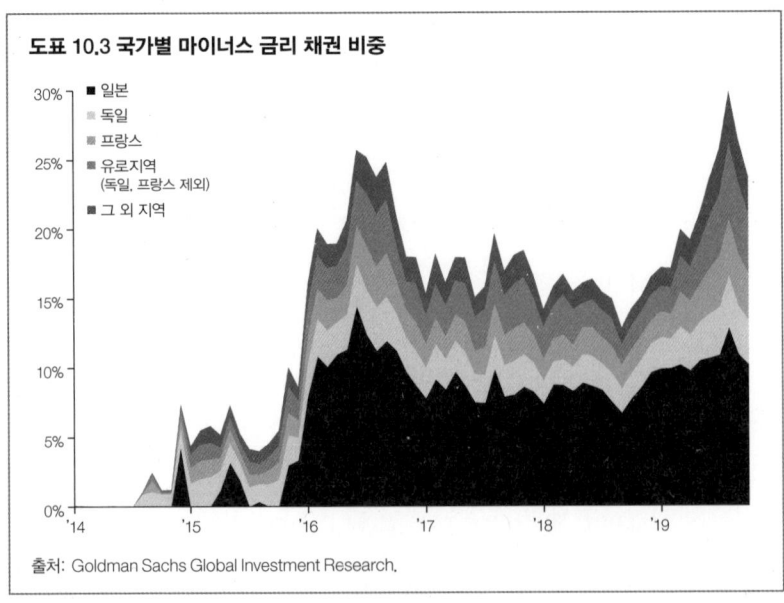

유럽의 경우 ECB의 양적완화와 마이너스 독일 국채 금리가 국가 간 스프레드에 유의미한 영향을 미쳤다. 2011년 유럽 재정위기가 정점에 달했을 때 그리스 국채 금리는 한때 50%를 넘게 치솟았고 2015년 다시 잠시 급등했다. 이후 유로존 붕괴 우려가 가라앉고 양적완화 정책이 강화되면서 마이너스 독일 국채 금리가 다른 유럽 채권시장에 유의미한 파급 효과를 미쳤다. 그 결과 그리스 국채 10년물 금리가 미 국채 금리와 수렴하는 현상이 나타났다(도표 10.4).

셋째, 채권 금리 하락은 소위 기간 프리미엄 하락을 반영했을 가능성이 있다. 이론적으로 채무 불이행 위험이 없는 국채 금리는 잔존만기 동안 예상되는 정책금리에 기간 프리미엄을 더한 값이다. 따라서 채권 금리 변동은 일반적으로 단기 금리 전망치 혹은 듀레이션 관련

도표 10.4 그리스와 미국 10년 만기 국채 금리

출처: Goldman Sachs Global Investment Research.

리스크의 변동을 반영한다.

기간 프리미엄은 채권 투자자가 경제적 리스크를 부담하는 대가를 받아야 하기 때문에 존재한다(주식 및 주식 리스크 프리미엄과 마찬가지). 채권 투자에는 특히 두 가지 리스크가 중요하다. 한 가지는 인플레이션이다. 예상치 못한 인플레이션이 발생하면 고정된 명목 원리금의 실질 가치가 감소하여 채권의 실질 수익률이 하락한다. 따라서 채권 투자자는 높은 인플레이션을 전망하거나 중기 인플레이션 경로에 확신이 없을 때 더 높은 기간 프리미엄을 요구한다. 두 번째는 경기 침체다. 이는 물론 주식 투자에도 중요한 리스크다. 경기 침체는 더 적은 미래 자산expected wealth와 더 낮은 소비 성장세를 의미하기 때문에 높은 위험회피 성향으로 이어져, 투자자가 위험 자산을 보유하는 대가로 더 높은 보상을 요구하게 하고 상대적으로 더 안전한 채권에 대해서는 더 낮은 기간 프리미엄을 받아들이게 만든다.

제로 금리와 주식 밸류에이션

그러면 전 세계적인 마이너스 금리 환경은 투자 사이클과 자산 밸류에이션 및 수익률에 어떤 영향을 미칠까? 이론과 역사 둘 다 다른 조건이 동일하다면 금리 하락 시 주가가 상승한다는 주장을 뒷받침한다. 소위 일드갭yield gap, 즉 S&P500 이익 수익률(P/E의 역수)과 미국채 10년물 금리 차이가 이러한 관계와 그 변화를 확인할 수 있는 한 가지 방법이다(도표 10.5). 시간이 지남에 따라 이 관계는 채권과

도표 10.5 S&P500 이익 수익률과 미 국채 금리(2019년 7월 26일 현재)

출처: Goldman Sachs Global Investment Research.

주식의 상관관계를 반영해 변화했으며, 4장에서 다루었듯이 일정하지 않았다. 대체로 이전 여러 투자 사이클에 걸쳐 굉장히 긴 시간 동안 나타난 일반적인 관계는 양의 상관관계를 나타냈지만 금융 위기 이후에는 음의 상관관계를 나타냈다.

금융 위기 이후로 채권 금리가 쉴 새 없이 하락하면서 두 지표의 갭이 더 벌어졌다. 다시 말해 무위험 이자율 혹은 장기채 금리 낙폭에 비해 주식시장 P/E 밸류에이션이 덜 올랐다(이익 수익률은 덜 떨어졌다). 이러한 현상은 국채 금리가 마이너스로 전환된 유럽에서 더욱 두드러지게 나타났다.

금융 위기가 시작되었을 당시 독일 국채 10년물 금리는 약 4.5%로 당시 미 국채 금리와 거의 비슷한 수준이었다. 그러나 그때 이후 기대 인플레이션 하락과 양적완화 정책의 영향으로 마이너스로 떨어졌다. 유럽 주식시장에서 투자자가 얻을 수 있는 현금 수익률을 계산(배당 수익률에 자사주 매입 수익률을 합산)해보면 최근 몇 년간 꾸준히 상승해(도표 10.6) 독일 국채 금리와 격차가 이제 사상 최고 수준에 이르렀다.

미국의 경우 주식시장 현금 수익률과 국채 수익률 격차가 유럽만큼 크지 않은데, 이는 미국이 유럽에 비해 장기적으로 기업 이익이 성장할 거라는 기대가 높기 때문이다. 하지만 그럼에도 불구하고 채권 금리와 상대적인 관계는 크게 바뀌었다. 예를 들어 1990년대 초에는 10년 만기 국채 수익률이 8%였던 시기에 주식시장 현금 수익률은 약 4%에 불과했다. 현재 10년 만기 국채 수익률은 1.5% 이하로 떨어졌지만 주식시장 현금 수익률은 5%가 넘는다(도표 10.7). 두 지표 간 차이는 장기 성장 전망치가 크게 하락했음을 보여준다.

제로 금리와 성장 전망

국채 수익률과 주식 수익률을 비교하면 주식 리스크 프리미엄, 즉 투자자가 채권과 비교해 주식에 추가로 요구하는 수익률을 대략적으로 알 수 있다. 이는 불확실성과 투자자의 장기 성장률 전망치 변동의 영향을 받으며, 제로 혹은 마이너스 채권 금리 환경은 두 가지 모

두에 영향을 미치는 경향이 있다.

이런 관계는 미래 배당금 흐름의 현재가치를 추정하기 위해 사용하는 표준적인 밸류에이션 방법을 통해 이해할 수 있다. 이 방법은 1기간 단순 배당할인모형(고든성장모형이라고도 한다)[4]인데 이를 통해 리스크 프리미엄을 '추출(역산)'할 수 있다. 공식은 다음과 같다.

채권 금리 + 주식 리스크 프리미엄 = 배당 수익률 + 장기 성장률

만약 채권 금리가 제로(마이너스)면 주식 리스크 프리미엄은 배당 수익률과 장기 성장률 전망치의 합과 같아야(보다 높아야) 한다.

유럽을 예로 들어 보자. 배당 수익률이 4%(대략 현재 유럽 증시 수준)이고 장기 이익 성장률이 장기 명목 GDP 성장률과 비슷한 2%(보수적으로 실질 GDP 성장률 1%와 인플레이션 1%를 가정) 수준이라고 하면 주식 리스크 프리미엄ERP은 최소 6%는 되어야 하고 채권 금리가 마이너스거나 조금 더 높은 수준의 장기 인플레이션(ECB 목표치 2%에 부합)을 가정하면 더 높아야 한다.

이는 제로 채권 금리의 함의 중 하나는 투자자가 주식에 더 높은 미래 수익률을 요구한다는 것임을 보여주는데, 부분적으로는 제로 금리가 미래 경로 불확실성을 증가시키는 한편 낮은 장기 성장률과 관련되어 있기 때문이다. 이는 채권 수익률과 관련한 기간 프리미엄 하락에 대한 주장과 유사하다. 이러한 요인들이 미래 요구수익률 혹은 주식 리스크 프리미엄에 얼마나 영향을 미쳤는지는 알기 어렵다. 문

제는 현실에서는 어떤 특정 시점에 투자자가 채권처럼 안전한 자산말고 주식에 투자할 유인을 제공하는 명확하고 관찰가능한 요구 리스크 프리미엄(추가 수익률)이 존재하지 않으며, 그 값이 얼마든 시간이 지나면 변한다는 점이다.

하지만 사후 리스크 프리미엄, 투자자가 주식에 투자해 실제로 얻은 추가 수익률을 계산하는 것은 가능하다. 투자자가 과거 자산 가격을 대체로 적절하게 평가했다고 가정하면(물론 항상 그랬던 것은 아니겠지만) 이는 과거 요구 ERP에 대한 상당히 합리적인 추정치로 볼 수 있다. 10년 단위로 채권 대비 주식 성과를 계산해보면 사후 ERP는 전후 기간, 1950년대 이후 미국에서 약 3.5%였다.

제로 금리: 미래 성장률 추정

만약 3.5%가 역사적으로 사이클 전체에 적용할 수 있는 합리적인 수준의 리스크 프리미엄이라고 가정하면 이 수치와 채권 수익률, 주식시장 수준을 결합해 내재된 미래 성장률(배당 혹은 이익)을 역산할 수 있다. 도표 10.8은 경제 성장세가 둔화되고 주식시장에서 성숙한 저성장 산업 비중이 높은 유럽 사례다. 리스크 프리미엄으로 3.5% 및 다른 더 높은 수치를 사용했을 때 계산되는 내재 성장률을 나타낸 것이다. 이를 해석하는 또 다른 방법은 만약 채권 대비 주식의 기대 초과수익률이 실제로 3.5%라면 유럽 증시는 이익과 배당이 성장하지 않는다는 전제하에 가격이 형성되어 있다고 해석할 수 있다. 거꾸로

생각하면 장기 명목 이익 성장률이 4.7%(실질 이익 성장률 2.7% + 인플레이션 2%)라면 주식 리스크 프리미엄이 8% 정도 된다는 이야기다.

어떤 수준의 ERP를 사용하든지 간에 내재된(혹은 예상되는) 장기 성장률은 지난 10여 년 동안 꾸준히 하락했다. 따라서 낮은 채권 수익률, 극단적인 경우 마이너스 금리가 낮은 주식 할인율과 그에 따른 높은 밸류에이션을 의미할 수 있지만 장기 성장률 하락은 그 영향을 상쇄하는 방향으로 작용한다. 만약 장기 성장률이 떨어진다면 기업의 장기 현금 흐름이나 이익 성장세도 둔화될 것이다.

성장 전망 하향은 정당한가? 극단적으로 들리지만 실제로는 그렇지 않을 수 있다. 어쨌든 일본은 최근 수십 년 동안 GDP 성장률이 거의 제로에 가까웠다(그리고 투자자는 현재 유럽의 마이너스 채권 금리 환경이 앞으로 유럽 어쩌면 다른 곳에서도 비슷한 일이 일어날 거라고 시사하는 것은 아닐까 우려하고 있다).

매출 성장률을 확인해보면 최근 몇 년간 전 세계적으로 하향 추세가 나타났다(도표 10.9). 유럽을 포함한 다른 국가들은 1990년대와 2000년대에 일본을 크게 앞질렀지만 격차가 줄어들고 있다.

낮은 탑라인 성장은 지난 10년간 낮은 인플레이션과 부진한 실질 경제 성장의 결과다. 또한 중기 GDP 성장률 전망치 컨센서스도 점차 하락했는데, 유럽의 경우 1990년대 중반 2.5%에서 현재 1% 언저리로 떨어졌다.

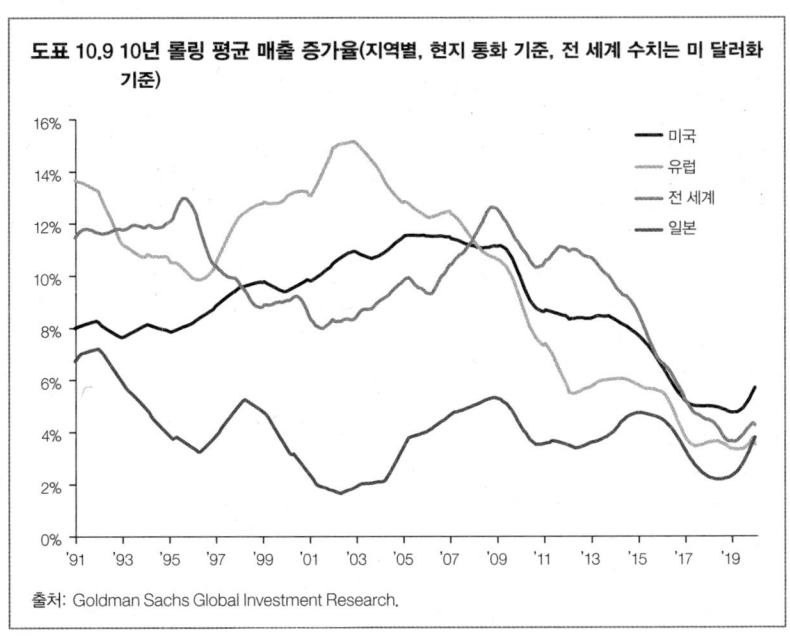

10장 제로 아래 259

경제학자들의 장기(6~10년) 전망치 컨센서스를 살펴보면 금융 위기 이후 강력한 통화정책 완화 및 양적완화 정책 도입, 미국의 경우 재정 지출 급증에도 불구하고 장기 실질 GDP 성장률 전망치가 꾸준히 하락했다(도표 10.10).

전 세계적으로 성장 전망치가 하락하는 와중에 금리가 가장 큰 폭으로 하락하고 글로벌 마이너스 금리 채권 중 가장 높은 비중을 차지하는 지역은 유럽과 일본이다(도표 10.11).

이론적으로는 무위험 이자율이 그렇게 큰 폭으로 하락하면 미래 현금흐름의 현재 가치가 증가하고 주식 밸류에이션이 상승해야 하지만, 실제로는 그 반대 현상이 나타났다. 이들 지역의 주가수익비율은 비슷한 수준인데 채권 금리가 더 높은 미국보다 오히려 낮았다. 이는 일본과 독일 둘 다 마이너스 채권 수익률이 낮은 장기 성장 전망과 관련되어 있기 때문이라고 설명할 수 있다(도표 10.12).

일본에서 20년 동안 나타났던 기업 이익의 장기 성장률 둔화 현상이 유럽에서도 나타나면서 유럽 채권 수익률이 일본과 마찬가지로 제로 이하로 떨어졌다(도표 10.13).

이런 현상의 또 다른 함의는 은행 마진이 입는 타격이다. 대출 성장률 둔화와 마이너스 금리로 은행 실적은 강한 역풍에 직면했다. 예를 들어 2012년부터 2016년까지 OECD 33개국 6,558개 은행을 대상으로 한 연구에 따르면 제로 금리 정책의 도입으로 은행 대출이 감소했다.[5] 흥미롭게도 전체 시장 대비 은행주 상대 성과를 살펴보면 일본 은행주는 1990년 버블이 붕괴되고 저성장과 마이너스 금리 시대

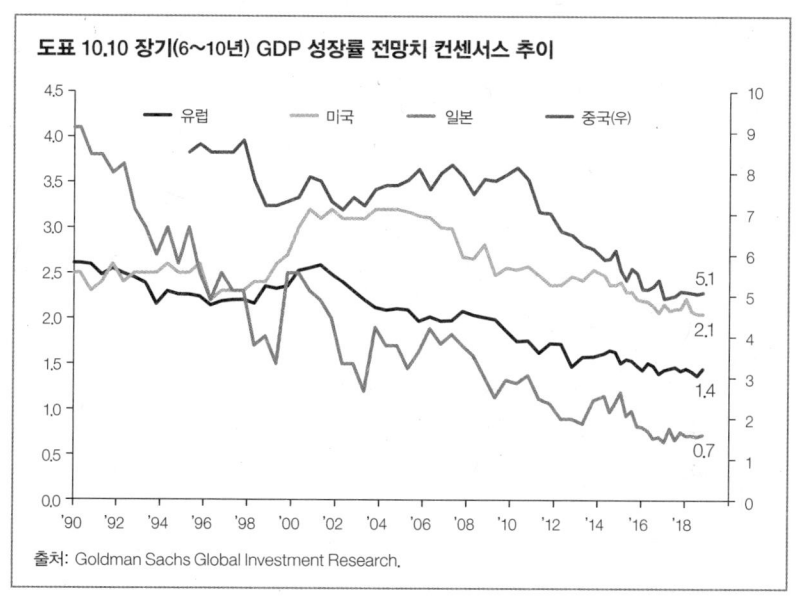

도표 10.10 장기(6~10년) GDP 성장률 전망치 컨센서스 추이

출처: Goldman Sachs Global Investment Research.

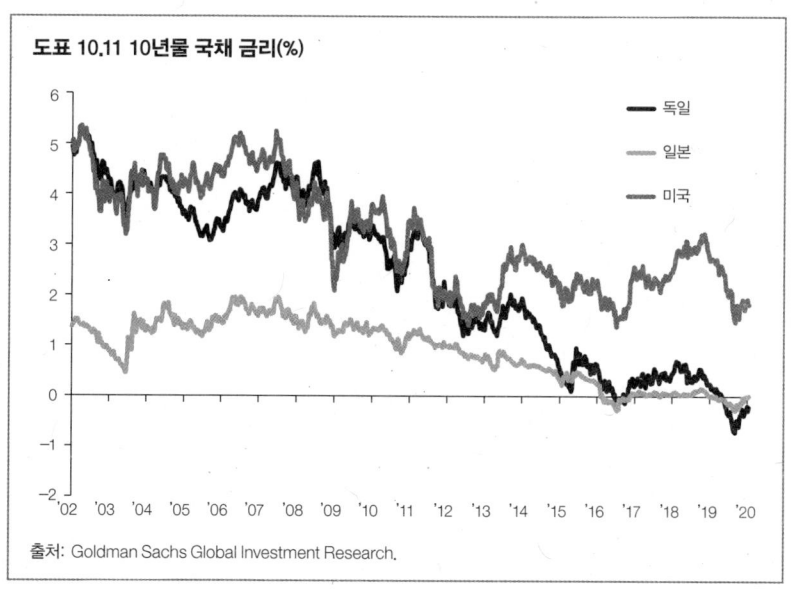

도표 10.11 10년물 국채 금리(%)

출처: Goldman Sachs Global Investment Research.

10장 제로 아래 261

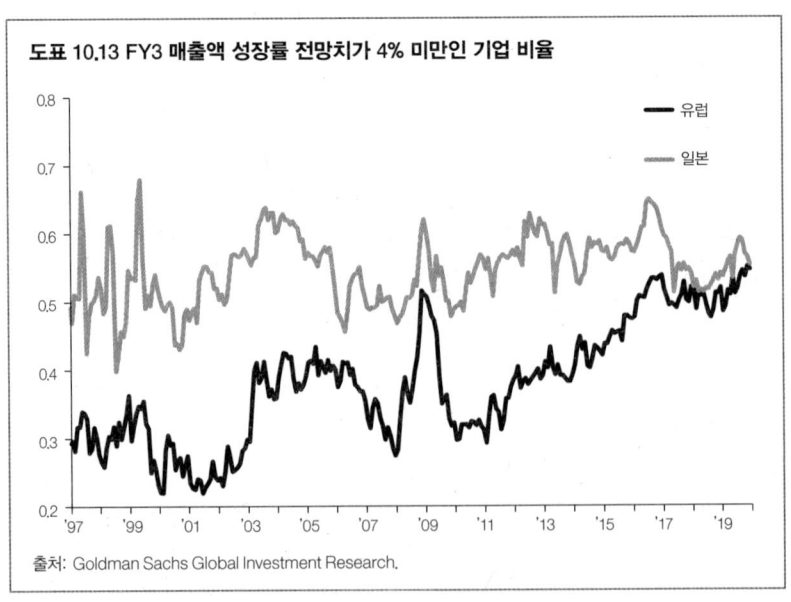

가 시작된 이후 상당히 오랜 기간 동안 부진한 성과를 기록했다.

유럽에서도 2008년 금융 위기가 시작되고 뒤이어 저성장과 마이너스 금리가 나타난 이후 유사한 흐름이 나타났다.

제로 금리와 인구구조 변화

두 가지 사례 모두 채권 수익률 하락은 부분적으로 인구 통계와 관련된 다른 구조적 요인의 결과일 수도 있다. 도표 10.14는 유럽과 일본의 장기 인구통계학적 상황을 보여준다. 유럽과 일본은 채권 수익률이 마이너스로 떨어진 지역이기도 하지만 인구구조 고령화가 가장 빠르게 진행되고 있는 지역이기도 하다. 생애주기가설(Modigliani and Brumberg 1980)에 따르면 젊을 때는 돈을 빌리고 나이가 들면 저축을 한다. 따라서 전체 인구에서 노년층이나 중장년층 비율이 증가하면 소득을 창출할 수 있는 국채 같은 안전자산 수요가 늘어나고 이에 따라 안전자산 가격이 상승하고 금리가 하락한다. 유소년 대비 중장년 비율(소위 유소년 부양률)이 장기 금리 수준을 설명하는데 도움이 된다는 주장도 있다.[6]

제로 금리와 위험자산 수요

제로 또는 마이너스 금리의 다른 흥미로운 점은 연기금이나 보험사 같은 장기 투자 기관의 위험자산 선호에 영향을 줬다는 것이다.

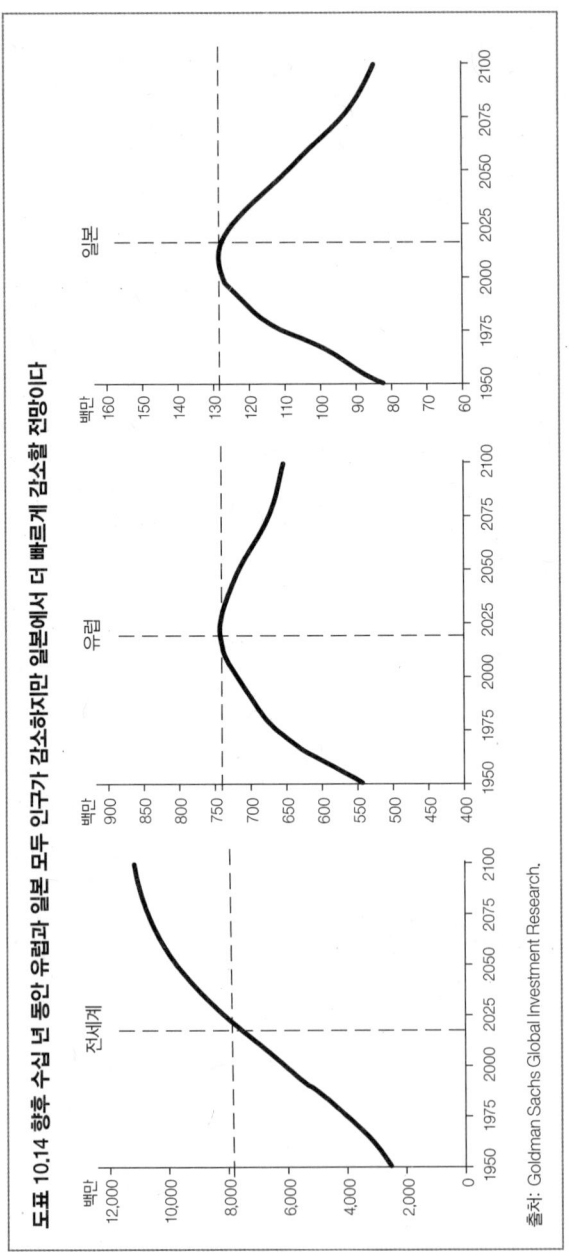

도표 10.14 향후 수십 년 동안 유럽과 일본 모두 인구가 감소하지만 일본에서 더 빠르게 감소할 전망이다

출처: Goldman Sachs Global Investment Research.

이런 기관의 경우 금리가 하락하면 연금이나 보험사 미래 부채의 순현재가치(미래 현금흐름을 할인한 금액)가 증가한다. 일반적인 확정급여형 퇴직연금은 다른 조건이 동일하다면 장기 채권 금리가 1% 하락 시 부채가 즉각 20% 정도 증가한다.[7]

따라서 이런 기관들은 장기 목표 수익률을 달성하기 위해 위험자산 비중을 늘려야 하는 상황에 처하게 된다. OECD는 "전망을 함에 있어 가장 우려스러운 점은 연기금과 보험사가 금융시장에서 더 높은 수익을 얻을 수 있던 시기에 연금가입자나 보험계약자에게 약속한 수준의 수익률을 달성하기 위해 얼마나 과도한 '수익률 추구'에 나섰고 앞으로 얼마나 그럴 것인지이며, 이로 인해 부도 위험이 증가할 수 있다"고 했다.[8]

무위험 이자율과 조달 금리가 하락하면서 금융 기관 전반이 더 많은 위험자산에 투자한 미국에서 이러한 영향을 보여줄 수 있는 일부 증거를 찾을 수 있다.[9] 수익률 추구가 금융 기관에 국한되지 않고 투자자 전반에 나타났다는 것을 보여주는 연구 결과도 있다.[10]

연기금에 관련된 광범위한 함의도 있다. 미래 연금 부채가 많은 기업일수록 금융 위기와 뒤따른 금리 하락(이는 적자의 순현재가치를 증가시켰다)의 영향을 많이 받았다.[11] 보험사의 경우 금리 하락 시 생명보험 계약 보증 이율을 지키기 어려워질 수 있고, 국채 투자 비중을 높이는 경우 경기 침체에 더 취약해지거나 구조적으로 낮은 운용 수익률이 고착화될 수 있다.[12]

일부 지역, 특히 유럽에서는 규제 목적으로 연금이나 보험사가 보유한 주식에 적용하는 위험가중치가 높아서 위험자산 비중을 늘리기 훨씬 더 어렵다. 이것의 한 가지 영향은 금리와 부채 리스크를 헤지하기 위해 채권 수요가 증가하면서 채권 수익률에 추가 하방 압력이 가해질 수 있다는 것이다. 이는 결과적으로 연기금과 보험사의 과소적립 문제를 더욱 악화시키고 채권 수익률 하방 압력이 가중되는 결과로 이어질 수 있다. 실제로 도표 10.15에서 보듯이 유럽 연기금과 보험사는 최근 몇 년간 채권 수익률이 마이너스로 떨어지는 상황에서도 전반적으로 국채 등 채권 투자에 계속 집중하고 있다.

결론적으로 제로 또는 마이너스 채권 수익률과 관련해서 몇 가지 사실을 관찰할 수 있다.

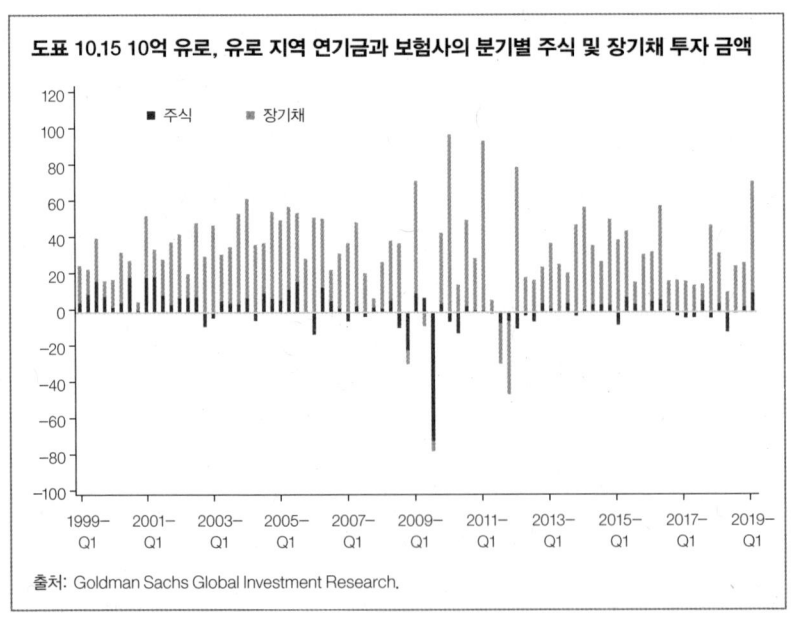

- 금융 위기 이후 글로벌 채권 수익률의 폭락은 전례 없는 일이며 그 결과 전 세계 국채 4분의 1이 마이너스 금리로 떨어졌다. 이는 한편으로는 저성장에 따른 기대 인플레이션 하락을, 다른 한편으로는 양적완화와 기간 프리미엄 하락이 기대 인플레이션에 미친 영향을 반영한 것이었다.
- 제로 채권 금리가 주가에 반드시 도움이 되지는 않는다. 일반적으로, 특히 일본과 유럽의 경험에 의하면 채권 금리 하락은 주식 리스크 프리미엄, 즉 투자자가 위험을 무릅쓰고 무위험 국채가 아닌 주식을 매수하면서 요구하는 추가 수익률을 밀어 올렸다.
- 제로 혹은 마이너스 채권 금리는 변동성을 감소시킬 수 있지만 그와 동시에 주식이 장기 성장 전망에 훨씬 더 민감해지게 만든다. 경제 충격이 경기 침체로 이어진다면 주식 밸류에이션에 미치는 부정적인 영향이 과거 사이클보다 훨씬 더 클 수 있다.
- 연기금과 보험사는 채권 금리가 제로에 근접하거나 그 아래로 떨어지면서 자산 부채 미스매칭에 취약해졌다. 이는 일부 기관이 보장 수익률을 달성하기 위해 과도한 리스크를 부담하거나, 금리 하락에 따른 채권 수요 증가가 채권 금리에 하방 압력을 가중시키는 결과로 이어질 수 있다.

11장

기술이 사이클에 미친 영향

9장에서 2008년 금융 위기와 그 위에 이어진 대침체 이후 사이클에 나타난 변화를 논했다. 이 경제 사이클은 일반적인 경우보다 약했지만 더 오래 지속됐다. 반면 주식시장 사이클은 훨씬 더 강했다.

이전 사이클 대비 느린 명목 GDP 성장은 낮은 인플레이션과 함께 기업 이익 성장 부진에 일조했다. 하지만 모든 산업이 느린 이익 성장을 경험한 것은 아니었다. 테크는 예외였다. 기술이 주식시장과 그 사이클에 미치는 영향은, 특히 미국에서 지난 10년간 테크 기업의 규모와 영향력이 증가하면서 특히 많은 관심을 받았다. 9장에서 논의했듯 정보기술 산업은 금융 위기 이후 가장 강력한 이익 성장을 보였다.

3차 산업혁명이라 불리기도 하는 디지털 혁명의 급격한 기술 변화는 엄청났다. 이는 금융 위기 이후 증시 사이클 변화에 커다란 영향을 미쳤고 주식시장 수면 아래에서 주식시장의 승자와 패자 간 격차가 벌어진 한 가지 원인이었다.

적은 자본을 투입해 제품에 레버리지 효과를 일으킬 수 있는 테크 기업의 능력 또한 이 사이클에서 산업별, 기업별 상대 성과에 극적인 영향을 미쳤다. 예를 들어 시장을 간단히 자본집약적 산업과 덜 자본집약적 산업으로 나눠 보면 금융 위기 이후 '더 가벼운' 산업이 얼마나 더 좋은 성과를 냈는지 볼 수 있다(도표 11.1).

도표 11.1 금융 위기 이후 자본집약적 산업과 비자본집약적 산업의 성장(전 세계 종합)

출처: Goldman Sachs Global Investment Research.
참고: 자본집약적 산업: 임업 및 제지, 산업용 금속 및 광업, 자동차 및 부품, 레저용품, 건설 및 건자재, 석유 장비 및 서비스, 유선통신, 이동통신, 전기, 가스, 수도 및 복합 유틸리티
비자본집약적 산업: 음료 및 식품, 가정용품, 주택건설, 개인용품, 담배, 일반 소매점, 의료장비 및 서비스, 제약 및 생명공학, 소프트웨어

기술의 부상 및 역사적 유사성

기술 부문의 성공과 영향력을 고려할 때 오늘날 기술 혁명은 전례가 없는 것처럼 보인다. 여러 추정치에 따르면(SINTEF 2013) 전 세계 데이터의 90%가 지난 2년 동안 생성되었다.[1] 현재 세계 인구 절반 이상이 인터넷에 접속하고 있는데, 이는 실제로 아무것도 없는 상태에서 30년도 채 되지 않은 기간에 일어난 일이다. 데이터와 클라우드 스토리지의 폭발적인 증가는 기술 발전을 이끌고 있는 기업뿐만 아니라 이를 이용해 전통 산업에 파괴적 혁신을 일으키려는 기업까지 변화시키고 있다.

그렇지만 오늘날 디지털 기술 혁명 또한 과거 다른 시기에 나타난 급격한 기술 혁신 사례와 유사한 특성이 있으며, 그런 사례는 현재 사이클에서 나타나고 있는 추세의 맥락을 이해하는 데 도움이 된다.

인쇄술과 최초의 위대한 데이터 혁명

세계 경제가 돌아가고 사람들이 일하고 의사소통하는 방식에 혁명을 일으킨 가장 오래되고 가장 중요한 기술 변화 물결은 1454년 인쇄술 발명으로 시작되었다. 이 기술은 최근 데이터 폭발과 마찬가지로 정보 폭발에 불을 붙이고, 계몽주의 시대를 불러왔으며, 다른 많은 생활을 변화시키는 기술(오늘날에는 흔히 '킬러 어플리케이션'이라고 하는)에 씨앗을 뿌렸다. 인쇄술 발명 이전에는 정보가 손으로 쓰여졌고 정보의 생산과 접근이 교회에 의해 엄격하게 통제되었다. 인쇄술이 보급되면서 이용가능한 데이터 양이 기하급수적으로 증가했고 이로 인해 정보 비용이 급감했다(어디서 듣던 이야기 같지 않은가?). 부링Buring과 판잔턴Van Zanden의 연구(2009)[2]에 따르면 유럽에서 출판된 책 수는 0권에서 1550년 약 300만 권으로 증가(도표 11.2)했는데 이는 14세기를 통틀어 만들어진 모든 수기(인쇄술 이전 책)보다 많은 양이다. 1800년 무렵에는 이 수치가 6억 권으로 늘어났다. 모든 기술 혁명이 그러하듯이 생산 비용이 감소하면서 책 값이 폭락했다. 이후 사회와 사회 구조가 어마어마하게 변화했다.

인쇄술은 오늘날 인터넷과 마찬가지로 다른 많은 중요한 기술을 만들어내는 발판이 되었고, 그 결과 새로운 비즈니스를 나타나게 하는 한편 전통 산업에 파괴적 혁신을 일으켜 많은 것들이 변하고 진화하

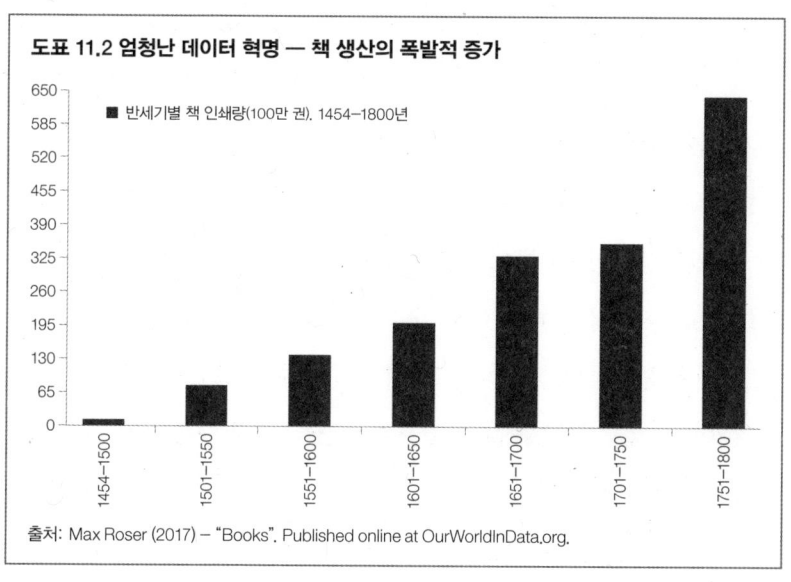

도표 11.2 엄청난 데이터 혁명 — 책 생산의 폭발적 증가

출처: Max Roser (2017) – "Books". Published online at OurWorldInData.org.

지 않을 수 없게 만들었다.

철도 혁명과 연결 사회

오늘날 혁신의 물결과 유사한 또 다른 사례는 산업혁명에서 찾을 수 있는데, 그때도 기술이 성장의 핵심이었다. 스마트폰이 인터넷에 의존하지만 그 반대도 사실인 것처럼, 당시 많은 기술이 다른 기술을 기반으로 개발되었고 서로 의존하고 있었다. 혁신의 네트워크 효과는 인쇄술 발명 이후나 철도 혁명 동안에 결정적인 역할을 했다. 산업혁명 기간 동안 많은 기회가 철도의 놀라운 성공과 성장에 의해 촉진되었다. 영국에 설치된 철도 궤도는 1830년 98마일에서, 1840년 약 1,500마일로 늘어났고, 1849년에는 약 6,000마일로 늘어나 전국의 모든 주요 도시를 연결했다.[3]

낮은 조달 비용과 새로운 기술의 출현으로 투자가 급증했고, 그 결과 공장 수가 늘어나고 도시화, 새로운 소비 시장 등장 등 연쇄 반응이 일어났지만, 당시에는 이 모든 게 뻔히 예상되는 결과는 아니었다. 철도 궤도 부설은 1840년대 전신 인프라 성장의 기반이 되었다. 10년이 채 안 되서 이전에는 불가능했던 전보가 일상생활의 일부가 되었다(1990년대와 2000년대 사이에 인터넷 성장과 다소 유사하다). 1860년대 중반 런던과 뉴욕이 연결되었고 10년 후에는 몇 분만에 런던과 봄베이 사이에 메시지를 주고받을 수 있었다. 전신회사들은 강력해졌고 AT&T가 탄생했다.

다른 기술들도 막대한 수요를 창출했고 엄청난 수의 신규 진입자를 끌어들였다. 라디오 방송이 본격화되면서 라디오 수요가 급증했다. 1923년에서 1930년 사이에 미국 가정 60%가 라디오를 구입했고, 그 결과 라디오 방송국이 폭발적으로 늘어났다. 1920년 미국 라디오 방송은 세계 최초의 라디오 방송국인 KDKA가 장악하고 있었지만, 1922년이 되자 미국 전역에 개설된 라디오 방송국 수가 600여 개로 늘어났다.

1990년대 IT버블도 유사한 패턴을 보였는데, 기술이 데이터 사용을 증대시킬 거라는 믿음이 통신, 미디어 기업뿐만 아니라 신기술 기업 전반에 걸친 기업가치 급증으로 이어졌다. 나중에 드러났듯이 신흥 기술 분야의 최종 승자는 대개 첫 번째 물결에서 사람들이 예상한 기업이 아니었고 심지어 당시 존재했던 기업도 아니었다. 게다가 많은 통신 및 미디어 기업이 20년 전 세상을 바꿔 놓을 거라던 바로 그 기술 혁신에 의해 혼란을 겪었다. 철도 붐 기간 동안 증기 기관은 철도 발전의 씨앗을 뿌렸고 네트워크 효과와 연결성은 다른 기술 발전의 토대가 되었다. 이러한 패턴은 지난 20년 동안에도 뚜렷하게 나타났다. 인터넷 발전과 급속한 보급은 스마트폰 발전과 빠른 침투를 가능하게 했다. 이는 스마트폰에서 사용되는 앱을 기반으로 한 산업을 낳았고(택시와 음식 배달 서비스 혁명을 생각해보라), 결국 '만물인터넷internet of everything'이라는 개념(모든 기기가 인터넷으로 연결된 세상)이 등장했다.

20세기 발전의 원동력이 된 전기와 석유

보기 드문 혁신 물결의 또 다른 사례는 20세기 초 전력 생산의 급격한 증가와 함께 나타났다. 1900년 미국에서 증기나 물이 아닌 전기에서 얻은 기계 동력은 고작 5%에 불과했다(이것도 1890년 1%에서 증가한 것이다). 1920년대가 되자 절반의 기업과 가계에 전기가 보급되었다. 이전 다른 기술 물결에서 그러했듯이 가격이 폭락했다. 실질 전기 요금은 1900년에서 1920년까지 사이에 약 80% 하락해서,[4] 예를 들어 라디오 같은 다른 많은 관련 제품의 성장을 가능하게 했다.

기술: 파괴와 적응

기술 혁신과 그것이 산업에 미치는 영향과 관련해 고려해야 할 한 가지가 있다. 투자자는 통상 기술 혁신의 파괴적 영향에 주목해 기존 산업이 대체될 거라고 생각하지만, 지나고 보면 기술 혁신은 파괴적이라기보다 부가적인 경우가 많았다. 예를 들어 19세기 철도가 각광받을 당시 사람들은 말이 더 이상 필요하지 않을 거라고 걱정했다. 하지만 지나고 보니 철도는 오히려 말 수요를 증가시켰는데, 최종 목적지까지 혹은 철도 출발역까지 짐을 실어 날라야 했기 때문이었다.[5] 이 '퍼스트 마일 문제first mile problem'은 오늘날 수요가 인터넷으로 이동하면서 모빌리티와 배달 솔루션이 요구되는 상황과 흥미로운 유사점이 있다.

예를 들어 점점 더 많은 식품을 인터넷을 통해 구매할 수 있지만 가정으로 배달은 보통 오토바이, 자전거, 자동차로 이루어진다. 다른 온라인 제품 구매도 마찬가지다. 이는 결국 기술 플랫폼을 활용해서 이런 물류 문제를 더 효율적으로 해결할 수 있는 새로운 기업의 탄생으로 이어진다. 유사한 흐름이 도시의 자전거와 스쿠터 공유를 위한 새로운 해법에서도 뚜렷하게 나타났다. 새로운 기술이 만들어내는 문제를 해결하는 것이 새로운 기회가 나타나는 기반이 되고 있다.

새로운 기술은 전통 산업의 적응 방식을 변화시키기도 한다. 예를 들어 1970년대 디지털 시계가 등장했을 때 기계식 시계는 사라질 거라고 예상됐다. 이런 우려는 전통 시계 제조사들이 브랜드를 쇄신하고, 품질을 중시하고, 복고 트렌드 수혜를 입으면서 빗나갔다. 스위스 시계 산업만 봐도 2018년 218억 스위스 프랑의 수익을 올렸다.[6] 영화도 마찬가지다. 1980년대 비디오 기술, 이후 1997년 DVD 등장으로 집에서 영화를 보기 편리해지면서 극장은 문을 닫을 거라는 전망이 강해졌다. 하지만 극장이 재탄생되고 엔터테인먼트 산업 중 가장 빠르게 성장하는 부문이 되면서 2018년에는 전 세계 티켓 판매액이 사상 최고치인 417억 달러를 기록했다.[7] 심지어 레코드판도 복고풍 매력에 끌린 젊은 세대 사이에서 다시 유행해서 2018년 영국에서만 400만 장 넘게 팔렸다.[8]

기술과 성장 사이클

지난 10년 동안 주식시장 사이클을 지배한 현재 기술 붐의 한 가지 특징은 경제 성장과 생산성 증가가 전반적으로 부진했다는 점이다. 어떤 이들은 이런 현상은 역설적이며 기술의 영향이 제한적이라는 것을 보여주므로 주가는 기술의 잠재력을 과대평가하고 있다고 주장했다. 하지만 과거의 기술 물결에서도 생산성과 경제 활동 증가가 일반적으로 생각하는 것보다 더뎠음을 보여주는 강력한 역사적 증거가 있다. 예를 들어 제임스 와트가 비교적 효율적인 증기 기관을 출시한 것은 1774년이지만, 처음으로 상업적 성공을 거둔 증기 기관차는 1812년에야 등장했고, 1830년대에 이르러서야 영국의 1인당 GDP 성장이 뚜렷하게 가속되기 시작했다.

여러 연구 결과에 따르면 19세기 후반 영국의 생산성 향상은 미미했다.[9] 18세기 후반에는 생산성 증가가 더뎠고 1830년이 되어서야 의미있게 개선되기 시작했다. 이는 초기 기술 변화가 경제 전체에 영향을 미치기까지 종종 오랜 시간이 걸린다는 견해에 부합한다.

유사한 패턴이 1880년대 전기의 시대에도 나타났다. 전기는 1920년대까지 유의미한 생산성 향상을 일으키지 못했는데, 그때서야 공장들이 재설계되었기 때문이다.[10] 실제로 IT 혁명의 영향도 유사한 패턴을 따를 수 있다(David and Wright 2001). 이런 맥락에서 디지털 혁명이 아직 생산성을 증가시키지 못했다는 것도 이해가 된다.[11]

새로운 기술은 흔히 생산성을 높일 수 있는 커다란 잠재력을 가지고 있지만 제조 공정을 재구성하거나 글로벌 기술 표준이 정립되기 전에는 효율적으로 활용되기 어려울 수 있다. 뿐만 아니라 완전한 네트워크 구축이 필요한 경우에는 초기 보급이 느려져 결과적으로 생산성 향상도 지연될 수 있다. 증기 기관과 금속 제련을 위한 석탄의 사용 또한 이런 네트워크 효과 영향을 받았다. 석탄 수송은 결국 경제 성장과 생산성 증가의 커다란 원동력이 되었지만 운송 네트워크가 구축되기 전까지 온전히 활용될 수 없었다. 마찬가지로 막대한 고정 투자비는 충분히 많은 새로운 사용자가 새 동력원으로 전환하는 경우에만 회수할 수 있었다. 증기 기관을 사용하려면 원자재와 완제품 운송을 증대시키기 위해 공장을 짓고 운하를 건설할 필요가 있었다. 마찬가지로 내연기관에서 전기차로 운송 수단을 바꾸는 것이 기술적으로는 가능하더라도, 온전히 보급되려면 통합 전력 공급 시스템이나 충전소가 필요하다.

1980년대에는 생산성 증가 둔화와 그에 따른 기술 기업 밸류에이션 고평가 우려가 널리 퍼졌다. 1987년 노벨상 수상자 로버트 솔로 Rebert Solow는 "생산성 통계만 빼고 모든 곳에 컴퓨터 시대가 도래했다"[12]고 했다. 이런 우려는 1990년대 많은 나라에서 생산성이 급격하게 개선되면서 사라졌다. 하지만 금융 위기와 대침체 이후 많은 나라에서 생산성 증가가 둔화되면서 이 논쟁에 다시 한번 불이 붙었다.

어떤 이들은 노동 시간이 과소평가되어 실제 생산성은 훨씬 더 낮을 수 있다고 주장하지만, 다른 이들은 측정 오차 문제를 지적한다. 예를 들어 골드만삭스 이코노미스트들이 이베이에서 판매된 미사용 아이폰 가격을 분석한 결과 새로운 모델에 현저한 품질 향상이 있으면 출시 전 몇 달 동안 20~40%의 가격 하락이 나타난다는 것을 발견했다.[13] 중고 시장 가격과 전화기 물가지수 간 인플레이션 차이는 매년 약 8%의 품질 개선을 나타냈다. 이러한 품질 조정을 관련된 소비 카테고리에 적용하면 지난 10년간 연간 소비 성장을 0.05%p에서 0.15%p 정도 과소평가한 것으로 추정되었다. 종합하면 최근 미국 GDP 성장률 측정 오차는 연 2/3%p에서 3/4%p 사이로 추정되며, 이는 20년 전 약 1/4%p에서 상승한 것이다. 비록 구체적인 수치는 상당히 다를 수 있지만, 이들의 분석과 학계 최신 연구는 현재 생산성 증가 속도가 보이는 것보다 유의미하게 높음을 시사한다.

이는 금융 위기 이후 약한 경제 성장이, 적어도 일부는, 기술이 성장과 생산성에 미친 영향을 잘못 측정했기 때문이라는 것을 시사하기 때문에 중요한 포인트다. 이는 또한 최근 몇 년간 기술 부문 이익 성장이 GDP 성장보다 훨씬 더 강했던 이유일 수 있다. 어쨌든 측정 문제는 금융 위기 이후 경제와 투자 사이클이 다소 달라진 이유를 설명하는 데 어느 정도 도움이 된다(9장 참고).

따라서 새로운 기술이 만들어 내는 혁신의 속도와 그에 따라 파생되는 효과가 그 어느 때보다 빨라 보이지만, 역사에 따르면 과거에도 유사한 패턴이 나타났다. 이전 기술 물결을 이끌었던 지배적인 기업은 굉장히 오랫동안 지배적인 위치를 유지했다. 그러나 이러한 기업의 네트워킹 효과는 더 많은 혁신과 새로운 기업의 탄생으로 이어졌다. 기술 혁신과 관련된 투자 측면에서 다음 세 가지 기회가 있을 수 있을 것이다.

- **직접 발명/혁신에 성공한 기업(인쇄술, 라디오, TV)**
  혁신 기업이 승자가 되는 경향이 있긴 하지만 모든 혁신 기업 혹은 선도 기업first mover이 성공하는 것은 아니다. 역사는 새로운 산업에 뛰어든 사례로 가득하지만 성공한 경우는 극히 드물다. 1899년에는 30개 미국 제조업체가 2,500대의 자동차를 생산했고, 이후 10년 동안 485개 회사가 자동차 산업에 뛰어들었다.[14] 현재 자동차 산업은 3개의 대기업이 지배하고 있다. 마찬가지로 1939년부터 현재까지 220개가 넘는 텔레비전 세트 제조업체가 미국 시장을 노리고 TV를 만들었다. 그중 약 23개 업체만이 오늘날에도 여전히 TV를 만들고 있다.[15]

- **새로운 발명을 활용하기 위한 인프라를 만든 기업(철도, 석유, 발전, 인터넷 검색 엔진 등)**

앞에서 설명했듯이 네트워크 효과가 존재하는 혁신을 선도하는 기업들은 종국에는 매우 지배적인 지위를 차지할 수 있지만, 초기에는 어떤 기업이 살아남을지 확실히 알기 어렵다. 예를 들어 AOL은 최초의 인터넷 서비스 사업자 중 하나였지만 결국 구글에 패배했다. 마이스페이스Myspace는 소셜미디어와 온라인 프로필을 대중화한 최초의 기업 중 하나였고 뉴스 코퍼레이션News Corp.에 인수되었지만 결국 페이스북에게 지고 말았다.

- **새로운 혁신을 활용해 기존 산업을 파괴 혹은 기존 기업들을 대체하는 기업(기술 플랫폼, 디지털 시장 등)**

최근 몇 년 동안 이런 기업이라고 하면 이른바 네트워크 효과에 힘입어 성공을 거둔 플랫폼 기업이나 디지털 시장 기업을 말하는 경우가 많았다. 《이코노미스트》는 "사이즈가 사이즈를 낳는다: 아마존이 더 많은 판매자를 끌어들일수록 더 많은 사람들이 아마존에서 쇼핑을 하고, 그 결과 더 많은 판매자가 아마존으로 유입된다"고 했다.[16]

하지만 이런 단순한 설명은 현실을 지나치게 단순화한 측면이 없지 않다. 결국 승자 기업은 일반적으로 타이밍(제품이 대중화되는 시기), 우수한 경영, 자금 조달이 복합적으로 작용한 결과다.

주도 종목과 섹터의 지속 기간

20년 전에 비해 테크 섹터 펀더멘털이 훨씬 강하긴 하지만 시장에서 테크 섹터가 차지하는 비중이, 특히 일부 시장에서 급격히, 높아지면서 이런 현상이 언제까지 지속될 수 있는지 의문이 제기된다. 이와 관련해 역사가 말해주는 것은 무엇일까? 특정 종목이나 섹터는 어디까지 커질 수 있을까?

과거 S&P500 지수의 섹터별 비중 추이를 살펴보면 이는 전혀 새로운 현상이 아니다. 시간이 흐르면서 새로운 기술 물결의 출현은 주도 섹터의 변화로 이어졌다. 증시가 점점 다각화되면서 가장 큰 섹터가 전체 시장에서 차지하는 비중도 점차 줄어들었다.

미국 증시의 역사는 주도 산업이 무엇이냐에 따라 크게 세 기간으로 나눌 수 있는데, 각 기간은 당시 경제의 주요 성장 동력이 무엇이었는지 보여준다.

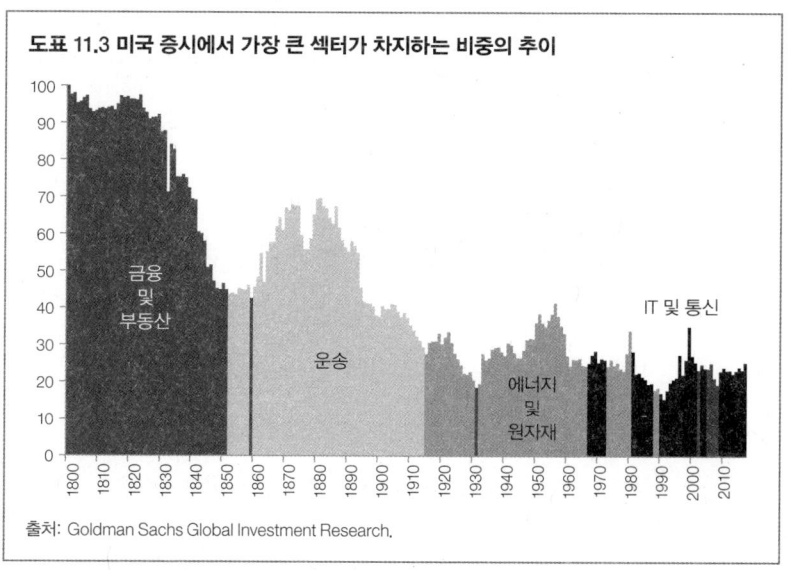

도표 11.3 미국 증시에서 가장 큰 섹터가 차지하는 비중의 추이

출처: Goldman Sachs Global Investment Research.

- **1800-1850년대: 금융업**. 이 기간에는 은행이 가장 큰 섹터였다. 처음에는 은행이 주식시장의 거의 100%를 차지했지만 시장이 발전하고 기반이 넓어지면서 점차 비중이 줄어들었다. 1850년대에는 은행 비중이 절반 이하로 떨어졌다.
- **1850-1910년대: 운송업**. 은행이 급속도로 확장되던 미국 철도 시스템에 자금을 공급하기 시작하면서(다른 곳에서도 마찬가지), 철도주가 지수에서 가장 큰 비중을 차지하는 섹터가 되었다. 한참 호황일 때 철도주 비중은 S&P500 지수의 거의 70%까지 상승했다가 제1차 세계대전이 끝날 무렵에는 30% 초반으로 떨어졌다.
- **1920-1970년대: 에너지**. 증기와 석탄이 아닌 석유를 동력원으로 하는 산업이 크게 성장하면서 에너지 주식이 가장 큰 섹터로 자

리잡았다. 에너지는 1990년대까지 가장 큰 섹터로 남아 있었는데 중간중간 새로 부상하는 테크 섹터가 잠깐씩 끼어들었다(첫 번째 물결은 메인프레임, 그 다음 물결은 소프트웨어가 주도했다).

밸류에이션 어디까지 갈 수 있을까?

과거에도 몇 번 성장주 밸류에이션이 오늘날 우리가 목도하고 있는 것보다 더 높이 올라간 적이 있다. 당시에도 일부 주식이 전체 증시 수익률과 밸류에이션을 좌지우지했는데, 1960년대와 1970년대 초반, 소위 니프티피프티 시대와 기술주가 부상한 1990년대 후반이 그러한 시기다. 니프티피프티 시대는 1990년대 후반과 달리 특정 섹터가 아니라 특정 컨셉으로 묶인 50개 기업이 중심이었다. 새로운 유형의 기업이 미국의 경제적 우위를 바탕으로 글로벌 시장을 선도하는 다국적 기업으로 성장할 거라는 강한 낙관론이 나타났다.

당시 사랑받았던 많은 기업들은 수익성이 매우 높았고(새로 등장한 적자 기업들이 중심이 되었던 1990년대 후반 기술주 버블과 상당히 달랐다), 사람들은 이런 높은 수익성이 장기간 지속될 수 있을 거라고 믿었다. 그래서 니프티피프티 종목들은 종종 '한 가지 결정만 하면 되는one-decision' 주식이라고 불렸다. 투자자는 가격에 관계없이 기꺼이 주식을 매수하고 보유했고, 가치주 투자에서 성장주 투자로 옮겨갔다. 이에 따라 밸류에이션이 엄청나게 상승했다. 1972년 S&P500 지수 P/E가 19배였을 때 니프티피프티 평균은 그 두 배가 넘었다. 이익 전망치 기준으로 폴라로이드는 90배, 월트디즈니와 맥도날드는 80배에 거래되었다. 이렇게 높은 밸류에이션에 불구하고 제레미 시겔Jeremy Siegel(1998) 교수는 대부분 주식이 실제로 밸류에이션에 부합하는 성장을 보였으며 매우 높은 이익을 거두었다고 주장했다.

유사한 내러티브가 1990년대 후반 '신경제new economy'를 대세로 만들었다. 당시에도 1960년대와 마찬가지로 가치(혹은 '구경제') 종목은 사랑받지 못했다. 금융 위기 이후 기술 기업의 부상은 1990년대 후반 버블을 일으켰던 광란과 사뭇 다르다. 금융 위기 이전 수년 동안 은행은 강한 성장, 높은 레버리지, 금융상품 혁신의 조합에 힘입어 여러 증시에서 높은 비중을 차지했다. 은행이 주도 섹터에서 물러나자 테크가 빠르게 수익률 선두 그룹으로 올라섰고 다시 한번 주도 섹터로 자리매김했다. 2008년 이후 테크 섹터가 전 세계 주식시장에서 차지하는 비중은 7%에서 12%로 증가했다. 같은 기간 미국 시장 비중은 S&P 기준 13%에서 21%로 두 배 가까이 늘어났다. 1990년대 후반에는 전 세계 시가총액에서 테크 섹터가 차지하는 비중이 1996년 10% 언저리에서 2000년 정점에서 33%까지 치솟았다.

하지만 가장 중요한 것은 과거 사례 밸류에이션이 최근 기술 기업 밸류에이션보다 훨씬 높았다는 점이다. 도표 11.4에서 볼 수 있듯이 기술주 버블 당시 가장 큰 기술 기업은 평균 P/E 50배 이상에 거래되었다(많은 주식이 그것보다 훨씬 더 비쌌지만). 가장 큰 니프티피프티 기업들은 평균 35배에 거래되었다. 최근에는 가장 큰 테크 기업이, 특히 1970년대와 비교해, 굉장히 낮은 금리에 불구하고 이익 전망치 기준

도표 11.4 오늘날 테크 섹터, 1990년대 테크 섹터, 니프티피프티 중 상위 기업(FAAMG 데이터는 2019년 12월 31일, IT 버블 데이터는 2000년 3월 24일, 니프티피프티 데이터는 1973년 1월 2일 기준. 단 니프티피프티 P/E는 1972년 실적 기준)

	크기 시장 비중	시가총액 (10억 달러)	밸류에이션 P/E (FY2)
FAAMG			
애플	4.6%	1,305	18.7
마이크로소프트	4.5%	1,203	25.5
알파벳	3.0%	993	25.0
아마존	2.9%	916	65.9
페이스북	1.8%	585	22.1
FAAMG 합계	16.8%	5,002	25.1
IT버블			
마이크로소프트	4.5%	581	55.1
시스코 시스템즈	4.2%	543	116.8
인텔	3.6%	465	39.3
오라클	1.9%	245	103.6
루슨트	1.6%	206	35.9
IT 버블 합계	15.8%	2,040	55.1
니프티피프티			
IBM	8.3%	48	35.5
이스트만 코닥	4.2%	24	43.5
시어스 로벅	3.2%	18	29.2
GE	2.3%	13	23.4
제록스	2.1%	12	45.8
니프티피프티 합계	20.0%	116	35.5

출처: Goldman Sachs Global Investment Research.

으로 평균 약 25배에 거래된다(도표 11.4 참고).

종목 비중이 시장 대비 어디까지 커질 수 있을까?

이번 사이클에서는 선도적인 기술 기업 시가총액이 엄청나게 커졌는데, 이는 IT 지출의 급격한 증가와 다른 전통적인 설비 투자 지출 잠식을 반영한 것이다. 새로운 플랫폼이 사실상 해당 시장 전체인 경우가 흔했다.

하지만 이 역시 새로운 현상이 아니다. 예를 들어 스탠더드 오일Standard Oil은 1900년에 미국 석유 생산량의 90% 이상, 판매량의 85%를 통제했다. 또 다른 선도 기업인 유에스 스틸US Steel은 간신히 기업분할을 피하고* 최초로 기업가치 '10억 달러 기업'이 되었다.

또 다른 기술 물결로 AT&T가 지배적인 지위에 올라섰다. AT&T는 가장 잘 알려진 미국 정부의 반독점 개입 사례 중 하나가 되기 전까지 수십 년 동안 미국 통신산업을 지배했다. AT&T는 1950년부터 1980년까지 상장된 미국 통신기업 매출의 70% 이상을 차지했다. 미국 법무부가 1974년 회사를 상대로 소송을 제기했지만 1982년까지 판결이 나오지 않았고 1984년 1월 1일에서야 기업분할명령이 내려졌다. AT&T('엄마 벨Ma bell')가 8개의 '아기 벨baby bell'로 쪼개지면서 통신 산업 내 기업 수가 증가했다. 1975년 AT&T는 통신 산업 매출 5%

* 스탠더드 오일은 반독점법 위반 등 혐의로 1911년 대법원 판결에 따라 해체되었다.

이상을 차지하는 단 두 기업 중 하나였다. 1996년이 되자 9개 상장 통신기업이 산업 매출 5% 이상을 올렸다.[17]

1970년대 메인프레임 컴퓨터가 개발되자 선두 기업들, 특히 IBM에 시장점유율이 집중되었으며, IBM의 독점적 지위는 1969년 미 법무부가 반독점 소송을 제기하는 계기가 되었다. 당시 뉴스 보도에 따르면 IBM은 이 시기 메인프레임 시장의 약 70%를 점유하고 있었다. 법무부는 IBM이 끼워팔기를 포함한 다양한 방법으로 경쟁을 억제했다며 1969년 1월 소송을 제기했다. 이 소송은 13년 동안 지속되었고 결국 1982년 1월 취하되었다.

IBM에 불리한 판결이 내려지지는 않았지만 규제 리스크로 매출 성장률과 마진이 꾸준히 하락하기 시작했다. IBM의 분기별 전년 대비 매출 성장률은 1960~70년대에 상당히 등락이 컸지만 1980년대에는 새로운 제품의 등장과 규제 당국의 감시로 확연히 낮아졌다.

소프트웨어가 기술 발전의 주요 동인으로 부상하자 시장 구도에도 변화가 나타났다. 1992년 마이크로소프트의 독점적 지위와 관련해 일련의 소송이 제기되었는데, 특히 인터넷 익스플로러를 윈도우즈 운영체제에 끼워팔기로 한 결정에 초점이 맞춰졌다. 미국 정부 대 마이크로소프트의 소송은 1998년 5월 제기되었고 법원은 2000년 6월 회사를 둘로 분할하라고 명령했다. 하지만 이 판결은 2001년 6월 항소법원에서 뒤집어졌으며 배타적 계약 같은 일부 비즈니스 관행의 수정을 포함한 법원 합의로 종결되었다. 마이크로소프트의 운영체제는 2000년 90% 이상의 개인용 기기에서 구동되었다(US Department of Justice 2015). 하지만 2001년 합의는 마이크로소프트가 소프트웨어를 개발하고 라이선스를 부여하는 방식을 제한했다. 마이크로소프트의 분기별 전년 대비 매출 성장률은 평균 40%(1988-2000)에서 10%(2001-2018)로 떨어졌다. 물론 일부는 기술 환경 변화의 영향이었을 것이다(예를 들어 스마트폰의 부상과 '클라우드'로의 전환).

최근에는 모바일 컴퓨팅과 인터넷 어플리케이션이 등장하면서 시장 구도가 또 한 번 바뀌었다. 인터넷 검색을 예로 들면 구글은 시장 점유율이 90%가 넘는 반면 그 다음으로 큰 경쟁 상대인 빙Bing은 3.2%에 불과하다. 따라서 이번 사이클에서도 몇몇 기술 기업이 매우 크고 지배적인 기업으로 성장했고, 경쟁이나 잠재적인 입법 및 규제 방안은 어떤 것이 있을지 의문이 제기된다. 다시 말하지만 이는 이번 사이클에만 나타난 현상이 아니다. 우리가 산업에서 발견한 바와 같이 가장 큰 기업들은 오랜 기간 동안 대개 시장 지배적인 지위를 유지하면서 선도 기업으로 남았다. 역사적으로 S&P500 지수에서 가장 큰 비중을 차지했던 기업들은 다음과 같다.

- **1955-1973년_제네럴모터스**: '자본주의의 황금기' 동안 제네럴모터스는 S&P500 지수 이익의 10% 이상을 차지했다.
- **1974-1988년_IBM**: '메인프레임 시대'(시총 비중 최고 7.6%)
- **1989-1992년_Exxon**: 거의 100년 전에 장기간 지배적인 기업이었던 스탠더드 오일에서 분사 설립(시총 비중 최고 2.7%)
- **1993-1997년_GE**: (시총 비중 최고 3.5%)

- **1998-2000년_마이크로소프트**: '소프트웨어 시대'(시총 비중 최고 4.9%)
- **2000-2005년_GE**(두 번째): (시총 비중 최고 3.5%)
- **2006-2011년_Exxon**(두 번째): (시총 비중 최고 5.2%) 금융 위기 전 2006년에서 2007년 사이에 뱅크오브아메리카와 시티그룹이 잠시 1등을 차지하긴 했다.
- **2012-현재_애플**(가끔 마이크로소프트): (시총 비중 최고 5.0%)

지배적인 기업이 전체 시장에서 차지하는 점유율은 과거에 뚜렷하게 더 높았다. 그렇지만 흥미로운 사실은 가장 큰 기업들이, 특히 오래 전 기업일수록, 주가지수 비중이나 시가총액 기준으로는 오늘날만큼 크지 않았다는 점이다. 예를 들어 AT&T는 분할 전 시가총액이 약 470억 달러였는데 이는 현재 기준으로 약 1,200억 달러에 해당한다. 현재 지배적인 기업들이 지닌 영향력과 이익 창출 능력은 과거 어느 때보다 크다. 지배적인 기업들의 규모가 너무 거대하기 때문에 이들 기업이 추가 성장하는 것이 그만큼 더 어려워졌지만 이 점이 테크 섹터의 광범위한 영향력을 제한하지는 않을 것으로 본다. 새로운 기업들이 계속 진화하고 있기 때문이다.

기술과 승자-패자 간 격차 확대

현재 증시 사이클에서 나타난 기술의 지배가 새로운 현상은 아니라고 보지만, 이번 사이클에서 기술로 인해 달라진 점 한가지는 기술이 전 세계 증시 주도 스타일에 영향을 미치는 방식이다. 특히 지난 10년 동안 기술은 두 가지 경로로 승자와 패자 간 격차를 벌어지게 했다.

첫 번째 경로는 임금과 이익 간 격차 혹은 GDP에서 노동시장과 기업부문이 차지하는 비중이었다. 학계 연구에 따르면 자본 축적이나 자본확장적capital-augmenting 기술* 변화가 노동이 차지하는 비중을 결정짓는 중요한 요인이다(e.g. Bentolila and Saint-Paul 2003; Hutchinson and Persyn 2012).

OECD 추정(Multifactor productivity 2012)에 따르면, 경제 성장의 주요 원동력인 총요소생산성total factor productivity, TFP 증가와 자본심화 capital deepening**로 1990년부터 2007년까지 OECD 국가의 산업 부문별 평균 노동소득분배율 하락 대부분을 설명할 수 있다. 이런 변화는 오랜 기간에 걸쳐 나타난 과정의 일부분이다. 예를 들어 미국 GDP에서 노동이 차지하는 비중은 제2차 세계대전 이후 줄곧 하락세를 나타냈지만 금융 위기 이후 특히 급격한 하락을 겪었다.[18]

물론 기술 발전이 이런 현상의 유일한 이유는 아니다. 재정 긴축과 양적완화 영향도 있었다. 이러한 변화는 금리 수준을 떨어뜨리고 기업 이익을 증대시키는 데 도움이 되었다(미국에서는 자사주 매입 트렌드에도 기여했다). 마찬가지로 많은 미국 기술 기업이 미국 외 지역의 값싼 노동력을 활용했지만, 제조업체 역시 그렇게 했고, 이런 트렌드는

---

* 생산 과정에 투입되는 일부 노동을 자본으로 대체할 수 있게 해주는 기술.
** 1인당 자본량 및 생산량이 늘어나는 것.

인터넷, 컴퓨터나 스마트폰이 나타나기 전에도 존재했다. 또한, 많은 경우 저소득층은 기술이 제공하는 연결성connectivity의 수혜자였는데 특히 기술 플랫폼이 책, 옷, 장난감 및 전자제품 가격을 낮추었다는 점에서 그러했다. 그렇다면 기술이 소비 붐에 기여했을지도 모른다.

두 번째 경로는 가치주 대비 성장주에 주어진 보상이었다. 바꿔 말하면 다수가 테크 섹터에 속했던 고성장 기업의 주가 성과가 P/E 비율이 낮거나 배당수익률이 높아 '저렴해' 보이는 기업보다 현저하게 좋았다.

분명히 말해, 가치주 대비 성장주 성과는 기술의 성공을 반영한 것일 뿐만 아니라 여러 요인이 복합적으로 작용한 결과다. 금융 위기 이후 계속된 은행주 약세와 초저금리, 많은 경우 마이너스 금리의 결과 은행 수익에 역풍이 지속된 것도 부분적인 이유였다. 게다가, 금융 위기 이후 채권 금리의 지속적인 하락은 낮은 인플레이션과 함께 중요한 요인으로 작용했다.

성장주는 가치주와 비교해 '듀레이션이 긴' 것으로 나타났다. 즉, 미래 현금흐름의 순현재가치의 금리 수준 변동에 대한 민감도는 대체로 매출이 먼 미래까지 증가할 것으로 전망되는 성장주가 성숙 산업이나 저성장 산업에 속하는 가치주보다 높다. 이는 금리 하락이 기술 기업 순현재가치에 미치는 긍정적 영향이 가치주나 단기 경기 변동에 민감한 기업의 순현재가치에 미치는 영향보다 크다는 것을 의미한다. 앞서 5장에서 시장 스타일 변화에 영향을 미치는 주요 요인을 9장에서 금융 위기 이후 이러한 요인에 나타난 변화를 다룬 바 있다.

결론

시간이 지나면서 경제, 정치, 투자 환경이 크게 변했다. 전형적인 사이클이 경제 성장률, 인플레이션, 금리를 축으로 반복되는 동안 주요 기술 혁신(인터넷)과 과제(기후변화)도 바뀌었다. 그러나 시간이 지남에 따라 나타난 이런 모든 변화에도 불구하고 경제 활동과 금융자산 수익률에는 사이클에 따라 반복되는 패턴이 존재한다.

다음의 몇 가지 요점을 제시할 수 있다.

과거에서 얻을 것

- 수익률은 여러 가지 요인에 의해 좌우되지만, 아마도 가장 중요한 것은 투자 기간과 당초 밸류에이션이다. 투자 기간이 길어질수록 변동성 조정 후 수익률이 상승할 가능성이 높아진다. 이 점은

주식 투자자에게 특히 중요하다. 예를 들어 2000년 IT버블 정점에서 매수한 주식은 당초 밸류에이션이 너무 높았기 때문에 보유 기간 10년 기준으로 100년이 넘는 기간을 통틀어 가장 낮은 수익률을 기록했다. 마찬가지로 일본 증시(니케이 225)는 30년 전인 1989년에 기록한 고점 대비 약 45% 낮은 수준에 머무르고 있다. S&P500 지수는 1955년까지 1929년 수준을 회복하지 못했다. 이런 사례가 역사에서 이례적이긴 하지만, 대부분의 설명이 밸류에이션으로 귀결된다. 당연하게도 엄청나게 높은 밸류에이션(1929, 1968, 1999년)을 기록한 후에는 대단히 부진한 위험조정수익률이 나타났으며, 시장 저점(1930, 1973, 2008년)에서 굉장히 낮은 밸류에이션으로 떨어진 후에는 매우 높은 수익률이 나타나는 경향이 있다.

- 1860년 이후 미국 주식의 연간 총수익률은 투자 기간을 1년부터 20년 사이에 어느 기간으로 잡아도 평균 10%가 나왔다. 미국채 10년물의 경우 같은 보유 기간 동안 평균 5~6%의 수익률을 기록했다. 위험조정수익률은 단기적으로는 주식이 채권보다 훨씬 낮지만, 장기적으로는 대체로 위험을 부담하는 대가가 주어진다.
- 장기적으로 주식시장(과 다른 자산군들)은 사이클에 따라 움직이는 경향이 있다. 각 사이클은 일반적으로 경제 사이클이 진행됨에 따라 변화하는 주요 동인을 반영해 몇 가지 국면으로 나눌 수 있다. (1) 절망 국면은 시장이 고점에서 저점으로 이동하는 기간으로 약세장이라고도 한다. (2) 희망 국면은 기간이 짧은 편인데(평균적

으로 미국 10개월, 유럽 16개월) 시장이 저점을 찍고 멀티플이 확장되면서 반등하는 기간이다. 이 국면은 투자자에게 특히 중요한데 보통 희망 국면이 전체 사이클에서 수익률이 가장 높기 때문이며, 대개 매크로 데이터와 기업 부문 이익이 아직 회복되기 전에 시작된다. (3) 성장 국면이 일반적으로 가장 긴 국면인데(평균적으로 미국 39개월, 유럽 29개월) 이익 성장이 나타나면서 수익률을 견인하는 시기다. (4) 낙관 국면은 사이클의 마지막 단계로 투자자가 점점 더 확신에 차거나 심지어 편안함을 느끼는 시기이며 밸류에이션이 재차 상승하면서 이익 성장을 추월하는 기간이기도 하다. 일반적으로 이 국면은 미국에서 25개월 정도 지속됐다.

- 주식 사이클에서는 가격 변동이 특정 시기에 심하게 집중되는 경향이 있기 때문에 약세장을 피하는 것이 중요하다. 해마다 수익률은 크게 차이 날 수 있다. 연간 수익률 기준으로 S&P500 지수는 최저 -26.5%(1974), 최고 +52%(1954)를 기록했다. 과거 데이터에 따르면 최악의 달을 피하는 것은 장기적으로 최고의 달에 투자하는 것만큼이나 중요하다. 하지만 약세장마다 차이가 있다. 역사적으로 약세장은 강도와 지속 기간에 따라 경기순환적 약세장, 이벤트 드리븐 약세장, 구조적 약세장으로 구분할 수 있다.

  경기순환적 약세장과 이벤트 드리븐 약세장은 일반적으로 대략 30% 주가 하락이 나타난 반면, 구조적 약세장은 그보다 훨씬 더 큰 약 50%의 주가 하락이 나타났다. 이벤트 드리븐 약세장이 가장 짧은 편인데 평균 7개월 동안 지속되고, 경기순환적 약세장은 평균 26개월, 구조적 약세장은 평균 3년 반 동안 지속되었다. 경기순환적 약세장과 이벤트 드리븐 약세장에서는 전고점을 회복하는 데 보통 1년 정도 걸린 반면, 구조적 약세장은 평균 10년이 걸렸다. 강세장에서는 굉장히 높은 수익을 얻을 수 있다. 미국의 경우 평균적인 강세장에서 4년 동안 주가가 대략 130%, 연환산 기준으로는 약 25% 상승했다.

일부 강세장은 지속적인 밸류에이션 상승에 의해 나타나는데, 이를 추세적 강세장이라 부를 수 있다. 1945~1968년 전후 호황기와 1982~2000년 인플레이션 하락과 냉전 붕괴에 따른 장기 호황이 가장 좋은 예다. 다른 강세장은 추세가 뚜렷하지 않고 좀 더 경기순환적인 경향이 있다. 이를 다음과 같은 유형으로 구분할 수 있다.

- **좁고 평탄한 시장**(낮은 변동성, 낮은 수익률): 주가가 좁은 범위에서 등락하고 변동성이 낮은 평탄한 시장이다.
- **두껍고 평탄한 시장**(높은 변동성, 낮은 수익률): 주가지수가 거의 오르지 않지만 강한 랠리와 조정(혹은 미니 강세장과 약세장)을 반복하면서 높은 변동성을 나타내는 (종종 상당히 길다) 기간이다.

현재에서 배워야 할 것

- 시장이 사이클에 따라 움직이는 경향이 있지만 금융 위기 이후

사이클은 많은 측면에서 과거와 다르다. 한 예로 이번 경제 사이클은 이미 굉장히 오랫동안 지속되었는데, 미국의 경우 지난 100년을 통틀어 가장 길다. 이와 더불어 기대 인플레이션이 완화되었고 채권 금리가 사상 최저치로 떨어졌다. 영국 장기국채 금리는 1700년 이후 가장 낮은 수준으로 떨어졌고, 14조 달러가 넘는 국채가 현재 마이너스 금리에 거래된다. 기술 혁신 또한 이익 성장과 수익률을 기준으로 볼 때 승자와 패자 간 격차가 벌어지게 했다. 기술은 금융 위기 이후 수익성과 이익 성장의 주요 원천이었다.

- 금융 위기 이후 상대적으로 느린 경제 성장과 대단히 낮은 기대 인플레이션 및 채권 수익률 환경은 투자자가 소득 부족(기준금리가 제로에 근접하거나 그 이하로 내려가면서)과 성장 부족에 직면했음을 의미했다. 금융 위기 이전 기간에 비해 고성장 기업 수가 줄었고, 기업 부문 매출 성장세가 전반적으로 둔화되었다. 이러한 요인들이 복합적으로 작용한 결과 채권과 크레딧 시장에서 수익 추구 행태가 나타나고 있으며, 주식시장에서는 주로 가치주 대비 성장주 상회 현상으로 나타났다. 크레딧시장과 주식시장에서는 미래 성장의 불확실성이 높아지면서 퀄리티, 즉 경기 변동에 덜 민감하고 재무 상태가 더 건전한 기업의 프리미엄이 높아졌다. 이런 상황은 경제 성장세와 기대 인플레이션이 금융 위기 이전 일반적인 사이클에서 볼 수 있었던 수준으로 되돌아가기 시작하지 않는 한, 혹은 그러기 전까지는 지속될 가능성이 높다.

- 이런 변화와 양적완화 정책 시행으로 금융자산 밸류에이션이 전반적으로 상승하면서 향후 수익률이 낮아질 가능성이 높아졌다. 제로까지 떨어진 채권 수익률이 반드시 주가에 도움이 되지는 않는다. 일반적으로, 특히 일본과 유럽의 경험에 따르면 채권 금리 하락은 주식의 요구 리스크 프리미엄을 상승시킨다. 제로 혹은 마이너스 채권 수익률은 사이클 변동성을 낮출 수는 있지만, 동시에 주식이 장기 성장 전망에 훨씬 더 민감해진다. 어떤 충격으로 경기 침체가 발생하면 과거 사이클보다 주식 밸류에이션에 훨씬 더 큰 부정적 영향이 나타날 수 있다. 연기금과 보험사는 채권 금리가 제로 혹은 그 이하로 떨어지면 자산·부채 미스매치 위험이 커질 수 있다. 이는 일부 기관이 보장한 수익률을 달성하기 위해 너무 많은 위험을 감수하는 결과로 이어질 수 있지만, 동시에 채권 수익률 하락이 채권 수요 증가로 이어져 다시 채권 수익률을 하락시키는 결과를 초래할 수도 있다.

- 기술 혁신의 결과 새로운 구조적 변화가 나타났다. 여러 추정치에 따르면 전 세계 데이터의 90%가 최근 2년 내에 생성되었다.[1] 이는 승자와 패자 간 격차를 급격히 확대시켰다. 거대 기업은 초거대 기업이 되었다. 아마존, 애플, 마이크로소프트의 합산 시가총액은 아프리카(54개국) 연간 GDP보다 커졌고, 테크는 미국 증시에서 주도 섹터가 되었다. 하지만 역사적으로 이는 그리 드문 일이 아니다. 시간이 흐르면서 각 기술 혁신의 물결이 주도 섹터 변

화로 나타났는데, 금융(1800~1850년대)으로 시작해 철도붐에 따른 운송(1850~1910년대)에서 에너지(1920~1970년대)로 이어졌다. 그 이후로 2008년 금융 위기 이전 짧은 기간을 제외하고는 테크가 주도 섹터 지위를 유지하고 있다. 이는 메인프레임(1974년 IBM이 S&P500에서 가장 큰 기업이 되었다), PC(마이크로소프트가 1998년 가장 큰 기업이 되었다), 애플(2012년 가장 큰 기업이 되었다)로 이어지는 진화를 반영한 결과였다.

미래에 기대할 수 있는 것

앞으로 금융 사이클이 어떠할 것인지는 이 책의 주된 관심사가 아니다. 하지만 과거와 현재 사이클을 관찰하여 미래에 무엇을 기대할 수 있는지 몇 가지 단서를 얻을 수 있다.

- 과거 사이클에서 가장 일관되게 관찰되는 것 한 가지는 밸류에이션의 중요성이다. 높은 밸류에이션은 낮은 미래 수익률로 이어지는 경향이 있으며 그 반대도 마찬가지다. 금융 위기 이후 사이클에서 나타나는 상대적으로 낮은 재화 및 서비스 인플레이션과 높은 금융자산 인플레이션의 이례적인 조합은 부분적으로 금리 하락이라는 동일한 요인이 작용한 결과다.
- 실질 금리 수준의 하락은 고령화, 초과 저축, 기술 혁신이 물가에 미치는 영향, 세계화 등 많은 요인을 반영한 것일 수 있다. 이는 또한 적어도 부분적으로 금융 위기 여파에 따른 중앙은행의 공

격적인 통화정책 완화를 반영한 것이기도 하다.
- 실질 금리 하락은 전반적인 경제 성장률 하락과 함께 경제 사이클이 과거보다 더 길어지는 데 기여했다. 동시에 경제, 기업, 투자자가 이런 상황의 지속에 더 의존하도록 만들었다. 이는 투자자가 향후 수년 내에 몇 가지 보기 드문 도전에 직면하게 될 가능성을 시사한다.
- 가까운 시일 내에 경기 침체가 나타날 가능성은 낮아 보이지만, 경제 충격이 발생하는 경우 금리가 더 내려갈 여력은 과거에 비해 훨씬 제한적이라 경기 침체로부터 회복하기가 더 어려워졌다. 각국 정부는 역사적으로 낮은 자금 조달 비용 환경에 차입과 재정 지출을 늘릴 유혹에 점점 더 흔들리고 있다.
- 하지만 그러한 차입이 훨씬 더 강력한 경제 성장을 가져온다면 어느 시점에는 기대 인플레이션과 금리가 현재의 역사적으로 낮은 수준에서 상승하면서 채권 금리 상승이 금융자산의 디레이팅을 촉발하는 결과로 이어질 가능성이 있다.
- 한 가지 가능한 결과는 경제 활동이 금융 위기 이전 성장세를 회복하는 것이다. 이 경우 미래 성장에 대한 확신은 강해지겠지만, 동시에 장기 금리가 현재보다 훨씬 더 높이 올라가면서 금융자산 디레이팅 리스크와 주식시장과 채권시장 모두에서 고통스러운 약세장이 나타날 리스크를 확대시킬 수 있다. 또 다른 시나리오는 경제 성장률, 인플레이션, 금리가 최근 수십 년 동안 일본에서 그러했듯이 아주 낮은 수준으로 유지되는 것이다. 이 경우 금

융자산의 변동성이 줄어들 수 있지만, 수익률도 낮아질 가능성이 높다. 인구 고령화와 그에 따른 의료 서비스 비용 및 연금 지출 증가를 고려할 때 수익을 올려야 할 필요성이 커지는데, 더 큰 위험을 부담하지 않고 요구수익률을 달성하기가 점점 더 어려워질 것이다.

- 아마도 가장 큰 도전은 기후 변화와 경제를 탈탄소화해야 할 필요성에서 나타날 것이다. 이를 위한 노력은 비용이 많이 들겠지만, 좋은 투자 기회와 더 지속가능한 미래 성장이 가능하도록 경제를 재편할 기회를 제공할 것이다.
- 기술 혁신은 결과를 낳기 시작하고 있다. 지난 8년 동안 풍력 발전 비용은 65%, 태양광 발전 비용은 85%, 배터리 원가는 70% 감소했다. 앞으로 15년 내에 신재생에너지를 화석연료 기반 전력 대비 경쟁력 있는 가격에 공급할 수 있게 될 뿐만 아니라 간헐적 발전 특성이 있는 신재생에너지 비중을 80~90%로 높이는데 필요한 저비용 백업 및 저장장치를 제공할 수 있게 될 것이다.[2]
- 장기적으로 사이클에 따라 등락은 있겠지만 굉장히 높은 투자 수익률을 거둘 수 있다. 각 자산은 각기 다른 시기에 가장 높은 수익률을 기록하는 경향이 있고, 실제 수익률은 투자자의 위험선호도에 따라 달라진다. 하지만 역사는 말한다. 주식 투자자가 최소 5년 동안 투자를 유지할 수 있고 버블 징후와 사이클 변화를 감지할 수 있다면 '바람을 보는 투자'를 할 수 있다고.

| 미주 |

감사의 말

1. Binder, J., Nielsen, A.E.B., and Oppenheimer, P. (2010). Finding fair value in global equities: Part I. *Journal of Portfolio Management*, 36(2), 80–93

서론

1. 유럽공동체 가이드라인에 따라 프랑스와 이탈리아는 1990년 7월 1일까지 모든 외환거래 규제를 폐지해야 했는데, 프랑스는 상품, 자본, 인력의 자유로운 이동을 보장한다는 원칙을 지키겠다는 의지를 보여주기 위해 6개월 일찍 실행에 옮겼다.
2. Stone, M. (2015). The trillion fold increase in computing power, visualized. Gizmodo [online]. 다음에서 확인. https://gizmodo.com/the-trillion-fold-increase-in-computing-powervisualiz-1706676799
3. Smith, B., and Browne, C. A. (2019). *Tools and weapons: The promise and the peril of the digital age*. New York, NY: Penguin Press.
4. Filardo, A., Lombardi, M., and Raczko, M. (2019). *Measuring financial cycle time. Bank of England Staff Working Paper No. 776* [online]. 다음에서 확인. https://www.bankofengland.co.uk/working-paper/2019/measuring-financial-cycle-time
5. Bruno, V., and Shin, H. S. (2015). Cross-border banking and global liquidity. *Review of Economic Studies*, 82(2), 535–564.

6. Borio, C., Disyatat, P., and Rungcharoenkitkul, P. (2019). What anchors for the natural rate of interest? *BIS Working Papers No 777* [online]. 다음에서 확인. https://www.bis.org/publ/work777.html
7. Borio, C. (2013). On time, stocks and flows: Understanding the global macroeconomic challenges. *National Institute of Economic and Social Research*, 225(1), 3–13.
8. 다음을 참조. Marks, H. (2018). *Mastering the market cycle: Getting the odds on your side* (p. 293). Boston, MA: Houghton Mifflin Harcourt.[하워드 막스, 이주영 옮김, 《하워드 막스 투자와 마켓 사이클의 법칙: 주식시장의 흐름을 꿰뚫어보는 단 하나의 투자 바이블》, 비즈니스북스, 2018.]

1장

1. Lovell, H. (2013). Battle of the quants. *The Hedge Fund Journal*, p. 87.
2. Cawley, L. (2015). Ozone layer hole: How its discovery changed our lives. BBC [online]. 다음에서 확인. https://www.bbc.co.uk/news/uk-england-cambridgeshire-31602871
3. 이 콘서트는 사실 최초의 글로벌 라이브 이벤트는 아니었다. 1967년도에 이미 〈아워 월드Our World〉(영국 BBC TV 프로그램)가 위성을 사용해 40만에서 70만 명의 시청자들에게 중계되었는데 당시 사상 최대 규모였으며, 파블로 피카소, 마리아 칼라스가 출연하고 공연했고 영국 대표로 출연한 비틀즈가 'All You Need Is Love'를 처음으로 선보이기도 했다.
4. Fukuyama, F. (1989). The end of history? *The National Interest*, 16, 3–18.
5. http://news.bbc.co.uk/onthisday/hi/dates/stories/september/16/newsid_2519000/2519013.stm
6. 마스트리흐트 조약The Maastricht Treaty은 공식적으로 유럽연합에 관한

조약으로 알려져 있는데 "유럽 시민들 간 보다 긴밀한 연합을 형성하는 새로운 단계"의 시작을 알렸다. 이 조약을 통해 유로 단일 화폐 사용을 위한 토대를 마련했으며 여러 분야에서 국가 간 협력을 확대했다. 자세한 내용은 〈마스트리히트 조약에 대해 당신이 알아야 할 다섯가지Five things you need to know about the Maastricht Treaty〉(2017)를 참조하기 바란다. ECB [online]. http://www.ecb.europa.eu/explainers/tell-me-more/html/25_years_maastricht.en.html

7. 마이클 피쉬는 나중에 주장하기를 이 코멘트는 플로리다 얘기였고 일기 예보 전에 나온 뉴스 속보와 관련된 것이었다고 했다. 하지만 폭풍이 얼마나 강력한지 거의 예측하지 못했다.

8. https://phys.org/news/2019-01-geoscientists-insist-weather-accurate.html

9. Why weather forecasts are so often wrong. (2016) *The Economist explains*.

10. BBC 뉴스 웹사이트 참조: 2017년 1월 6일 앤디 홀데인은 이번 붕괴가 이코노미스트들의 마이클 피시 모멘트라고 말했는데, 기사에서 이렇게 이용했다. "기억나세요? 마이클 피시가 일어나더니 "허리케인은 오지 않지만 스페인에서 바람이 많이 불 것입니다"라고 했습니다. 중앙은행들도 금융위기 이전 매우 유사한 리포트를(어디라고 꼭 집어 말하진 않았지만)냈습니다. "허리케인은 오지 않지만 서브프라임 대출 부문은 바람이 많이 불 수 있습니다."

11. https://wwwf.imperial.ac.uk/~bin06/M3A22/queen-lse.pdf

12. An, A., Jalles, J. T., and Loungani, P. (2018). How well do economists forecast recessions? *IMF Working Paper No. 18/39* [online]. 다음에서 확인. https://www.imf.org/en/Publications/WP/Issues/2018/03/05/How-Well-Do-Economists-Forecast-Recessions-45672

13. 실제로 경기 침체 리스크를 경고한 사람들이 있었고 그들이 쓴 논문은 그들이 사용한 신호를 잡아내는데 유용한 가이드가 되었다. 누리엘

루비니Nouriel Roubini는 2006년 9월 IMF에서 미국 주택시장의 붕괴와 그 함의에 대해 강연했다(Roubini, N. (2007). *The risk of a U.S. hard landing and implications for the global economy and financial markets*. New York: New York University [online]. 다음에서 확인. https://www.imf.org/External/NP/EXR/Seminars/2007/091307.htm). 라구람 라잔Raghuram Rajan은 2005년 금융시장의 과도한 리스크에 대해 경고하는 강연을 했다(Rajan, R. J. (2005). Financial markets, financial fragility, and central banking. *The Greenspan era: Lessons for the future*, sponsored by the Federal Reserve Bank of Kansas City, Jackson Hole, WY.). 국제결제은행BIS은 2007년 7월 연례 보고서에서 글로벌 경제에 심각한 위험이 있다고 경고했다.

14. Loewenstein, G., Scott, R., and Cohen J. D. (2008). Neuroeconomics. *Annual Review of Psychology*, 59, 647–672.

15. 케인스는 또한 투자자들이 특히 불확실성이 높은 시기에 다른 투자자들의 행동에 영향을 많이 받는다고 주장했다.

16. Shiller, R. J. (2003) From efficient markets theory to behavioral finance. *Journal of Economic Perspectives*, 17(1), 83–104.

17. Kindleberger, C. (1996). *Manias, panics, and crashes* (3rd ed.). New York, NY: Basic Books.[찰스 P. 킨들버거, 김홍식 옮김, 《광기, 패닉, 붕괴 금융위기의 역사》, 굿모닝북스, 2006.]

18. 이에 대한 보다 상세한 논의를 위한 참고 논문. Baddeley, M. (2010). Herding, social influence and economic decision-making: Socio-psychological and neuroscientific analyses. *Philosophical Traditions of The Royal Society* [online]. 다음에서 확인. https://doi.org/10.1098/rstb.2009.0169

19. Sunstein, C. R., and Thaler, R. (2016). The two friends who changed how we think about how we think. *The New Yorker* [online]. 다음에서 확인. https://www.newyorker.com/books/page-turner/the-two-friends-who-changed-how-we-think-about-

how-we-think

20. Kahneman, D., and Tversky, A. (1979). Prospect theory: An analysis of decision under risk. *Econometrica*, 47(2), 263-292.
21. Akerlof, G., and Shiller, R. J. (2010). *Animal spirits: How human psychology drives the economy, and why it matters for global capitalism*. Princeton, NJ: Princeton University Press.[조지 애커로프·로버트 쉴러, 김태훈 옮김,《야성적 충동: 인간이 비이성적 심리가 경제에 미치는 영향》, 알에이치코리아, 2009.]
22. https://ritholtz.com/2004/04/the-theory-of-reflexivity-by-george-soros/
23. Malmendier, U., and Nagel, S. (2016). Learning from inflation experiences. *The Quarterly Journal of Economics*, 131(1), 53-87.
24. Filardo, A., Lombardi, M., and Raczko, M. (2019). Measuring financial cycle time. *Bank of England Staff Working Paper No. 776* [online]. 다음에서 확인. https://www.bankofengland.co.uk/working-paper/2019/measuring-financial-cycle-time
25. Ferguson, R. W. (2005). Recessions and recoveries associated with asset-price movements: What do we know? *Stanford Institute for Economic Policy Research*, Stanford, CA.
26. Aikman, D., Lehnert, A., Liang, N., and Modugno, M. (2017). Credit, financial conditions, and monetary policy transmission. *Hutchins Center Working Paper #39* [online]. 다음에서 확인. https://www.brookings.edu/research/credit-financial-conditions-and-monetarypolicy-transmission
27. Dhaoui, A., Bourouis, S., and Boyacioglu, M. A. (2013). The impact of investor psychology on stock markets: Evidence from France. *Journal of Academic Research in Economics*, 5(1), 35-59.

2장

1. Ainger, J. (2019). 100-year bond yielding just over 1% shows investors' desperation. *Bloomberg* [online]. 다음에서 확인. https://www.bloomberg.com/news/articles/2019-06-25/austriaweighs-another-century-bond-for-yield-starved-investors
2. Mehra, R., and Prescott, E. C. (1985). The equity premium: A puzzle. *Journal of Monetary Economics*, 15(2), 145-161.

3장

1. 아웃풋갭은 통상 잠재 생산능력과 실제 생산량의 차이로 설명된다.

4장

1. Mueller-Glissmann, C., Wright, I., Oppenheimer, P., and Rizzi, A. (2016). *Reflation, equity/bond correlation and diversification desperation*. London, UK: Goldman Sachs Global Investment Research.
2. Goobey, G.H.R. (1956). Speech to the Association of Superannuation and Pension Funds. The pensions archive [online]. 다음에서 확인. http://www.pensionsarchive.org.uk/27/

5장

1. 상세한 정의는 다음에서 확인. https://www.msci.com/eqb/methodology/meth_docs/MSCI_Dec07_GIMIVGMethod.pdf
2. Graham, B., and Dodd, D. L. (1934). *Security analysis*. New York, NY: McGraw-Hill[벤저민 그레이엄·데이비드 도드, 이건 옮김, 《증권분석》, 리딩리더, 2010.]
3. Fama, E., and French, K. (1998). Value versus growth: The international evidence. *Journal of Finance*, 53(6), 1975-1999.
4. Macaulay, F. R. (1938). *Some theoretical problems suggested by*

the movements of interest rates, bond yields, and stock prices in the United States Since 1856. Cambridge, MA: National Bureau of Economic Research

6장

1. http://news.bbc.co.uk/onthisday/hi/dates/stories/september/16/newsid_2519000/2519013.stm
2. Borio, C., and Lowe, P. (2002). Asset prices, financial and monetary stability: Exploring the nexus. *BIS Working Papers No 114* [online] 참조. 다음에서 확인. https://www.bis.org/publ/work114.html
3. Oppenheimer, P., and Bell, S. (2017). *Bear necessities: Identifying signals for the next bear market*. London, UK: Goldman Sachs Global Investment Research.
4. 경기 침체를 예측하는 데 있어 수익률 곡선의 가치에 대한 유용한 논의는 다음을 참조. Benzoni, L., Chyruk, O., and Kelley, D. (2018). Why does the yield-curve slope predict recessions? *Chicago Fed Letter No. 404*.
5. 광범위한 경기 침체 리스크 지표와 민간부문 불균형에 대한 논의는 다음을 참조. Struyven, D., Choi, D., and Hatzius, J. (2019). *Recession risk: Still moderate*. New York, NY: Goldman Sachs Global Investment Research.

7장

1. Post-war reconstruction and development in the golden age of capitalism. United Nations (2017). *World Economic and Social Survey 2017*.
2. Norwood, B. (1969). The Kennedy round: A try at linear trade negotiations. *Journal of Law and Economics*, 12(2), 297–319.
3. The end of the Bretton Woods System. IMF [online]. 다음에서 확인.

https://www.imf.org/external/about/histend.htm
4. Modigliani, F., and Cohn, R. A. (1979). Inflation, rational valuation and the market. *Financial Analysts Journal*, 35(2), 24–44.
5. Ritter, J., and Warr, R. S. (2002). The decline of inflation and the bull market of 1982–1999. *Journal of Financial and Quantitative Analysis*, 37(01), 29–61.
6. Privatisation in Europe, coming home to roost. (2002). *The Economist*.
7. Bernanke, B. (2010, Sept. 2). *Causes of the recent financial and economic crisis*. Testimony before the Financial Crisis Inquiry Commission, Washington, DC.
8. Phillips, M. (2019). The bull market began 10 years ago. Why aren't more people celebrating? *New York Times* [online]. 다음에서 확인. https://www.nytimes.com/2019/03/09/business/bull-market-anniversary.html

8장

1. Gurkaynak, R. (2005). Econometric tests of asset price bubbles: Taking stock. *Finance and Economics Discussion Series*. Washington, DC: Board of Governors of the Federal Reserve System.
2. Ferguson, R. W. (2005). Recessions and recoveries associated with asset-price movements: What do we know? *Stanford Institute for Economic Policy Research*, Stanford, CA.
3. Pasotti, P., and Vercelli, A. (2015). Kindleberger and financial crises. *FESSUD Working Paper Series No 104* [online]. Available at http://fessud.eu/wp-content/uploads/2015/01/Kindleberger-and-Financial-Crises-Fessud-final_Working-Paper-104.pdf
4. A comprehensive account can be found in Chancellor, E. (2000).

Devil take the hindmost: A history of financial speculation. New York, NY: Plume.[에드워드 챈슬러, 강남규 옮김,《금융투기의 역사: 계층 사다리를 잇는 부를 향한 로드맵》, 국일증권경제연구소, 2021.]

5. 다음을 참조. Thompson, E. (2007). The tulipmania: Fact or artifact? *Public Choice*, 130(1–2), 99–114.
6. Evans, R. (2014). How (not) to invest like Sir Isaac Newton. *The Telegraph* [online]. 다음에서 확인. https://www.telegraph.co.uk/finance/personalfinance/investing/10848995/How-not-to-invest-like-Sir-Isaac-Newton.html
7. Cutts, R. L. (1990). Power from the ground up: Japan's land bubble. *The Harvard Business Review* [online]. 다음에서 확인. https://hbr.org/1990/05/power-from-the-ground-up-japansland-bubble
8. Johnston, E. (2009). Lessons from when the bubble burst. *The Japan Times* [online]. 다음에서 확인. https://www.japantimes.co.jp/news/2009/01/06/reference/lessons-from-whenthe-bubble-burst/
9. Okina, K., Shirakawa, M., and Shiratsuka, S. (2001). The asset price bubble and monetary policy: Experience of Japan's economy in the late 1980s and its lessons. *Monetary and Economic Studies*, 19(S1), 395–450.
10. Turner, G. (2003). *Solutions to a liquidity trap*. London, UK: GFC Economics
11. Norris, F. (2000). The year in the markets; 1999: Extraordinary winners and more losers. *New York Times* [online]. 다음에서 확인. https://www.nytimes.com/2000/01/03/business/theyear-in-the-markets-1999-extraordinary-winners-and-more-losers.html
12. Sorescu, A., Sorescu, S. M., Armstrong, W. J., and Devoldere, B. (2018). Two centuries of innovations and stock market bubbles.

Marketing Science Journal, 37(4), 507-684.
13. Frehen, R. G. P., Goetzmann, W. N., and Rouwenhorst, K. G. (2013). New evidence on the first financial bubble. *Journal of Financial Economics*, 108(3), 585-607.
14. Odlyzko, A. (2010). Collective hallucinations and inefficient markets: The British railway mania of the 1840s. SSRN [online]. 다음에서 확인. https://ssrn.com/abstract=1537338
15. Evans, How (not) to invest like Sir Isaac Newton
16. Lucibello, A. (2014). Panic of 1873. In D. Leab (Ed.), *Encyclopedia of American recessions and depressions* (pp. 227-276). Santa Barbara, CA: ABC-CLIO.
17. Browne, E. (2001). Does Japan offer any lessons for the United States? *New England Economic Review*, 3, 3-18.
18. HSBC의 스티븐 킹은 2000년 기술주 버블이 터지기 전에 "버블 문제 Bubble Trouble"라는 보고서를 썼는데, 거기서 그는 과도한 밸류에이션과 잠재적인 경제 피해가 야기할 커다란 리스크를 보여주었다.
19. Masson, P. (2001). Globalization facts and figures. *IMF Policy Discussion Paper No. 01/4* [online]. 다음에서 확인. https://www.imf.org/en/Publications/IMF-Policy-Discussion-Papers/Issues/2016/12/30/Globalization-Facts-and-Figures-15469
20. Johnston, Lessons from when the bubble burst.
21. Perez, C. (2009). The double bubble at the turn of the century: Technological roots and structural implications. *Cambridge Journal of Economics*, 33(4), 779-805.
22. 부채담보부증권(CDO)은 주택담보대출처럼 현금흐름을 갖는 자산을 한데 모은 다음 이를 투자자들에게 팔 수 있는 다양한 트랜치tranche로 나누는 구조화 금융상품으로 각 트랜치는 리스크 프로파일이 크게 차이가 난다.
23. Pezzuto, I. (2012). Miraculous financial engineering or toxic

finance? The genesis of the U.S. subprime mortgage loans crisis and its consequences on the global financial markets and real economy. *Journal of Governance and Regulation*, 1(3), 113-124.
24. Cutts, Power from the ground up
25. Smith, E. L. (1925). *Common stocks as long-term investments*. New York, NY: Macmillan
26. Guild, S. E. (1931). *Stock growth and discount tables*. Boston, MA: Financial Publishing Company.
27. Dice, C. A. (1931). New levels in the stock market. *Journal of Political Economy*, 39(4), 551-554.
28. Graham, B. (1949). *The intelligent investor*. New York, NY: HarperBusiness.[벤저민 그레이엄, 이건 옮김,《현명한 투자자》, 국일증권경제연구소, 2020.]
29. Cooper, M., Dimitrov, O., and Rau, P. (2001). A Rose.com by any other name. *The Journal of Finance*, 56(6), 2371-2388.
30. Smith, A. (1848). *The bubble of the age; or, The fallacies of railway investment, railway accounts, and railway dividends*. London, UK: Sherwood, Gilbert and Piper
31. Sterngold, J. (1991). Nomura gets big penalties. *New York Times*, October 9, Section D, p. 1.
32. Reid, T. R. (1991). Japan's scandalous summer of '91. *Washington Post* [online]. 다음에서 확인. https://www.washingtonpost.com/archive/politics/1991/08/03/japans-scandalous-summer-of-91/e066bc12-90f2-4ce1-bc05-70298b675340/
33. Ferguson, N. (2012). *The ascent of money*. London, UK: Penguin.[니얼 퍼거슨, 김선영 옮김,《금융의 지배: 세계금융사 이야기》, 민음사, 2016.]

9장

1. 위기의 원인과 결과, 이후 상황이 어떻게 변했는지 설명하는 많은 유

용한 자료가 있다. 예를 들자면 다음 자료를 참고. Tooze, A. (2018). *Crashed: How a decade of financial crises changed the world*. London, UK: Allen Lane.[애덤 투즈, 우진하 옮김, 《붕괴: 금융위기 10년, 세계는 어떻게 바뀌었는가》, 아카넷, 2019.]

2. Romer, C., and Romer, D. (2017). New evidence on the aftermath of financial crises in advanced countries. *American Economic Review*, 107(10), 3072–3118.

3. Mason, P. (2011). Thinking outside the 1930s box. BBC [online]. 다음에서 확인. https://www.bbc.co.uk/news/business-15217615

4. TARP는 은행, AIG, 자동차사를 지원하기 위해 7,000억 달러를 승인받은 TARP 구제금융을 포함한 일련의 조치를 통해 금융시스템을 안정시키는 데 기여한 미국 정부의 프로그램이었다. TARP는 신용시장과 주택 소유자들에게도 도움이 되었다. 양적완화(QE) 또는 대규모 자산 매입 프로그램은 중앙은행이 돈을 찍어서 사전에 정한 금액의 국채나 다른 금융자산을 매입해 경제에 유동성을 공급하는 통화정책을 말한다.

5. 무제한 국채매입OMT은 유럽중앙은행이 특정 조건하에서 유로존 회원국이 발행한 국채를 유통시장에서 직접 매입outright transaction하는 프로그램을 말한다.

6. Balatti, M., Brooks, C., Clements, M. P., and Kappou, K. (2016). Did quantitative easing only inflate stock prices? Macroeconomic evidence from the US and UK. *SSRN* [online]. 다음에서 확인. https://papers.ssrn.com/sol3/papers.cfm?abstract_id=2838128 이 논문에서는 양적완화 정책이 주식시장에 미친 영향이 추정치 중앙값을 기준으로 할 때 약 24개월 후 정점에 달했으며, FTSE 전 종목 지수의 경우 약 30%, S&P500 지수의 경우 약 50% 수준이었다고 주장한다.

7. Jorda, O., Schularick, M., Taylor, A. M., and Ward, F. (2018). Global financial cycles and risk premiums. *Working Paper Series 2018–5*, Federal Reserve Bank of San Francisco [online]. 다음에서 확인. http://www.frbsf.org/economic-research/publications/working-

papers/2018/05/

8. Terrones, M., Kose, A., and Claessens, S. (2011). Financial cycles: What? How? When? *IMF Working Paper No. 11/76*, [online]. https://www.imf.org/en/Publications/WP/Issues/2016/12/31/Financial-Cycles-What-How-When-24775

9. Romer and Romer, New evidence on the aftermath of financial crises in advanced countries.

10. Caballero, R. J., and Farhi, E. (2017). The safety trap. *The Review of Economic Studies*, 85(1), 223-274

11. Cunliffe, J. (2017). *The Phillips curve: Lower, flatter or in hiding?* Bank of England [online]. https://www.bankofengland.co.uk/speech/2017/jon-cunliffe-speechat-oxford-economics-society

12. Borio, C., Piti, D., and Juselius, M. (2013). Rethinking potential output: Embedding information about the financial cycle. *BIS Working Papers No 404* [online]. 다음에서 확인 https://www.bis.org/publ/work404.html 저자들은 이 논문에서 "통화정책이 레버리지 가격의 결정을 통해 금융사이클에 영향을 미치는 한, 경제의 장기성장 경로에도 지속적인 영향을 미칠 수 있고, 따라서 실질금리에도 영향을 미칠 수 있다. 또한 균형의 정의가 호황-불황 사이클의 발생을 배제한다면 통화정책 체제monetary regime와 관계없는 자연이자율의 정의가 불가능할 수 있다는 것을 합리적으로 예상할 수 있다"고 주장했다.

13. 여성 경제활동참가율에 대한 분석은 다음 문헌을 참고. Blau, F. D., and Kahn, L. M. (2013). Female labor supply: Why is the US falling behind? *NBER Working Paper No. 18702* [online]. 다음에서 확인. https://www.nber.org/papers/w18702

14. Across the rich world, an extraordinary jobs boom is under way. (2019, May 23). *The Economist*.

15. Kuhn, P., and Mansour, H. (2014). Is internet job search still ineffective? *Economic Journal*, 124(581), 1213–1233.

16. Earnings before interest, depreciation and tax.

10장

1. How quantitative easing affects bond yields: Evidence from Switzerland. Christensen, J., and Krogstrup, S. (2019). Royal Economic Society [online]. 다음에서 확인. https://www.res.org.uk/resources-page/how-quantitative-easing-affects-bond-yields-evidence-fromswitzerland.html
2. Gilchrist, S., and Zakrajsek, E. (2013). The impact of the Federal Reserve's large-scale asset purchase programmes on corporate credit risk. *NBER Working Paper No. 19337* [online]. 다음에서 확인. https://www.nber.org/papers/w19337
3. Christensen, J. H. E., and Speigel, M. M. (2019). Negative interest rates and inflation expectations in Japan. *FEBSF Economic Letter*, 22.
4. 예를 들어 다음을 참조. http://pages.stern.nyu.edu/~adamodar/pdfiles/eqnotes/webcasts/ERP/ImpliedERP.ppt
5. Molyneux, P., Reghezza, A., Thornton, J., and Xie, R. (2019). Did negative interest rates improve bank lending? *Journal of Financial Services Research*, July 2019.
6. Gozluklu, A. (n.d.). *How do demographics affect interest rates?* The University of Warwick[online]. 다음에서 확인. https://warwick.ac.uk/newsandevents/knowledgecentre/business/finance/interestrates/
인구 고령화의 전반적인 영향이 균형 실질 금리를 낮추는 것이라는 주장도 있는데, 일부 추정치에 따르면 1990년부터 2014년까지 인구구조 변화로 인해 균형이자율이 최소 1.5%p 하락했다. Carvalho, C., Ferro, A., and Nechio, F. (2016). Demographics and real interest rates: Inspecting the mechanism. *Working Paper Series 2016-5*. Federal

Reserve Bank of San Francisco [online]. 다음에서 확인. http://www.frbsf.org/economic-research/publications/working-papers/wp2016-05.pdf.

7. Antolin, P., Schich, S., and Yermi, J. (2011). The economic impact of low interest rates on pension funds and insurance companies. *OECD Journal: Financial Market Trends*, 2011(1). 15쪽 각주 2 확인.

8. 자산/부채 조합 및 "수익률 추구"에 따른 위험에 관한 보다 상세한 논의는 다음을 참고. Can pension funds and life insurance companies keep their promises? (2015). *OECD Business and Finance Outlook 2015* [online]. 다음에서 확인. https://www.oecd.org/finance/oecd-business-andfinance-outlook-2015-9789264234291-en.htm

9. Gagnon, J., Raskin, M., Remache, J., and Sack, B. (2011). The financial market effects of the Federal Reserve's large-scale asset purchases. *International Journal of Central Banking*, 7(1), 3–43. 저자들은 채권 금리가 하락하면서 재무상태가 취약한 미국 주정부 혹은 시정부가 위험자산 비중을 늘렸다는 사실을 발견했다. 저자들의 추정에 따르면 2002년부터 2016년 사이에 펀드 총위험액의 최대 3분의 1이 과소적립underfunding이나 저금리와 관련되어 있었다. 또한 다음 문헌을 참고. Lu, L., Pritsker, M., Zlate, A., Anadu, K., and Bohn, J. (2019). Reach for yield by U.S. public pension funds. *FRB Boston Risk and Policy Analysis Unit Paper No. RPA 19-2* [online]. 다음에서 확인. https://www.bostonfed.org/publications/risk-and-policy-analysis/2019/reachfor-yield-by-us-public-pension-funds.aspx

10. Lian, C., Ma, Y., and Wang, C. (2018). Low interest rates and risk taking: Evidence from individual investment decisions. *The Review of Financial Studies*, 32(6), 2107–2148.

11. Antolin, Schich, and Yermi, (2011). The economic impact of low interest rates on pension funds and insurance companies.

12. Belke, A. H. (2013). Impact of a low interest rate environment

- Global liquidity spillovers and the search-for-yield. *Ruhr Economic Paper No. 429*

11장

1. Internet World Stats: www.internetworldstats.com.
2. Buring, E., and van Zanden, J. L. (2009). Charting the "Rise of the West": Manuscripts and printed books in Europe; A long-term perspective from the sixth through eighteenth centuries. *The Journal of Economic History*, 69(2), 409–445.
3. George Hudson and the 1840s railway mania. (2012). *Yale School of Management Case Studies* [online]. 다음에서 확인. https://som.yale.edu/our-approach/teaching-method/caseresearch-and-development/cases-directory/george-hudson-and-1840s
4. Brookes, M., and Wahhaj, Z. (2000). Is the internet better than electricity? *Goldman Sachs Global Economics Paper No. 49*.
5. Odlyzko, A. (2010). Collective hallucinations and inefficient markets: The British railway mania of the 1840s. SSRN [online]. https://ssrn.com/abstract=1537338
6. https://www.fhs.swiss/eng/statistics.html
7. McNary, D. (2019, Jan. 2). 2018 worldwide box office hits record as Disney dominates. *Variety* [online]. 다음에서 확인. https://variety.com/2019/film/news/box-office-record-disney-dominates-1203098075/
8. https://www.classicfm.com/discover-music/millennials-are-going-nuts-forvinyl-revival/
9. Antras, P., and Voth, H. (2003). Factor prices and productivity growth during the British Industrial Revolution. *Explorations in Economic History*, 40(1), 52–77; 다음도 참조. Harley, N. F. R., and Harley, C. K. (1992). Output growth and the British Industrial

10. Crafts, N. (2004). Productivity growth in the Industrial Revolution: A new growth accounting perspective. *The Journal of Economic History*, 64(2), 521–535.
11. Mühleisen, M. (2018). The long and short of the digital revolution. *Finance & Development* [online] 55(2). 다음에서 확인. https://www.imf.org/external/pubs/ft/fandd/2018/06/impact-of-digital-technology-on-economic-growth/muhleisen.htm
12. Roach, S. S. (2015). Why is technology not boosting productivity? *World Economic Forum* [online]. https://www.weforum.org/agenda/2015/06/why-is-technologynot-boosting-productivity
13. Hatzius, J., Phillips, A., Mericle, D., Hill, S., Struyven, D., Choi, D., Taylor, B., and Walker, R. (2019). *Productivity paradox v2.0: The price of free goods*. New York, NY: Goldman Sachs Global Investment Research.
14. Automobile history, History.com, 21 August 2018.
15. http://www.tvhistory.tv/1960–2000–TVManufacturers.htm
16. How to tame the tech titans. (2018). *The Economist* 18th June 2018, Leaders Section.
17. Hammond, R., Kostin, D. J., Snider, B., Menon, A., Hunter, C., and Mulford, N. (2019). *Concentration, competition, and regulation: 'Superstar' firms and the specter of antitrust scrutiny*. New York, NY: Goldman Sachs Global Investment Research.
18. 국제노동기구가 경제 협력 및 개발을 위해 국제통화기금IMF 및 세계은행World Bank Group의 도움을 받아 2015년 2월 26-27일 튀르키예 안탈리아에서 열린 G20 고용 워킹그룹 회의를 위해 준비한 G20 국가의 노동소득분배율 보고서.

앞 페이지에서 이어진 "Revolution: A restatement of the Crafts-Harley view. *Economic History Review*, 45(4), 703–730." 는 항목 9의 끝부분입니다.

결론

1. SINTEF. (2013). Big data, for better or worse: 90% of world's data generated over last two years. *ScienceDaily* [online]. https://www.sciencedaily.com/releases/2013/05/130522085217.htm
2. Turner, A. (2017). The path to a low-carbon economy. *Climate 2020* [online]. https://www.climate2020.org.uk/path-low-carbon-economy

| 참고 문헌 |

Across the rich world, an extraordinary jobs boom is under way. (2019, May23). *The Economist*.

Aikman, D., Lehnert, A., Liang, N., and Modugno, M. (2017). Credit, financial conditions, and monetary policy transmission. *Hutchins Center Working Paper #39* [online]. https://www.brookings.edu/research/credit-financial-conditions-and-monetary-policytransmission에서 확인 가능.

Ainger, J. (2019). 100-year bond yielding just over 1% shows investors' desperation. Bloomberg [online]. https://www.bloomberg.com/news/articles/2019-06-25/austria-weighs-anothercentury-bond-for-yield-starved-investors에서 확인 가능.

Akerlof, G., and Shiller, R. J. (2010). *Animal spirits: How human psychology drives the economy, and why it matters for global capitalism*. Princeton, NJ: Princeton University Press.

An, A., Jalles, J. T., and Loungani, P. (2018). How well do economists forecast recessions? *IMF Working Paper No. 18/39* [online]. https://www.imf.org/en/Publications/WP/Issues/2018/03/05/How-Well-Do-Economists-Forecast-Recessions-45672에서 확인 가능.

Antolin, P., Schich, S., and Yermi, J. (2011). The economic impact of low interest rates on pension funds and insurance companies. *OECD Journal: Financial Market Trends*, 2011(1).

Antras, P., and Voth, H. (2003). Factor prices and productivity growth during the British industrial revolution. *Explorations in Economic History*, 40(1), 52–77.

Baddeley, M. (2010). Herding, social influence and economic decision-making: Socio-psychological and neuroscientific analyses. *Philosophical Traditions of The Royal Society* [online]. https://doi.org/10.1098/rstb.2009.0169에서 확인 가능.

Balatti, M., Brooks, C., Clements, M. P., and Kappou, K. (2016). Did quantitative easing only inflate stock prices? Macroeconomic evidence from the US and UK. SSRN [online]. https://papers.ssrn.com/sol3/papers.cfm?abstract_id=2838128에서 확인 가능.

Belke, A. H. (2013). Impact of a low interest rate environment–Global liquidity spillovers and the search-for-yield. *Ruhr Economic Paper No. 429*.

Bentolila, S., and Saint-Paul, G. (2003). Explaining movements in the labor share. *Contributions to Macroeconomics*, 3(1).

Benzoni, L., Chyruk, O., and Kelley, D. (2018). Why does the yield-curve slope predict recessions? *Chicago Fed Letter No. 404*.

Bernanke, B. S. (2005). The global saving glut and the U.S. current account deficit. Board of Governors of the Federal Reserve System speech 77.

Bernanke, B. (2010, Sept. 2). *Causes of the recent financial and economic crisis*. Testimony before the Financial Crisis Inquiry Commission, Washington, DC.

Bernstein, P. L. (1997). What rate of return can you reasonably expect… or what can the long run tell us about the short run? *Financial Analysts Journal*, 53(2), 20–28.

Binder, J., Nielsen, A. E. B., and Oppenheimer, P. (2010). Finding fair value in global equities: Part I. *Journal of Portfolio Management*, 36(2), 80–93.

Blau, F. D., and Kahn, L. M. (2013). Female labor supply: Why is the US falling behind? *NBER Working Paper No. 18702* [online]. https://www.nber.org/papers/w18702에서 확인 가능.

Borio, C. (2013). On time, stocks and flows: Understanding the global macroeconomic challenges. *National Institute of Economic and Social Research*, 225(1), 3–13.

Borio, C., Disyatat, P., and Rungcharoenkitkul, P. (2019). What anchors for the natural rate of interest? *BIS Working Papers No 777* [online]. https://www.bis.org/publ/work777.html에서 확인 가능.

Borio, C., and Lowe, P. (2002). Asset prices, financial and monetary stability: Exploring the nexus. *BIS Working Papers No 114* [online]. https://www.bis.org/publ/work114.html에서 확인 가능.

Borio, C., Piti, D., and Juselius, M. (2013). Rethinking potential output: Embedding information about the financial cycle. *BIS Working Papers No 404* [online]. https://www.bis.org/publ/work404.html에서 확인 가능.

Brookes, M., and Wahhaj, Z. (2000). Is the internet better than electricity? *Goldman Sachs Global Economics Paper No. 49*.

Browne, E. (2001). Does Japan offer any lessons for the United States? *New England Economic Review*, 3, 3–18.

Browser market share worldwide. (n.d.). Statcounter Global Stats [online]. https://gs.statcounter.com/search-engine-marketshare에서 확인 가능.

Bruno, V., and Shin, H. S. (2015). Cross-border banking and global liquidity. *Review of Economic Studies*, 82(2), 535–564.

Buring, E., and van Zanden, J. L. (2009). Charting the "Rise of the West": Manuscripts and printed books in Europe; A long-term perspective from the sixth through eighteenth centuries. *The*

Journal of Economic History, 69(2), 409-445.

Caballero, R. J., and Farhi, E. (2017). The safety trap. *The Review of Economic Studies*, 85(1), 223-274.

Can pension funds and life insurance companies keep their promises? (2015). *OECD Business and Finance Outlook 2015* [online]. https://www.oecd.org/finance/oecd-business-and-finance-outlook-2015-9789264234291-en에서 확인 가능.

Carvalho, C., Ferro, A., and Nechio, F. (2016). Demographics and real interest rates: Inspecting the mechanism. *Working Paper Series 2016-5*. Federal Reserve Bank of San Francisco [online]. http://www.frbsf.org/economic-research/publications/working-papers/wp2016-05.pdf에서 확인 가능.

Case, K., and Shiller, R. (2003). Is there a bubble in the housing market? *Brookings Papers on Economic Activity*, 34(2), 299-362.

Cawley, L. (2015). Ozone layer hole: How its discovery changed our lives. BBC [online]. https://www.bbc.co.uk/news/uk-englandcambridgeshire-31602871에서 확인 가능.

Chancellor, E. (2000). *Devil take the hindmost: A history of financial speculation*. New York, NY: Plume. [에드워드 챈슬러, 강남규 옮김,《금융투기의 역사: 계층 사다리를 잇는 부를 향한 로드맵》, 국일증권경제연구소, 2021.]

Christensen, J. H. E., and Speigel, M. M. (2019). Negative interest rates and inflation expectations in Japan. *FEBSF Economic Letter*, 22.

Cooper, M., Dimitrov, O., and Rau, P. (2001). A Rose.com by any other name. *The Journal of Finance*, 56(6), 2371-2388.

Crafts, N. (2004). Productivity growth in the industrial revolution: A new growth accounting perspective. *The Journal of Economic History*, 64(2), 521-535.

Cunliffe, J. (2017). *The Phillips curve: Lower, flatter or in hiding?*

Bank of England [online]. https://www.bankofengland.co.uk/speech/2017/jon-cunliffe-speech-at-oxford-economics-society 에서 확인 가능.

Cutts, R. L. (1990). Power from the ground up: Japan's land bubble. *The Harvard Business Review* [online]. https://hbr.org/1990/05/power-from-the-ground-up-japans-land-bubble에서 확인 가능.

David, P. A., and Wright, G. (2001). General purpose technologies and productivity surges: Historical reflections on the future of the ICT revolution. *Economic Challenges of the 21st Century in Historical Perspective*, Oxford, UK. https://www.researchgate.net/publication/23742678_General_Purpose_Technologies_and_Productivity_Surges_Historical_Reflections_on_the_Future_of_the_ICT_Revolution에서 확인 가능.

Dhaoui, A., Bourouis, S., and Boyacioglu, M. A. (2013). The impact of investor psychology on stock markets: Evidence from France. *Journal of Academic Research in Economics*, 5(1), 35–59.

Dice, C. A. (1931). New levels in the stock market. *Journal of Political Economy*, 39(4), 551–554.

Eckstein, O., and Sinai, A. (1986). The mechanisms of the business cycle in the postwar era. In R. Gorden (Ed.), *The American business cycle: Continuity and change* (pp. 39–122). Cambridge, MA: National Bureau of Economic Research.

The end of the Bretton Woods System. IMF [online]. https://www.imf.org/external/about/histend.htm에서 확인 가능.

Evans, R. (2014). How (not) to invest like Sir Isaac Newton. *The Telegraph* [online]. https://www.telegraph.co.uk/finance/personalfinance/investing/10848995/How-not-to-investlike-Sir-Isaac-Newton.html에서 확인 가능.

Fama, E. F. (1970). Efficient capital markets: A review of theory and empirical work. *The Journal of Finance*, 25(2), 383-417.

Fama, E. F., and French, K. (1998). Value versus growth: The international evidence. *Journal of Finance*, 53(6), 1975-1999.

Ferguson, N. (2012). *The ascent of money*. London, UK: Penguin.

Fama, E. F., and French, K. (2002). The equity premium. *Journal of Finance*, 57(2), 637-659.

Ferguson, R. W. (2005). *Recessions and recoveries associated with asset-price movements: What do we know?* Stanford Institute for Economic Policy Research, Stanford, CA.

Filardo, A., Lombardi, M., and Raczko, M. (2019). Measuring financial cycle time. *Bank of England Staff Working Paper No. 776* [online]. https://www.bankofengland.co.uk/working-paper/2019/measuring-financial-cycle-time에서 확인 가능.

Fisher, I. (1933). The debt-deflation theory of the great depressions. *Econometrica*, 1, 337-357.

Five things you need to know about the Maastricht Treaty. (2017). ECB [online]. https://www.ecb.europa.eu/explainers/tellme-more/html/25_years_maastricht.en.html에서 확인 가능.

Frehen, R. G. P., Goetzmann, W. N., and Rouwenhorst, K. G. (2013). New evidence on the first financial bubble. *Journal of Financial Economics*, 108(3), 585-607.

Fukuyama, F. (1989). The end of history? *The National Interest*, 16, 3-18.

Gagnon, J., Raskin, M., Remache, J., and Sack, B. (2011). The financial market effects of the Federal Reserve's large-scale asset purchases. *International Journal of Central Banking*, 7(1), 3-43.

Galbraith, J. K. (1955). *The great crash*, 1929. Boston: Houghton Mifflin Harcourt.

George Hudson and the 1840s railway mania. (2012). *Yale School of Management Case Studies* [online]. https://som.yale. edu/ourapproach/teaching-method/case-research-and-development/cases-directory/george-hudson-and-1840s에서 확인 가능.

Gilchrist, S., and Zakrajsek, E. (2013). The impact of the Federal Reserve's large-scale asset purchase programs on corporate credit risk. *NBER Working Paper No. 19337* [online]. https://www.nber.org/papers/w19337에서 확인 가능.

Goobey, G. H. R. (1956). Speech to the Association of Superannuation and Pension Funds. *The pensions archive* [online]. http://www.pensionsarchive.org.uk/27/에서 확인 가능.

Gozluklu, A. (n.d.). *How do demographics affect interest rates?* The University of Warkick [online]. https://warwick.ac.uk/newsandevents/knowledgecentre/business/finance/interestrates/에서 확인 가능.

Graham, B. (1949). *The intelligent investor*. New York, NY: HarperBusiness. [벤저민 그레이엄, 이건 옮김, 《현명한 투자자》, 국일증권경제연구소, 2020.]

Graham, B., and Dodd, D. L. (1934). Security analysis. New York, NY: McGraw-Hill.[벤저민 그레이엄·데이비드 도드, 이건 옮김, 《증권분석》, 리딩리더, 2010.]

Guild, S. E. (1931). *Stock growth and discount tables*. Boston, MA: Financial Publishing Company.

Gurkaynak, R. (2005). Econometric tests of asset price bubbles: Taking stock. *Finance and Economics Discussion Series*. Washington, DC: Board of Governors of the Federal Reserve System.

Hammond, R., Kostin, D. J., Snider, B., Menon, A., Hunter, C., and Mulford, N. (2019). *Concentration, competition, and regulation: 'Superstar' firms and the specter of antitrust scrutiny*. New York,

NY: Goldman Sachs Global Investment Research.

Harley, N. F. R., and Harley, C. K. (1992). Output growth and the British Industrial Revolution: A restatement of the Crafts-Harley view. *Economic History Review*, 45(4), 703-730.

Hatzius, J., Phillips, A., Mericle, D., Hill, S., Struyven, D., Choi, D., Taylor, B., and Walker, R. (2019). *Productivity paradox v2.0: The price of free goods*. New York, NY: Goldman Sachs Global Investment Research.

Hayes, A. (2019, April 25). Dotcom bubble. Investopedia.

How quantitative easing affects bond yields: Evidence from Switzerland. (2019). Royal Economic Society [online]. https://www.res.org.uk/resources-page/how-quantitative-easing-affectsbond-yields-evidence-from-switzerland.html에서 확인 가능.

How to tame the tech titans. (2018). *The Economist*.

Hutchinson, J., and Persyn, D. (2012). Globalisation, concentration and footloose firms: In search of the main cause of the declining labour share. *Review of World Economics*, 148(1).

Jacques, M. (2009). *When China rules the world: The end of the western world and the birth of a new global order*. New York, NY: Penguin Press.[마틴 자크, 안세민 옮김,《중국이 세계를 지배하면: 패권국가 중국은 천하를 어떻게 바꿀 것인가》, 부키, 2010.]

Johnston, E. (2009). Lessons from when the bubble burst. *The Japan Times* [online]. https://www.japantimes.co.jp/news/2009/01/06/reference/lessons-from-when-the-bubble-burst/에서 확인 가능.

Jorda, O., Schularick, M., Taylor, A. M., and Ward, F. (2018). Global financial cycles and risk premiums. *Working Paper Series 2018-5*, Federal Reserve Bank of San Francisco [online]. http://www.frbsf.org/economic-research/publications/working-papers/2018/05/에서 확인 가능.

Kahneman, D., and Tversky, A. (1979). Prospect theory: An analysis of decision under risk. *Econometrica*, 47(2), 263-292.

Keynes, J. M. (1930). *A treatise on money*. London, UK: Macmillan.

Kindleberger, C. (1996). *Manias, panics, and crashes* (3rd ed.). New York, NY: Basic Books.[찰스 P. 킨들버거, 김홍식 옮김,《광기, 패닉, 붕괴 금융위기의 역사》, 굿모닝북스, 2006.]

Kuhn, P., and Mansour, H. (2014). Is internet job search still ineffective? *Economic Journal*, 124(581), 1213–1233.

Lian, C., Ma, Y., and Wang, C. (2018). Low interest rates and risk taking: Evidence from individual investment decisions. *The Review of Financial Studies*, 32(6), 2107–2148.

Loewenstein, G., Scott, R., and Cohen J. D. (2008). Neuroeconomics. *Annual Review of Psychology*, 59, 647-672.

Lovell, H. (2013). "Battle of the quants". *The Hedge Fund Journal*, pp. 87.

Lu, L., Pritsker, M., Zlate, A., Anadu, K., and Bohn, J. (2019). Reach for yield by U.S. public pension funds. *FRB Boston Risk and Policy Analysis Unit Paper No. RPA 19-2* [online]. https://www.bostonfed.org/publications/risk-and-policy-analysis/2019/reach-foryield-by-us-public-pension-funds.aspx에서 확인 가능.

Lucibello, A. (2014). Panic of 1873. In D. Leab (Ed.), *Encyclopedia of American recessions and depressions* (pp. 227-276). Santa Barbara, CA: ABC-CLIO.

Macaulay, F. R. (1938). *Some theoretical problems suggested by the movements of interest rates, bond yields, and stock prices in the United States Since 1856*. Cambridge, MA: National Bureau of Economic Research.

Mackay, C. (1841). *Extraordinary popular delusions and the madness of crowds*. London, UK: Richard Bentley.[찰스 맥케이, 이윤섭 옮김,《대중의 미망과 광기》, 필맥, 2018.]

Malmendier, U., and Nagel, S. (2016). Learning from inflation experiences. *The Quarterly Journal of Economics*, 131(1), 53–87.

Marks, H. (2018). *Mastering the market cycle: Getting the odds on your side*. Boston, MA: Houghton Mifflin Harcourt. [하워드 막스, 이주영 옮김, 《하워드 막스 투자와 마켓 사이클의 법칙: 주식시장의 흐름을 꿰뚫어보는 단 하나의 투자 바이블》, 비즈니스북스, 2018.]

Mason, P. (2011). Thinking outside the 1930s box. BBC [online]. https://www.bbc.co.uk/news/business-15217615에서 확인 가능.

Masson, P. (2001). Globalization facts and figures. *IMF Policy Discussion Paper No. 01/4* [online]. https://www.imf.org/en/Publications/IMF-Policy-Discussion-Papers/Issues/2016/12/30/Globalization-Facts-and-Figures-15469에서 확인 가능.

McCullough, B. (2018). An eye-opening look at the dot-com bubble of 2000 – and how it shapes our lives today. IDEAS.TED.COM [online]. https://ideas.ted.com/an-eye-opening-look-at-the-dot-combubble-of-2000-and-how-it-shapes-our-lives-today에서 확인 가능.

McNary, D. (2019, Jan. 2). 2018 worldwide box office hits record as Disney dominates. Variety [online]. https://variety.com/2019/film/news/box-office-record-disney-dominates-1203098075/에서 확인 가능.

Mehra, R., and Prescott, E. C. (1985). The equity premium: A puzzle. *Journal of Monetary Economics*, 15(2), 145–161.

Minsky, H. P. (1975). *John Maynard Keynes*. New York, NY: Springer.

Modigliani, E., and Blumberg, R. (1980). Utility analysis and the aggregate consumption function: An attempt at integration. *The collected papers of Franco Modigliani*. Cambridge, MA: MIT Press.

Modigliani, F., and Cohn, R. A. (1979). Inflation, rational valuation and the market. *Financial Analysts Journal*, 35(2), 24-44.

Molyneux, P., Reghezza, A., Thornton, J., and Xie, R. (2019). Did negative interest rates improve bank lending? *Journal of Financial Services Research*, July 2019.

Mueller-Glissmann, C., Wright, I., Oppenheimer, P., and Rizzi, A. (2016). *Reflation, equity/bond correlation and diversification desperation*. London, UK: Goldman Sachs Global Investment Research.

Muhleisen, M. (2018). The long and short of the digital revolution. *Finance & Development [online]* 55(2). https://www.imf.org/external/pubs/ft/fandd/2018/06/impact-of-digital-technologyon-economic-growth/muhleisen.htm에서 확인 가능.

Multifactor productivity. (2012). OECD Data [online]. https://data.oecd.org/lprdty/multifactor-productivity.htm에서 확인 가능.

Norris, F. (2000). The year in the markets; 1999: Extraordinary winners and more losers. *New York Times* [online]. https://www.nytimes.com/2000/01/03/business/the-year-in-the-markets-1999-extraordinary-winners-and-more-losers.html에서 확인 가능.

Norwood, B. (1969). The Kennedy round: A try at linear trade negotiations. *Journal of Law and Economics*, 12(2), 297-319.

Odlyzko, A. (2010). Collective hallucinations and inefficient markets: The British railway mania of the 1840s. SSRN [online]. https://ssrn.com/abstract=1537338에서 확인 가능.

Okina, K., Shirakawa, M., and Shiratsuka, S. (2001). The asset price bubble and monetary policy: Experience of Japan's economy in the late 1980s and its lessons. *Monetary and Economic Studies*, 19(S1), 395-450.

Oppenheimer, P., and Bell, S. (2017). *Bear necessities: Identifying signals for the next bear market*. London, UK: Goldman Sachs

Global Investment Research.

Oxenford, M. (2018). *The lasting effects of the financial crisis have yet to be felt*. London, UK: Chattam House.

Pasotti, P., and Vercelli, A. (2015). Kindleberger and financial crises. *FESSUD Working Paper Series No 104* [online]. http://fessud.eu/wp-content/uploads/2015/01/Kindleberger-and-Financial-Crises-Fessud-final_Working-Paper-104.pdf에서 확인 가능.

Perez, C. (2009). The double bubble at the turn of the century: Technological roots and structural implications. *Cambridge Journal of Economics*, 33(4), 779-805.

Pezzuto, I. (2012). Miraculous financial engineering or toxic finance? The genesis of the U.S. subprime mortgage loans crisis and its consequences on the global financial markets and real economy. *Journal of Governance and Regulation*, 1(3), 113-124.

Phillips, M. (2019). The bull market began 10 years ago. Why aren't more people celebrating? *New York Times* [online]. https://www.nytimes.com/2019/03/09/business/bull-market-anniversary.html에서 확인 가능.

Post-war reconstruction and development in the golden age of capitalism. (2017). *World Economic and Social Survey 2017.*

Privatisation in Europe, coming home to roost. (2002). The Economist.

Rajan, R. J. (2005). Financial markets, financial fragility, and central banking. *The Greenspan era: Lessons for the future*, sponsored by the Federal Reserve Bank of Kansas City, Jackson Hole, WY.

Reid, T. R. (1991). Japan's scandalous summer of '91. *Washington Post* [online]. https://www.washingtonpost.com/archive/politics/1991/08/03/japans-scandalous-summer-of-91/e066bc12-90f2-4ce1-bc05-70298b675340/에서 확인 가능.

Ritter, J., and Warr, R. S. (2002). The decline of inflation and the bull market of 1982-1999. *Journal of Financial and Quantitative Analysis*, 37(01), 29-61.

Roach, S. S. (2015). Why is technology not boosting productivity? *World Economic Forum* [online]. https://www.weforum.org/agenda/2015/06/why-is-technology-not-boosting-productivity 에서 확인 가능.

Romer, C., and Romer, D. (2017). New evidence on the aftermath of financial crises in advanced countries. *American Economic Review*, 107(10), 3072-3118.

Roubini, N. (2007). *The risk of a U.S. hard landing and implications for the global economy and financial markets*. New York: New York University [online]. https://www.imf.org/External/NP/EXR/Seminars/2007/091307.htm에서 확인 가능.

Shiller, R. J. (1980). Do stock prices move too much to be justified by subsequent changes in dividends?. *NBER Working Paper No. 456* [online]. https://www.nber.org/papers/w0456에서 확인 가능.

Shiller, R. J. (2000). *Irrational exuberance*. Princeton, NJ: Princeton University Press.[로버트 쉴러, 이강국 옮김,《비이성적 과열》, 알에이치코리아, 2014.]

Shiller, R. J. (2003). From efficient markets theory to behavioral finance. *Journal of Economic Perspectives*, 17(1), 83-104.

Siegel, J. (1994). *Stocks for the long run* (2nd ed.). New York, NY: Irwin. [제러미 시겔, 이건 옮김,《주식에 장기투자하라》, 이레미디어, 2015.]

Siegel, J. (1998). *Valuing growth stocks: Revisiting the nifty fifty*. The American Association of Individual Investors Journal [online]. https://www.aaii.com/journal/article/valuing-growth-stocksrevisiting-the-nifty-fifty에서 확인 가능.

SINTEF. (2013). Big data, for better or worse: 90% of world's data generated over last two years. *ScienceDaily* [online]. https://www.

sciencedaily.com/releases/2013/05/130522085217.htm에서 확인 가능.

Smith, A. (1848). *The bubble of the age; or, The fallacies of railway investment, railway accounts, and railway dividends*. London, UK: Sherwood, Gilbert and Piper.

Smith, B., and Browne, C. A. (2019). *Tools and weapons: The promise and the peril of the digital age*. New York, NY: Penguin Press.

Smith, E. L. (1925). *Common stocks as long-term investments*. New York, NY: Macmillan.

Sorescu, A., Sorescu, S. M., Armstrong, W. J., and Devoldere, B. (2018). Two centuries of innovations and stock market bubbles. *Marketing Science Journal*, 37(4), 507-684.

Sterngold, J. (1991). Nomura gets big penalties. *New York Times*, October 9, Section D, p. 1.

Stone, M. (2015). The trillion fold increase in computing power, visualized. *Gizmodo* [online]. https://gizmodo.com/the-trillionfold-increase-in-computing-power-visualiz-1706676799에서 확인 가능.

Struyven, D., Choi, D., and Hatzius, J. (2019). *Recession risk: Still moderate*. New York, NY: Goldman Sachs Global Investment Research.

Summers, L. H. (2015). Demand side secular stagnation. *American Economic Review*, 105(5), 60-65.

Sunstein, C. R., and Thaler, R. (2016). The two friends who changed how we think about how we think. *The New Yorker* [online]. https://www.newyorker.com/books/page-turner/the-two-friends-whochanged-how-we-think-about-how-we-think에서 확인 가능.

Terrones, M., Kose, A., and Claessens, S. (2011). Financial cycles: What?

How? When? *IMF Working Paper No. 11/76*, [online]. https://www.imf.org/en/Publications/WP/Issues/2016/12/31/Financial-Cycles-What-How-When-24775에서 확인 가능.

Thaler, R. H., and Sunstein, C. R. (2008). *Nudge: Improving decisions about health, wealth, and happiness.* New York, NY: Penguin.

Thompson, E. (2007). The tulipmania: Fact or artifact? *Public Choice*, 130(1–2), 99–114.

Tooze, A. (2018). *Crashed: How a decade of financial crises changed the world.* London, UK: Allen Lane.

Turner, A. (2017). The path to a low-carbon economy. *Climate 2020* [online]. https://www.climate2020.org.uk/path-low-carboneconomy에서 확인 가능.

Turner, G. (2003). *Solutions to a liquidity trap.* London, UK: GFC Economics.

US Department of Justice. (2015). U.S. v. Microsoft: Proposed findings of fact. https://www.justice.gov/atr/us-v-microsoftproposed-findings-fact-0에서 확인 가능.

Vogel, E. (2001). *Japan as number one lessons for America.* Lincoln, NE: iUniverse.com.

Why weather forecasts are so often wrong. (2016). *The Economist explains*.

| 더 읽어볼 만한 문헌 |

Ahir, H., and Prakash, L. (2014). Fail again? Fail better? Forecasts by economists during the great recession. George Washington University Research Program in Forecasting Seminar.

Balvers, R. J., Cosimano, T. F., and McDonald, B. (1990). Predicting stock returns in an efficient market. *The Journal of Finance*, 45(4), 1109–1128.

Barnichon, R., Matthes, C., and Ziegenbein, A. (2018). *The financial crisis at 10: Will we ever recover?* San Francisco, CA: Federal Reserve Board.

Bell, S., Oppenheimer, P., Mueller-Glissmann, C., and Huang, A. (2015). *Below zero: 10 effects of negative real interest rates on equities*. London, UK: Goldman Sachs Global Investment Research.

Bernanke, B. (2018). The real effects of the financial crisis. *Brookings Papers on Economic Activity*.

Borio, C. (2012). The financial cycle and macroeconomics: What have we learnt? *BIS Working Papers No 395* [online]. https://www.bis.org/publ/work395.htm에서 확인 가능.

Burton, M. (1973). *A random walk down Wall Street*. New York, NY: W. W. Norton & Company. [버턴 말킬, 박세연 옮김,《랜덤워크 투자수업: 프린스턴대 전설적인 경제학자의 주식투자 기본기》, 골든어페어, 2023.]

Cagliarini, A., and Price, F. (2017). Exploring the link between the macroeconomic and financial cycles. In J. Hambur and J. Simon (Eds.), *Monetary policy and financial stability in a world of low interest rates (RBA annual conference volume)*. Sydney, Australia: Reserve Bank of Australia.

Campbell, J. (2000, Fall). Strategic asset allocation: Portfolio choice for longterm investors. NBER Reporter [online]. https://admin.nber.org/reporter/fall00/campbell.html에서 확인 가능.

Claessens, S., Kose, M. A., and Terrones, M. E. (2011). How do business and financial cycles interact? IMF Working Paper 11/88.

Cribb, J., and Johnson P. (2018). *10 years on – Have we recovered from the financial crisis?* London, UK: Institute of Fiscal Studies.

Crump, R. K., Eusepi, S., and Moench, E. (2016). The term structure of expectations and bond yields. *Federal Reserve Bank of New York Staff Reports No. 775*.

Daly, K., Nielsen, A. E. B., and Oppenheimer, P. (2010). Finding fair value in global equities: Part II—Forecasting returns. *The Journal of Portfolio Management*, 36(3), 56–70.

Diamond, P. A. (1999). What stock market returns to expect for the future? *Social Security Bulletin*, 63(2), 38–52.

Durre, A., and Pill, A. (2010). Non-standard monetary policy measures, monetary financing and the price level. *Monetary and Fiscal Policy Challenges in Times of Financial Stress*, Frankfurt, Germany. https://www.ecb.europa.eu/events/pdf/conferences/ecb_mopo_fipo/Pill.pdf?c87bc7b3966364963b437607ec63d1b8에서 확인 가능.

Fama, E. F., and French, K. (1988). Dividend yields and expected stock returns. *Journal of Financial Economics*, 22(1), 3–25.

Garber, P. M. (2000). *Famous first bubbles*. Cambridge, MA: MIT Press. [피터 가버, 이용우 옮김, 《버블의 탄생: 유명한 최초의 버블들》, 아르케, 2011.]

Goyal, A. (2004). Demographics, stock market flows, and stock returns. *Journal of Financial and Quantitative Analysis*, 39(1),

115-142.

Howard, M. (2018). *Mastering the market cycle: Getting the odds on your side*. London, UK: Nicholas Brealey Publishing.[하워드 막스, 이주영 옮김,《하워드 막스 투자와 마켓 사이클의 법칙: 주식시장의 흐름을 꿰뚫어보는 단 하나의 투자 바이블》, 비즈니스북스, 2018.]

Kettell, S. (1990-1992). *A complete disaster or a relative success? Reconsidering Britain's membership of the ERM*. Coventry, UK: University of Warwick.

King, S. D. (2017). *Grave new world: The end of globalization, the return of history*. New Haven, CT: Yale University Press.

Kopp, E., and Williams, P. D. (2018). A macroeconomic approach to the term premium. *IMF Working Paper No. 18/140* [online]. https://www.imf.org/en/Publications/WP/Issues/2018/06/15/A-Macroeconomic-Approach-to-the-Term-Premium-45969에서 확인 가능.

Kuhn, M., Schularitz, M., and Steins, U. (2018). Research: How the financial crisis drastically increased wealth inequality in the U.S. *The Harvard Business Review* [online]. https://hbr.org/2018/09/research-how-the-financial-crisis-drastically-increasedwealth-inequality-in-the-u-s에서 확인 가능.

Lansing, K. J. (2018). Real business cycles, animal spirits, and stock market valuation. *Federal Reserve Bank of San Francisco Working Paper 2018-08* [online]. https://www.frbsf.org/economic-research/publications/working-papers/2018/08/에서 확인 가능.

Lenza, M., Pill, H., and Reichlin, L. (2010). Monetary policy in exceptional times. *ECB Working Paper Series No. 1253* [online]. https://www.ecb.europa.eu/pub/pdf/scpwps/ecbwp1253.pdf에서 확인 가능.

Lincoln, E. J. (2002). *The Japanese economy: What we know, think we know, and don't know. [online] Washington, DC: Brookings Institution. https://www.brookings.edu/research/the-japanese-economywhat-we-know-think-we-know-and-dont-know/에서 확인 가능.

Loungani, P. (2001). Deciphering the causes for the post-1990 slow output recoveries. *International Journal of Forecasting*, 17(3), 419-432.

Martin, J. (2009). *When China rules the world: The end of the western world and the birth of a new global order*. London, UK: Penguin Books.[마틴 자크, 안세민 옮김,《중국이 세계를 지배하면: 패권국가 중국은 천하를 어떻게 바꿀 것인가》, 부키, 2010.]

Miranda-Agrippino, S., and Rey, H. (2015a). US monetary policy and the global financial cycle. *NBER Working Paper No. 21722*.

Miranda-Agrippino, S., and Rey, H. (2015b). World asset markets and the global financial cycle. *CEPR Discussion Papers 10936*.

Mueller-Glissmann, C., Rizzi, A., Wright, I., and Oppenheimer, P. (2018). *The balanced bear – Part 2: Chasing your tail risk and balancing the bear*. London, UK: Goldman Sachs Global Investment Research.

Mukunda, G. (2018). The social and political costs of the financial crisis, 10 years later. *The Harvard Business Review* [online]. https://hbr.org/2018/09/the-social-and-political-costs-of-thefinancial-crisis-10-years-later에서 확인 가능.

Musson, A. E. (1959). The Great Depression in Britain, 1873–1896: A reappraisal. *Journal of Economic History*, 19(2), 199-228.

Odlyzko, A. (2012). The railway mania: Fraud, disappointed expectations, and the modern economy. *Journal of the Railway & Canal Historical Society*, 215, 2-12.

Oppenheimer, P. (2004). *Adventures in Wonderland: Through the looking glass: Scenarios for a post-crisis world*. London, UK: Goldman Sachs Global Investment Research.

Oppenheimer, P. (2015). *The third wave: Wave 3 of the crisis and the path to recovery*. London, UK: Goldman Sachs Global Investment Research.

Oppenheimer, P. (2016). *Any happy returns: The evolution of the 'long good buy'*. London, UK: Goldman Sachs Global Investment Research.

Oppenheimer, P., Bell, S., and Jaisson, G. (2018). *Making cents: The cycle & the return of low returns*. London, UK: Goldman Sachs Global Investment Research.

Oppenheimer, P., and Jaisson, G. (2018). *Why technology is not a bubble: Lessons from history*. London, UK: Goldman Sachs Global Investment Research.

Oppenheimer, P., Kerneis, A., Coombs, S., Mejia C., Hickey, J., Ng, C., Pensari, K., and Savina, M. (2002). *Share despair: Anatomy of bear markets and the prospects for recovery*. London, UK: Goldman Sachs Global Investment Research.

Oppenheimer, P., Kerneis, A., Coombs, S., Mejia C., Ng, C., Pensari, K., and Patel, H. (2004). *Bear repair: Anatomy of a bull market*. London, UK: Goldman Sachs Global Investment Research.

Oppenheimer, P., Mueller-Glissmann, C., Moser, G., Nielsen, A., and Bell, S. (2009). *The equity cycle part I: Identifying the phases*. London, UK: Goldman Sachs Global Investment Research.

Oppenheimer, P., Mueller-Glissmann, C., and Rizzi, A. (2017). *Bull market, 8th birthday – Many happy returns?* London, UK: Goldman Sachs Global Investment Research.

Oppenheimer, P., Nielsen, A., Mueller-Glissmann, C., Moser, G., and Bell, S. (2009). *The equity cycle part II: Investing in phases*.

London, UK: Goldman Sachs Global Investment Research.

Oppenheimer, P., and Walterspiler, M. (2012). *The long good buy: The case for equities*. London, UK: Goldman Sachs Global Investment Research.

Oppenheimer, P., and Walterspiler, M. (2013). *Long good buy II: 18 months on⋯ the case for equities continues*. London, UK: Goldman Sachs Global Investment Research.

Reinhart, C. M., and Rogoff, K. S. (2008). This time is different: Eight centuries of financial folly. *NBER Working Paper No. 13882*.

Reinhart, C. M., and Rogoff, K. S. (2014). Recovery from financial crises: Evidence from 100 episodes. *American Economic Review*, 104(5), 50–55.

Rezneck, S. (1950). Distress, relief, and discontent in the United States during the Depression of 1873–78. *Journal of Political Economy*, 58(6), 494–512.

Schroder, D., and Florian, E. (2012). A new measure of equity duration: The duration-based explanation of the value premium. German Economic Association. *Annual Conference 2012: New Approaches and Challenges for the Labor Market of the 21st Century*, Goettingen, Germany.

Shah, D., Isah, H., and Zulkernine, F. (2019). Stock market analysis: A review and taxonomy of prediction techniques. *International Journal of Financial Studies*, 7(2), 26.

Siegel, J. J. (1992). The equity premium: Stock and bond returns since 1802. *Financial Analysts Journal*, (48)1, 28–38.

Siegel, L. B. (2017). The equity risk premium: A contextual literature review. *CFA Research Foundation Literature Reviews*, 12(1).

Spierdijk, L., Bikker, J., and van der Hoek, P. (2010). Mean reversion in international stock markets: An empirical analysis of the 20th century. *De Nederlandsche Bank Working Paper No. 247* [online]. https://www.dnb.nl/en/news/dnb-publications/dnb-working-papers-series/dnb-working-papers/working-papers-2010/dnb232375.jsp에서 확인 가능.

Vissing-Jorgensen, A., and Krishnamurthy, A. (2011). The effects of quantitative easing on interest rates: Channels and implications for policy. *Brookings Papers on Economic Activity*, pp. 215–265.

Wright, I., Mueller-Glissmann, C., Oppenheimer, P., and Rizzi, A. (2017). *The equity risk premium when growth meets rates*. London, UK: Goldman Sachs Global Investment Research.

Wright, J. H. (2012). What does monetary policy do to long-term interest rates at the zero lower bound? *Economic Journal*, 122(546), F447–F466.

Zhang, W. (2019). Deciphering the causes for the post-1990 slow output recoveries. *Economics Letters*, 176(C), 28–34.